Mosaik

Heiko Bellmann

Leben in Bach und Teich

Pflanzen und Wirbellose der Kleingewässer

Herausgegeben von Gunter Steinbach
Illustriert vom Autor

Mosaik Verlag

Symbole und Abkürzungen im Bestimmungsteil

♂ Männchen
♀ Weibchen
M Merkmale
Fl Flugzeit
R Reifezeit
Lr Lebensraum
V Verbreitung
Lw Lebensweise
Fo Fortpflanzung
Ä Ähnliche Arten
A Allgemeines
G Geschützte Arten

Gefährdungskategorien nach der Roten Liste (BLAB et al. 1984)

0 ausgestorben oder verschollen
1 vom Aussterben bedroht
2 stark gefährdet
3 gefährdet
4 potentiell gefährdet

Fotos des Einbandes: Heiko Bellmann
Näheres zu den Fotos siehe Seite 84, 192, 252 und 268

Der Mosaik Verlag ist ein Unternehmen
der Verlagsgruppe Bertelsmann

Neue, bearbeitete Sonderausgabe

Druck und Bindung: Mohndruck Graphische Betriebe
GmbH, Gütersloh
Printed in Germany · ISBN 3-576-10701-0

Inhalt

Zum Buch

Mit »Leben in Bach und Teich« legt der Verlag den 23. Band dieser Reihe vor. Das Bestimmungsbuch bezieht sich auf den Lebensraum fließende und stehende Kleingewässer natürlichen oder künstlichen Ursprungs. Es erschließt eine Welt im Kleinen von außerordentlicher Vielfalt und umfaßt charakteristische Pflanzen der Süßgewässer von den Algen bis zu Blütenpflanzen ohne die Gehölze und behandelt die wirbellosen Tiere.

Die Artenfülle macht Schwerpunkte und Ausgrenzungen erforderlich: Die Wirbeltiere dieses Lebensraumes, also Süßwasserfische, Lurche und Kriechtiere, Landvögel und Säugetiere brauchten nicht berücksichtigt zu werden, weil diese Tiergruppen in gleichlautenden Bänden unserer Reihe nachzuschlagen sind. Die in Bild und Text vorgestellten Arten können ohne Mikroskop, zum Teil vorteilhaft mit der Lupe wahrgenommen und beobachtet werden. Die nur der mikroskopischen Betrachtung zugänglichen Organismen wurden im wesentlichen nicht in den Band aufgenommen. So handelt es sich bei unserem Buch trotz seiner Spezialisierung um einen Feldführer im klassischen Sinne, der es dem Leser ermöglicht, draußen gefundene Pflanzen- und Tierarten anhand von Farbbildern, Zeichnungen und Beschreibungstexten zu bestimmen.

Die immense Vielfalt kleiner Lebensformen im Süßwasser setzt der Behandlungsbreite innerhalb eines allgemeinverständlichen Bestimmungsbuches Grenzen. Wenn 54 Pflanzenfamilien Berücksichtigung fanden, so mußte sich die jeweilige Artenwahl auf typische Wasser- und Uferbewohner beschränken. Pflanzen, die auch in Wassernähe, aber ebenso in anderen Bereichen zu Hause sind, kann der Leser in unseren Bänden »Wildpflanzen Mitteleuropas«, »Orchideen« und in den beiden Gehölzbänden nachschlagen.

Die Tiere nehmen in unserem Band weit mehr Raum ein als die Pflanzen. Sie konnten großenteils nicht nach Familien, sondern mußten nach umfassenderen Gruppierungen gegliedert werden. Überschneidungen mit unserem Band »Insekten« nahmen wir zugunsten einer im vorliegenden Band vollständigeren Darstellung des Artenspektrums in Kauf.

Angesichts von nahezu 80 behandelten Lebewesengruppen verzichteten wir auf Bildsymbole und differenzierte Farbgebung der Symbolfelder im Bestimmungsteil; sie hätten die Übersichtlichkeit des Bandes nicht gefördert. Die Pflanzenfamilien sind grün, die Tiergruppen orange gekennzeichnet und können im Inhaltsverzeichnis auf Seite 5 aufgefunden werden.

Dank der qualitativ sehr guten Bebilderung ist selbst bei nur wenigen Millimeter großen Arten in der Regel die richtige Zuordnung im Vergleich mit dem lebenden Objekt gut möglich. Beim Bestimmen in diesem Bereich kommt es für den Naturfreund weniger auf die Art als auf die jeweilige Gruppenzugehörigkeit an. Die Artbestimmung bleibt in vielen Fällen der mikroskopischen Untersuchung durch Spezialisten vorbehalten.

Porträt der Blaugrünen Mosaikjungfer (Aeshna cyanea). Die großen Komplexaugen setzen sich aus mehreren tausend Einzelaugen (Ommatidien) zusammen.

Schon beim Durchblättern des Bestimmungsteiles wird der Leser über die Formenfülle der Süßwasserlebewesen erstaunt sein. Ein glücklicher Umstand trug dazu bei, daß hier erstmals Arten der Süßwasserfauna, mit denen sich gewöhnlich nur der Fachmann beschäftigt, auch dem Laien durch die Einheit von fotografischer Dokumentation und beschreibendem Text zugänglich und anschaulich gemacht wurde: Der Textautor war auch Fotograf und Zeichner dieses Bandes.

Dr. Bellmann verfügt über ein in vielen Jahren erarbeitetes Fotoarchiv aus eigenen Bildern, das er für diesen Band durch zahlreiche Reisen vervollständigte. So wurde es möglich, viele, allgemein noch kaum bekannte, aber trotzdem weitverbreitete Arten in eindrucksvollen, großenteils bisher unveröffentlichten Fotos darzustellen.

Neben den jeweils wichtigsten Bestimmungsmerkmalen und ergänzenden Zeichnungen bestimmungswichtiger Einzelheiten enthalten sowohl die Artbeschreibungen als auch die Texte des allgemeinen Teiles viele für den Naturfreund wissenswerte biologische Sachverhalte, ungewöhnliche Entwicklungsweisen und spezielle Überlebensstrategien, aber auch Gefährdungsursachen bedrohter Arten. Symbole in den Überschriftenzeilen des Bestimmungsteiles informieren über den jeweiligen Bedrohungsgrad nach dem gegenwärtigen Stand der Roten Liste und über den Schutzstatus nach der Bundesartenschutzverordnung.

So könnte es mit diesem Buch gelingen, eine breite Leserschaft auf die verborgene, aber jedem Naturfreund leicht zugängliche faszinierende Welt der Kleingewässer aufmerksam zu machen. Diese ökologisch so bedeutenden Lebensräume werden einerseits noch immer zu ihrem Nachteil verändert und zerstört, für Landwirtschaft, Straßenbau, Siedlungsraum, Fremdenverkehr und Sportanlagen geopfert, andernteils können gerade die kleinsten dieser Lebensräume ohne großen Aufwand von Menschen neu eingerichtet werden, sogar im eigenen Garten. Der Autor geht auf diese Möglichkeit und auf das Fotografieren an Kleingewässern im allgemeinen Teil ein.

G.S.

Gewässertypen als Lebensräume

Fließgewässer

Bei Fließgewässern bietet sich eine Grobgliederung in Quelle, Bach und Fluß an. Diese drei Bereiche lassen sich noch weiter untergliedern.

Die **Quelle** ist der Austrittsort des Grundwassers, der Beginn eines oberirdischen Fließgewässers. Man unterscheidet drei verschiedene Quelltypen. Bei der vor allem für das Bergland typischen **Sturzquelle** (Rheokrene) sprudelt das Wasser lebhaft aus dem Untergrund hervor. Im Gegensatz dazu erscheint das Wasser in der vor allem im Flachland anzutreffenden **Sickerquelle** (Helokrene) auf einer sumpfigen Fläche, von der das Wasser abfließt. Beim dritten Quelltyp, der **Tümpelquelle** (Limnokrene), bildet sich in einer Vertiefung durch das von unten austretende Wasser ein Tümpel, aus dessen Überlauf der Quellabfluß entsteht. Diese drei Quelltypen weisen stufenlose Übergänge auf. Allen gemeinsam ist die enge Beziehung zum Grundwasser, die besonders durch die nur in geringen Grenzen schwankende Wassertemperatur zum Ausdruck kommt. Die tiefste Wintertemperatur liegt meist nur 1–2° C unter der höchsten Sommertemperatur. Dadurch können die Pflanzen auch während des Winters wachsen; auch die Tiere müssen keine Winterruhe einlegen. Da außerdem in den meisten Fällen die Wasserbewegung nur schwach ist (auch in den Sturzquellen ist sie deutlich geringer als im Bergbach), können sich hier Pflanzen und Tierarten behaupten, die weniger gut an die Bedingungen des fließenden Wassers angepaßt sind. Beispiele hierfür sind etwa die Larve der Riesenschnake *(Tipula maxima)* und die Froschlaichalge *(Batrachospermum moniliforme)*. Die Beziehung zum Grundwasser drückt sich auch durch das Auftreten unterirdisch lebender Tiere aus, die hier regelmäßig unter Steinen zu finden sind, aber bereits 1–2 m vom Quellaustritt entfernt fehlen. Zu diesen Grundwasserbewohnern zählen die Krebse *Asellus cavaticus* (Höhlenassel) und *Niphargus sp.* (Höhlenflohkrebs), die Schnecken der Gattung *Bythiospeum* sowie die Höhlenplanarie *(Dendrocoelum cavaticum)*. Unter günstigen Bedingungen sind mehrere dieser vier Vertreter nebeneinander anzutreffen.

◁ Quellrinnsal im Allgäuer Alpenvorland. Vorkommen von Cordulegaster boltoni.

Die aus den Quellen abfließenden **Quellrinnsale** besitzen, wenn auch in nicht mehr so ausgeprägter Form, die für Quellen typischen Merkmale (geringe Strömung, konstante Temperatur). Charakteristische Bewohner sind u. a. die Alpenplanarie *(Crenobia alpina)*, die Larve des Käfers *Helodes sp.* sowie die Larve der Zweigestreiften Quelljungfer *(Cordulegaster boltoni)*. Als einzige Amphibienart entwikkelt sich hier die Larve des Feuersalamanders *(Salamandra salamandra)*. Von unten her dringen in diesen Lebensraum schon zahlreiche Bachbewohner ein, etwa Bachflohkrebse *(Gammarus pulex)* und verschiedene Wasserschnecken *(Radix ovata, Galba truncatula)*.

Oft ist die Wasserführung der Quellrinnsale so gering, daß der Untergrund gerade eben noch mit einem Wasserfilm überzogen wird. Dann kommt es zur Ausbildung **überrieselter Felsen und Moose**, die man auch neben schäumenden Wasserfällen an Gebirgsbächen antrifft. Hier lebt die

Bergbach in Oberschwaben. Fundort vieler seltener Wasserinsekten, z. B. Oligoneuriella rhenana und Atherix ibis.

sogenannte **hygropetrische Fauna**, zu der als typische Vertreter die Larven der Mücken *Thaumalea testacea* und *Dixa sp.* gehören, letztere kommt aber auch im Wasserfilm am Ufer stehender Gewässer vor.

Aus der Vereinigung mehrerer Quellrinnsale entsteht der **Bach**. Je nach Beschaffenheit und Neigung des Untergrunds, auch nach Wasserführung und Entfernung zur Quelle lassen sich verschiedene Bachtypen unterscheiden.

Bei starkem Gefälle und steinigem Untergrund spricht man von einem **Bergbach**. Er kann in verschiedenen Ausbildungsformen auftreten, z. B. als **Gletscherbach, Hochgebirgsbach** oder **Mittelgebirgsbach**. Immer herrscht eine starke Strömung, und die Temperatur schwankt im Jahreslauf in relativ engen Grenzen. Die turbulente Wasserbewegung sorgt für eine stets recht gute Sauerstoffversorgung. Typisch für Bergbachbewohner ist daher zum einen ihre Anpassung an die Bedingungen des strömenden Wassers, zum anderen ihre Abhängigkeit von einem guten Sauerstoffangebot. Diese Abhängigkeit macht es ihnen unmöglich, auch langsam fließende oder gar stehende Gewässer zu besiedeln. Bei der Anpassung an die Strömungsgeschwindigkeit werden von den einzelnen Arten ganz unterschiedliche Wege beschritten. Vielfach findet man Tiere mit einem stark abgeflachten Körper, wobei diese Körperform schon bei verwandten Arten aus stehenden und langsam fließenden Gewässern vorhanden sein kann (z. B. bei den Planarien). Verschiedentlich wird Abflachung auch über ein Gehäuse erreicht, das in vielen Fällen auch noch besonders schwer ist, um eine Abdriftung zu verhindern (viele Köcherfliegenlarven).

Eine andere Form der Anpassung erfolgt

Tieflandbach in den Donau-Auen. Neben beiden Calopteryx-Arten kommt hier in der Ufervegetation Theridiosoma gemmosum vor.

über Anheftungsorgane, am vollkommensten verwirklicht durch die Saugnäpfe der Lidmückenlarve *(Liponeura sp.)*. Auch die stark vergrößerten Klauenglieder des Klauenkäfers *(Elmis maugetii)* sind in dieser Richtung zu deuten. Eine weitere Möglichkeit der Anpassung besteht schließlich in einem Ausweichen in Bereiche schwächerer Wasserbewegung, z.B. in Hohlräume zwischen den Steinen oder in den Boden des Gewässers. Diesen Weg beschreiten im Bergbach z. B. die Larven der Eintagsfliege *Ephemera danica* und der Schlammfliege *Sialis fuliginosa*. Die Wasservegetation ist meist nur schwach entwickelt. Sie besteht oft aus Brunnenmoos *(Fontinalis antipyretica)* und Flutendem Hahnenfuß *(Ranunculus fluitans)*.

Im Gegensatz zum Bergbach zeichnet sich der **Tieflandbach** durch eine geringe Geländeneigung und einen sandigen bis kiesigen Grund aus. Das geringere Gefälle bringt eine niedrigere Fließgeschwindigkeit mit sich; es führt auch zu einer verstärkten Ausbildung von **Mäandern** (Windungen). Die Temperatur schwankt in weit größeren Bereichen als im Bergbach; der Sauerstoffgehalt ist nicht immer hoch, sondern kann zeitweise, vor allem während der Sommermonate, stark absinken. Die Wasservegetation entwickelt sich vielfach üppig; auch nicht an die Strömung angepaßte Arten wie Schwanenblume *(Butomus umbellatus)*, Pfeilkraut *(Sagittaria sagittifolia)* und Teichrose *(Nuphar luteum)* können vorkommen. Außer Bodenbewohnern, wie Flußmuschel *(Unio crassus)* und Flußdeckelschnecke *(Viviparus viviparus)* findet man besonders Besiedler der Unterwasservegetation, etwa Bachflohkrebse *(Gammarus pulex)*, Larven der Gebänderten Prachtlibelle *(Calopteryx splendens)* und Eintagsfliegenlarven verschiedener Gattungen. Die Wasseroberfläche ist schon so weit beruhigt, daß sie von einer speziell angepaßten, als **Pleuston** bezeichneten Tiergesellschaft besiedelt werden kann, so vom Bachtaumelkäfer *(Orectochilus villosus)* und vom Bachläufer *(Velia caprai)*. Auch Arten, die keine Bindung an bewegte Wasserflächen zeigen, können vorkommen (z. B. *Gerris*- und *Gyrinus*-Arten).

Von einer bestimmten Größe an (als Richtwert kann ein Wasserdurchfluß von 1 m^3/s gelten) spricht man von einem **Fluß**, in dem ähnliche Faktoren wie im Tieflandbach wirksam sind. Durch die zunehmende Entfernung vom Quellaustritt und die abnehmende Fließgeschwindigkeit steigt der Anteil abgelagerter Feinsedimente, so daß der Boden zunehmend schlammig wird. Da wir mit dem Fluß bereits den Rahmen der in diesem Buch behandelten Kleingewässer überschreiten, soll er hier nicht weiter berücksichtigt werden.

Einen speziellen Typ von Fließgewässern stellen die **Ausflüsse** von Seen und Teichen dar. Ihr besonderes Merkmal ist der Reichtum an ausgeschwemmter organischer Substanz (Detritus, Pflanzenteile und abgedriftete Tiere), so daß insbesondere strudelnde und filtrierende Tierarten mit sessiler (festsitzender) Lebensweise günstige Lebensbedingungen vorfinden. Zu den regelmäßigen Besiedlern solcher Ausflüsse gehören daher Schwämme (z. B. *Ephydatia fluviatilis*), Moostierchen (besonders *Plumatella fungosa*) und netzbauende Köcherfliegenlarven *(Neureclipsis bimaculata, Hydropsyche sp.)*.

Einen Übergang zu den stehenden Gewässern bilden die **Gräben**, künstliche, lineare Gewässer mit meist fließendem, oft aber auch über längere Zeit stehendem Wasser. Vielfach fallen sie über längere Zeit trokken, so daß wir in ihnen vor allem Bewohner unbeständiger Tümpel antreffen.

Stehende Gewässer

Wie bei den Fließgewässern sind auch bei den stehenden Gewässern eine ganze Reihe unterschiedlicher Typen festzustellen, die ineinander übergehen.

Als **Tümpel** bezeichnet man in der klassischen Definition ein Kleingewässer, das regelmäßig trockenfällt. In neuerer Zeit ist es aber üblich geworden, auch ausdauernde, kleine Stillgewässer so zu nennen. Als obere Grenze können Gewässer mit einem Durchmesser von 10 m und einer Wassertiefe von 0,5 m gelten. Nach der Lage und der Dauer der Wasserführung lassen sich eine Reihe verschiedener Typen unterscheiden. Durch die geringe Wasserführung kommt es zu starken Temperaturschwankungen, oft auch zu Sauerstoffarmut. Im Winter frieren Tümpel nicht selten bis zum Grund durch. Dadurch fehlen Fische normalerweise vollständig, dagegen treffen viele empfindliche Amphibienarten, wie beispielsweise der Laubfrosch *(Hyla arborea)* sowie seltene Wasserinsekten optimale Entwicklungsbedingungen an.

Ein früher weit verbreiteter Tümpeltyp ist die **Wegpfütze**. Sie führt meist nur kurzfristig Wasser, beherbergt aber oft eine Fülle unterschiedlicher Tierarten. Unter den Amphibien findet man hier regelmäßig die Gelbbauchunke *(Bombina variegata)*. Sie legt während des ganzen Sommerhalbjahrs jeweils nur wenige Eier auf einmal ab. Dadurch ist die Gewähr gegeben, daß einige der Kaulquappen auch während einer Phase längerfristiger Wasserführung schlüpfen. Weitere typische Wegpfützen-

Wegpfütze auf einem süddeutschen Truppenübungsplatz. Hier entwickelt sich außer zahlreichen Gelbbauchunken der sehr seltene Krebs Branchipus schaefferi.

bewohner sind die Rattenschwanzlarven der Mistbiene *(Eristalis pertinax)* und die Larve des Plattbauchs *(Libellula depressa)*. Die im Sommer oft sehr hohe Wassertemperatur ermöglicht sogar die Entwicklung sehr wärmebedürftiger Arten wie etwa des seltenen Krebses *Branchipus schaefferi.*

Ebenfalls zu den ephemeren (kurzfristigen) Tümpeln zählen die **Überschwemmungstümpel**, die sich nach der Schneeschmelze in den Auebereichen größerer Flüsse bilden. Meist wird das Wasser durch das Ufer oder durch Hochwasserdämme filtriert, so daß die Wasserqualität im allgemeinen recht gut ist. Klassische Bewohner solcher auch als **Qualmwasser** bezeichneten Tümpel sind die Krebse *Siphonophanes grubei* und *Lepidurus apus* sowie die Mückenlarve *Mochlonyx sp.* Die hartschaligen Eier der Qualmwasserbewohner liegen fast das ganze Jahr hindurch auf dem Trockenen; sie schlüpfen erst nach der Überflutung und entwickeln sich in wenigen Tagen oder Wochen zum ausgewachsenen Tier.

Stehende, natürliche oder naturnahe Gewässer oberhalb der oben genannten Grenzen, die normalerweise nicht austrocknen, bezeichnet man als **Weiher**. Die Wassertiefe eines Weihers ist so gering, daß überall das Licht bis zum Grund vordringt und so ein durchgehender Bewuchs mit im Boden wurzelnden Pflanzen möglich ist. Ungestörte Weiher zeichnen sich meist durch einen üppigen Pflanzenwuchs aus. Man unterscheidet zwischen untergetauchten (submersen) und über die Wasseroberfläche hinausragenden (emersen) Wasserpflanzen. Daneben gibt es Schwimmblattpflanzen, die ganz frei schwimmen oder im Boden wurzeln. Niedere Pflanzen (Algen) und bestimmte wirbellose Tiere, wie die Wasserflöhe *(Clado-*

Überschwemmungstümpel in einer Talsenke auf der Schwäbischen Alb. Vorkommen von Hydrous aterrimus und Hydrophilus caraboides.

Weiher in den Donau-Auen im Raum Ulm. Ursprünglich durch Kiesentnahme entstandenes, inzwischen aber sehr naturnahes Gewässer. Im Vordergrund blühende Teppiche von Ranunculus trichophyllus. Lebensraum zahlreicher Libellenarten (z. B. Anax imperator, Gomphus pulchellus, Sympecma fusca).

Amphibischer Bereich am Bodensee-Ufer. Standort von Myosotis rehsteineri und anderen seltenen Pflanzen.

cera) und Ruderfußkrebse *(Copepoda)*, bilden die schwebende Lebensgemeinschaft des **Planktons**. Die durch Eigenbewegung schwimmenden höheren Tiere, so z. B. die Fische, bezeichnet man als **Nekton**.

Ein **Teich** ist im Gegensatz zum Weiher ein künstliches, durch eine besondere Vorrichtung (»Mönch«) ablaßbares Gewässer. Er dient im allgemeinen der Fischzucht und ist in den meisten Fällen als Lebensraum für Amphibien und wirbellose Tiere ungünstig. Die Erdkröte *(Bufo bufo)* kann hier aber vielfach Massenpopulationen entwikkeln, da ihre Kaulquappen von den Fischen gemieden werden. Einige räuberische Wasserinsekten, wie etwa die Stabwanze *(Ranatra linearis)*, finden in Anzuchtteichen günstige Entwicklungsbedingungen vor. Extensiv genutzte, dicht mit Wasservegetation bewachsene Fischteiche können aber auch für zahlreiche andere Wassertiere wertvolle Lebensräume darstellen, so z. B. für Libellen, Wasserkäfer und verschiedene Amphibienarten.

Sobald ein Gewässer so tief ist, daß in seiner Mitte durch Lichtmangel kein Pflanzenwachstum am Boden mehr möglich ist, spricht man von einem **See**. Diese kritische Tiefe liegt meist bei etwa 4–5 m. Damit überschreiten wir aber wieder die Grenzen der Kleingewässer und behandeln diesen Gewässertyp hier nicht weiter. In seiner Uferzone, dem **Litoral**, zeigt der See allerdings vielfach starke Anklänge an Kleingewässer. So finden wir an vielen großen Seen (etwa am Bodensee) breite Uferzonen, die nur zeitweise Wasser führen und dadurch eine besondere, amphibische Pflanzengesellschaft beherbergen. Außerdem entstehen im Uferbereich durch Wellenschlag vielfach so starke Wasserbewegungen, daß wir hier ganz ähnliche, strömungsangepaßte Tierarten antreffen wie im Bergbach, vielfach sogar die glei-

Blänke in einem Hochmoor der Allgäuer Alpen. Entwicklungsstätte verschiedener Moorlibellen.

chen, wie etwa die Flußnapfschnecke *(Ancylus fluviatilis)*.

Außer nach der Größe lassen sich stehende Gewässer nach dem **Nährstoffgehalt** einteilen. Eine Grobgliederung scheidet sie in **oligotrophe** (nährstoffarme) und **eutrophe** (nährstoffreiche) Gewässer. Eutrophe Gewässer sind vor allem reich an Nitraten und Phosphaten, also an Nährstoffen, die das Pflanzenwachstum fördern. Doch bei weitem nicht alle Wasserpflanzen profitieren von diesen Nährstoffen; konkurrenzschwache Arten, die sich nur in oligotrophen Gewässern behaupten können, z. B. die Wasserlobelie *(Lobelia dortmanna)* und der Strandling *(Littorella uniflora)* werden bei einer **Eutrophierung** (Nährstoffanreicherung) ihrer Gewässer durch konkurrenzstärkere Arten verdrängt.

Eine besondere Stellung nehmen die **Hochmoorgewässer** ein. Sie sind ebenfalls arm an Nährstoffen, zudem aber reich an Huminsäuren. Man bezeichnet sie als **dystroph**. Meist treten sie in Form von flachen **Schlenken** auf, die durch das Wachstum der Torfmoose *(Sphagnum)* immer wieder verlanden und an anderen Stellen neu entstehen. Durch Frostaufbrüche bilden sich außerdem bis zu mehrere Meter tiefe **Hochmoorblänken**. Der hohe Säuregehalt schließt viele Tiere ganz aus, wie etwa Fische, Stechmücken und die meisten Krebse, während andere sich in hohen Individuenzahlen entwickeln können, z. B. einige Libellenarten. Manche Pflanzen, wie die Sonnentau-*(Drosera-)* und Wasserschlauch-*(Utricularia-)*Arten, bessern das spärliche Nährstoffangebot auf, indem sie sich zusätzlich mit tierischer Nahrung versorgen. Neben den typischen Hochmoorgewässern leiten **Zwischenmoorschlenken** und **Moorweiher** zu den etwas nährstoffreicheren bzw. größeren Gewässern über.

Zwischenmoorschlenken im Alpenvorland. Wuchsort von Lycopodiella inundata, Drosera intermedia und Utricularia intermedia.

Als ein Übergang zu Fließgewässern sind **Altwasser** zu sehen. Sie entstehen teils künstlich durch Flußbegradigungen, teils aber auch natürlich bei der ständigen Verlagerung naturbelassener Flußbette. Bei Hochwassern nach der Schneeschmelze und nach ausgiebigen Regenfällen werden sie von Zeit zu Zeit wieder vom Flußwasser durchströmt, sofern dies nicht durch Dämme verhindert wird. Vielfach leben in ihnen noch die für das bewegte Wasser typischen Tier- und Pflanzenarten; sie werden aber nach und nach durch Stillwasserarten zurückgedrängt. Durch ihre Lage in den Flußtälern begünstigen sie die Ausbreitung und Ansiedlung wärmebedürftiger Arten. Bei den Pflanzen sind dies z. B. die Wassernuß *(Trapa natans)* und der Schwimmfarn *(Salvinia natans)*, bei den Tieren das Gallertige Moostierchen *(Cristatella mucedo)* und die Süßwasserqualle *(Craspedacusta sowerbyi)*.

Gefährdung der Kleingewässer

In neuerer Zeit sind die Kleingewässer und damit gleichzeitig ihre Bewohner vielfältigen Gefahren ausgesetzt, deren Ursachen leider viel zu wenig bekannt sind.
Die weitaus meisten der früher zahlreichen Tümpel sind heute eingeebnet und unter Baugelände oder landwirtschaftlichen Intensivnutzflächen verschwunden. Doch auch die wenigen noch vorhandenen Tümpel sind mittlerweile aufs höchste gefährdet. Viele werden als Müllkippe mißbraucht, andere durch die Düngung und Begiftung angrenzender Nutzflächen stark geschädigt.
Fast alle Weiher sind heute an Fischereivereine verpachtet. Durch das ungehemmte Einsetzen von Nutzfischen werden der natürlicherweise vorkommenden Tierwelt schwere Schäden zugefügt. Als erste Amphibienart stirbt im allgemeinen der

Mit Müll zugeschütteter Tümpel. Vorher ein wichtiger Laichplatz für mehrere Amphibienarten.

Laubfrosch aus, da er eine sehr geringe Zahl von Eiern produziert und seine durch ihre helle Färbung auffallenden Kaulquappen eine begehrte Fischnahrung darstellen. Nicht viel besser ergeht es vielen empfindlichen Libellenarten.

Viele Weiher drohen darüber hinaus unter dem Ansturm erholungssuchender Menschen zu ersticken. Durch Lagern und Badebetrieb wird zunächst die Ufer- und Wasservegetation vernichtet; wenig später sind auch die Tiere verschwunden. Die Überbelegung leicht erreichbarer Gewässer führt zunehmend zur Abwanderung der Erholungsgäste in immer entlegenere Gebiete, so daß es heute kaum noch ungestörte Weiher gibt.

Besorgniserregend ist auch der Zustand unserer Moore. Bis auf einen verschwindend geringen Anteil sind alle Moore entwässert, abgetorft und in landwirtschaftliche Nutzflächen umgewandelt. Selbst die winzige Restfläche unterliegt starken Gefährdungen. Nach wie vor werden Moore entwässert und abgetragen, obwohl heute längst bekannt ist, daß Torf als Rohstoff durchaus entbehrlich ist.

Kaum besser erging es den Fließgewässern. Bis vor kurzem war es üblich, die Abwässer ungeklärt in Bäche und Flüsse zu leiten. Doch selbst »geklärte« Abwässer rufen schwere Schäden an der Tierwelt hervor. Viele Bachbewohner, z. B. die Flußperlmuschel und manche Steinfliegenlarven, sind so empfindlich, daß bereits geringfügige Veränderungen des Nährstoff- und Sauerstoffhaushalts zu ihrem Absterben führen. Mit zunehmender Wasserführung nimmt auch die Menge der transportierten Schadstoffe zu. Daher sind gerade die nur in größeren Fließgewässern lebenden Arten (etwa bestimmte Eintagsfliegenlarven) noch größeren Gefahren ausgesetzt als die Bachformen.

Eutrophierung eines Baches durch Verschmutzung und Düngung angrenzender Intensivnutzflächen. Bild unten: Ein Wiesenbach wurde zur betongefaßten Fließrinne.

Neben der Verunreinigung haben die Fließgewässer sehr stark unter wasserbaulichen Maßnahmen zu leiden. Die einst ungezähmten Bäche und Wildflüsse wurden fast überall in ein enges Korsett aus Steinpackungen oder Beton gezwängt, ihre Seitenarme und natürlichen Windungen wurden abgeschnitten. Den so zu einer Fließrinne degradierten Wasserläufen fehlen die wertvollen Kleinstrukturen (tiefe Kolke, flache Stromschnellen, Kiesbänke, ruhige Buchten) als Voraussetzung einer artenreichen Pflanzen- und Tierwelt.

Naturschutz

Am 1. 1. 1987 trat eine neue Bundesartenschutzverordnung in Kraft. Durch sie sind zahlreiche Pflanzen- und Tierarten geschützt, dürfen also nicht mehr gepflückt bzw. gefangen werden. Unter den Schutz dieses Gesetzes fallen auch viele Arten der Gewässer, die im Bestimmungsteil besonders gekennzeichnet wurden. Ziel dieser Verordnung ist es, gefährdete Pflanzen und Tiere vor dem Aussterben zu bewahren. Dieses Ziel kann aber durch das vorliegende Gesetz nicht erreicht werden, denn das Sammeln von Pflanzen und Tieren, das allein durch die Bundesartenschutzverordnung untersagt wird, ist keineswegs für den Rückgang gefährdeter Arten verantwortlich, sondern, wie im vorangegangenen Abschnitt in groben Zügen erläutert, allein die Zerstörung der Lebensräume. Dieser Lebensraumzerstörung wird

Sandgrube im Illertal mit zahlreichen, flachen Kleingewässern. Entwicklungsort von Orthetrum brunneum und mehreren weiteren Libellenarten.

aber durch die Anwendung des Gesetzes kein Einhalt geboten, da es ausdrücklich bei der »ordnungsgemäßen« Ausübung von Landwirtschaft, Forstwirtschaft und Fischerei außer Kraft tritt. Dafür werden dem naturkundlich Interessierten unnötige Schwierigkeiten in den Weg gelegt. So ist es heute z. B. nicht mehr zulässig, Wasserspinnen, Libellenlarven oder Kaulquappen im Aquarium zu züchten. Dabei kann gerade die Beobachtung solcher faszinierender Tümpelbewohner für Kinder zu Schlüsselerlebnissen führen, die für die Ausprägung eines tiefergreifenden Naturverständnisses unbedingt notwendig sind. Eine Folge dieser Gesetzgebung wird daher sein, daß das Interesse der Jugend an der Natur zurückgeht. Sinnvoller wäre es gewesen, nur die vom Aussterben bedrohten Arten mit einem Sammelverbot zu belegen und dafür den Schutz der Lebensräume zu fördern.

Gewässer aus zweiter Hand

Kiesgruben, Sandgruben und ähnliche Abbaugebiete oberflächlich lagernder Rohstoffe haben vielerorts tiefe Wunden in die Landschaft gefressen. Auf der anderen Seite sind in ihnen aber vielfach neben Trockenflächen interessante, reich strukturierte Gewässer entstanden, so daß sich viele derartige Gruben, von der Öffentlichkeit weitgehend unbeachtet, zu »Paradiesen aus Menschenhand« entwickelt haben. Hier findet man nicht selten auf engstem Raum eine Vielzahl unterschiedlichster Kleingewässer nebeneinander: Sickerquellen, Quellrinnsale, langsam fließende Gräben, Wegpfützen, flache und tiefere Tümpel verschiedener Ausprägung, kurzum viele der wertvollsten Kleingewässer, deren Verlust wir in der offenen Landschaft so schmerzlich beklagen müssen. Hinzu kommt, daß die benachbarten Un-

Kiesgrubentümpel im Donautal. Hier schlüpften 1987 zahlreiche Exemplare von Sympetrum fonscolombei.

krautfluren etwa für Libellen günstige Jagdreviere und die ausgedehnten, nackten Sand- und Schotterflächen ideale Plätze zum Sonnen darstellen. So wundert es nicht, daß mittlerweile in vielen Gegenden Kiesgruben zu den artenreichsten Lebensräumen gehören. Viele stark gefährdete Amphibienarten, wie etwa die Kreuzkröte *(Bufo calamita)*, sind heute in Grubenarealen wesentlich häufiger anzutreffen als in ihren natürlichen Habitaten.

Auch für Libellen läßt sich eine ähnliche Bedeutung der Sand- und Kiesgruben feststellen. 20–30 verschiedene Libellenarten in einem einzigen Grubengelände sind durchaus keine Seltenheit. Da sich die flachen, vegetationsarmen Gewässer im Sommer stark erwärmen, können sich hier sogar ausgesprochen wärmebedürftige Arten aus dem Mittelmeergebiet entwickeln, die an natürlichen Gewässern in Mitteleuropa fast völlig fehlen. Beispiele hierfür sind der Südliche Blaupfeil *(Orthetrum brunneum)*, die Frühe Heidelibelle *(Sympetrum fonscolombei)* und die Südliche Binsenjungfer *(Lestes barbarus)*. (Diese 3 Arten sind wegen ihrer Seltenheit im Bestimmungsteil nicht berücksichtigt.)

Beim angestrebten Schutz solcher Gebiete ist aber zu beachten, daß der nach Beendigung des Materialabbaus ausgebildete Zustand keineswegs stabil ist. Die zunächst vegetationsfreien Gewässer unterliegen einer Sukzession, d. h. sie bewachsen sich, zunächst langsam, aber dann in rasch zunehmender Geschwindigkeit mit Schilf, Rohrkolben und Weidengestrüpp. Ohne Eingriffe, ähnlich denen, die der Materialabbau mit sich bringt, sind diese Gewässer nicht zu erhalten. Die günstigsten Bedingungen herrschen daher in solchen Gruben, in denen immer noch in geringem Umfang ein Abbau stattfindet, durch den von Zeit zu Zeit neue Gewässer entstehen.

Vorbildlich angelegter Gartenteich. Die Vielfalt vorhandener Strukturen ermöglicht die Ansiedlung zahlreicher verschiedener Wassertiere.

Auch Kiesgruben sind im übrigen vielfältigen Gefahren ausgesetzt. In den meisten Fällen werden sie mit Müll oder Bauschutt aufgefüllt, um sie schließlich wieder als Baugelände oder Maisacker nutzen zu können. In anderen Gruben richten Geländemotorräder schwere Verwüstungen an, oder aber man vertieft die einstigen Kleingewässer, so daß sie als Fischteiche oder als Badegelegenheit interessant werden. Die zahlreichen Interessenkonflikte haben leider in den meisten Fällen zur Zerstörung solcher »Paradiese aus Menschenhand« geführt.

Auch heute noch ist das Vorurteil weit verbreitet, daß Wunden in der Landschaft möglichst schnell zu beseitigen sind. Dennoch hat inzwischen auch auf seiten der Behörden ein gewisser Umdenkungsprozeß begonnen, der schon dazu geführt hat, daß Sand- und Kiesgruben als Naturschutzgebiete ausgewiesen wurden.

Anlage eines Gartenteiches

Die Beobachtung des vielfältigen Lebens an einem Tümpel führt oft zum Wunsch nach einem eigenen Gartenteich. Ein solcher Wunsch ist leicht zu erfüllen. Bei der Wahl des Platzes sollte man beachten, daß nach Möglichkeit kein Baum, der später sein Laub ins Wasser werfen oder mit seinen Wurzeln die Abdichtung beschädigen könnte, unmittelbar neben der späteren Teichfläche steht. Der Teich kann ruhig der vollen Sonne ausgesetzt sein. Der Wasserfläche sind nach oben wie nach unten keine Grenzen gesetzt. Die Wassertiefe muß keineswegs, wie man oft lesen kann, mindestens 1 m betragen; auch Gartenteiche oder -tümpel von 30–50 cm Tiefe können durchaus ihre Aufgabe erfüllen. Viel wichtiger sind flach auslaufende Ufer, wenigstens an einer Seite.

Am einfachsten ist die Herstellung eines

Ein solcher Gartenteich ist als Lebensraum für Amphibien und die meisten Wasserinsekten ungeeignet.

Folienteiches. Man gräbt dafür zunächst eine Mulde, die etwa 30–50 cm tiefer sein sollte als die beabsichtigte Wassertiefe. Dann kleidet man diese Hohlform mit einer 10–20 cm dicken Lehmschicht aus, um für die Folie eine glatte Unterlage zu erhalten. Danach wird die Teichfolie darübergelegt und gegebenenfalls an den Nahtstellen verschweißt (hierfür gibt es spezielle Heißluft-Schweißgeräte). Geeignete Folien sind in Gartenfachgeschäften erhältlich; man sollte sich für keine zu dünne Folie unter 0,6 mm entscheiden! Die Ränder der Folie müssen gut überstehen; sie werden umgebogen und eingegraben. Auf die Folie wird schließlich eine (je nach Größe des Teiches) 10–50 cm mächtige Erdschicht gefüllt. Bei der Wahl dieses Bodens ist zu beachten, daß man zweckmäßigerweise einen nicht zu nährstoffreichen Boden verwendet, um später Probleme mit übermäßigem Algenwachstum zu vermeiden. Man kann z. B. zuunterst eine Lehmschicht auftragen und darüber Sand oder Kies füllen.

Bei der Bepflanzung sollte man beachten, daß manche Pflanzen sich stark ausbreiten und in kurzer Zeit ein kleines Gewässer ganz ausfüllen können. So sind z. B. der Breitblättrige Rohrkolben *(Typha latifolia)* und die Weiße Seerose *(Nymphaea alba)* für kleinere Gartenteiche nicht zu empfehlen. Sehr viel besser eignen sich kleinere Schwimmblatt- und Röhrichtpflanzen, wie etwa Seekanne *(Nymphoides peltata)*, Froschbiß *(Hydrocharis morsus-ranae)*, Schwanenblume *(Butomus umbellatus)* und Pfeilkraut *(Sagittaria sagittifolia)*. Diese und weitere Arten sind in Gartengeschäften erhältlich, man sollte sie auf keinen Fall der Natur entnehmen.

Wassertiere werden unseren Teich von allein ausfindig machen. Wasserläufer, Schwimmkäfer und Libellen beispielsweise erscheinen meist schon nach kurzer Zeit. Beim Besatz mit Tieren sollte man sich größtmögliche Zurückhaltung auferlegen, vor allem sind auch die Naturschutzbestimmungen zu beachten. So darf man z. B. keine Amphibienlarven einsetzen, denn nur in den seltensten Fällen ist die Umgebung für die sich daraus entwickelnden Frösche und Kröten geeigent. Auch Fische stellen, vor allem wenn es sich um ein kleineres Gewässer handelt, im allgemeinen keine Bereicherung dar, da sie die viel interessanteren Wasserinsekten und Lurche dezimieren; außerdem tragen sie ganz wesentlich zur Eutrophierung des Wassers und damit zum verstärkten Algenwachstum bei.

Wenn wir diese Zusammenhänge beachten, kann unser Gartenteich eine wichtige Funktion als Lebensraum für eine Vielzahl von Wassertieren erfüllen. Jahr für Jahr werden wir beobachten können, wie immer neue Arten von Libellen und anderen Wasserinsekten auftauchten und unseren Teich mit vielfältigem Leben erfüllen.

Das Tümpelaquarium

Eine weitere Möglichkeit der Beschäftigung mit Kleingewässerbewohnern besteht in der Einrichtung eines Tümpelaquariums. Ein solches Aquarium ist sehr viel einfacher einzurichten als ein aufwendiges Zierfischbecken, aber nicht weniger reizvoll. Als Gefäße kommen schon kleine Becken mit wenigen Litern Inhalt in Frage. Besondere Zusatzgeräte wie Belüfter, Heizung und Beleuchtung sind nicht erforderlich. Man sollte nur für eine Glasscheibe als Abdeckung sorgen, damit Tiere mit ausgeprägter Abwanderungstendenz, etwa viele Wasserkäfer, nicht entweichen können und außerdem kein Staub aufs Wasser fällt. Der Standort sollte nicht direkt dem Sonnenlicht ausgesetzt sein, damit man einem zu starken Algenwachstum vorbeugt; günstig ist beispielsweise ein nach Norden gerichtetes Fenster.

Als Boden genügt gewaschener Sand oder Kies, in den untergetauchte Pflanzen, wie z. B. Wasserpest *(Elodea canadensis)* oder Tausendblatt *(Myriophyllum sp.)*, eingepflanzt werden. Auch frei schwimmende Wasserpflanzen wie Wasserschlauch *(Utricularia sp.)* oder Wasserlinsen *(Lemna sp.)* eignen sich gut. Beim Besatz mit Tieren ist zu beachten, daß sich viele Arten untereinander nicht vertragen. Auch sollte man niemals zu viele Tiere auf engem Raum zusammenbringen, da es dann selbst bei sonst friedlichen Tieren zu Kannibalismus kommen kann.

Will man Einzeltiere verschiedener Arten beobachten, ist es vielfach günstiger, sie getrennt in kleineren Behältnissen unterzubringen. Als geeignet erweisen sich dafür in vielen Fällen kleine, durchsichtige Plastikschalen, z. B. die in Haushaltswarenabteilungen erhältlichen Kühlschrankschalen. In solchen flachen Gefäßen lassen sich oft auch empfindliche Fließwasserarten (z. B. Steinfliegenlarven) problemlos halten, wenn man sie nur ganz flach (1–2 cm) mit Wasser überschichtet.

Hinweise zum Fotografieren

Für kleinere Insekten am Gewässerufer, also etwa für Köcherfliegen, Eintagsfliegen und Kleinlibellen, eignet sich am besten eine Kamera mit einem 100 mm Makroobjektiv, das sich möglichst bis zum Abbildungsmaßstab 1:1 einstellen lassen sollte. Für Arten, die auch dann noch zu klein abgebildet sind, verwendet man zusätzlich ein Balgengerät, mit dem bei Einsatz des gleichen Objektivs dann ein Maßstab von etwa 2,5:1 zu erreichen ist. Diese Abbildungsgröße reicht im allgemeinen auch für sehr kleine Tiere (z. B. viele Mücken) völlig aus. Als Beleuchtung eignen sich kleine Batterieblitzgeräte, die man mit einer speziellen Halterung (im Fotohandel erhältlich) am Objektiv befestigt. Eine günstige Ausleuchtung ist mit 2 Blitzgeräten der Leitzahl 20 zu erreichen. Die erforderliche Blendeneinstellung muß man vorher durch eine Testreihe für verschiedene Abbildungsmaßstäbe ermitteln. Etwa zwischen 1:2 und 1,5:1, also im am häufigsten benötigten Bereich, bleibt dieser Blendenwert weitgehend konstant.

Größere, scheue Insekten, vor allem Großlibellen, sind am einfachsten mit einem 200 mm Makroobjektiv zu fotografieren. Sehr zu empfehlen ist dabei der Einsatz eines Einbeinstativs, das die Verwacklungsgefahr auf ein Minimum reduziert. Auf ein Blitzgerät sollte man bei dieser Technik nach Möglichkeit verzichten, da Aufnahmen mit Naturlicht im allgemeinen ansprechender und wirklichkeitsgetreuer ausfallen als geblitzte. Viele kritische Farben, so z. B. die Metallfarben der Prachtlibellen und Smaragdlibellen sind nur mit Naturlicht zufriedenstellend abzubilden.

Etwas umständlicher ist das Fotografieren der Wassertiere. Als Fotoaquarium kann man ein preisgünstiges Plastikbecken verwenden, aus dem man die Frontscheibe heraussägt und durch eine Glasscheibe ersetzt. Man sollte dabei ringsum einen 1–2 cm breiten Rand stehenlassen, gegen den man von innen die Glasscheibe mit Silikonkautschuk festklebt. Sobald die Frontscheibe zerkratzt sein sollte, kann man sie mit einem Skalpell wieder herausschneiden und durch eine neue ersetzen. Bei der Beleuchtung sind die Blitze so auszurichten, daß sie nicht ins Objektiv reflektieren. Am besten ist es, wenn ein Blitz von oben, der zweite in Kamerahöhe von rechts (bzw. links) kommt. Die Kamera muß dann leicht nach unten links (bzw. rechts) angewinkelt werden, damit man Reflexe vermeidet.

In vielen Fällen ist es wesentlich günstiger, mit flachen Schalen zu arbeiten und dann von oben durch die Wasseroberfläche zu fotografieren. Man erspart sich dabei vor allem das oft mühevolle Reinigen der Frontscheibe. Ein weiterer wesentlicher Vorteil liegt darin, daß man auf diese Weise auch im Freiland arbeiten kann und z. B. mühelos zu Aufnahmen empfindlicher Bergbachbewohner kommt, die meist schon den Transport bis nach Hause nicht lebend überstehen. Für die Vermeidung von Reflexen gelten die gleichen Prinzipien wie beim Fotoaquarium.

Vielfach ist es aber gar nicht möglich, die gewünschten Objekte aus dem Wasser zu entnehmen, etwa bei Netzen von Köcherfliegenlarven, die sofort in sich zusammenfallen. In solchen Fällen besteht die Möglichkeit, von oben durch den Wasserspiegel zu fotografieren, wobei bezüglich der Reflexe wieder die genannten Prinzipien zu beachten sind. Falls das Wasser sauber ist, sind die Resultate meist deutlich besser, als der Blick durch den Sucher erwarten läßt, da die störende Himmelsspiegelung durch die Helligkeit des Blitzlichts ausgelöscht wird. Beispiele für diese Arbeitsweise sind die im Bestimmungsteil abgebildeten Fangnetze der Köcherfliegenlarven *Neureclipsis bimaculata* und *Plectrocnemia sp.*

Volvox aureus Wimperkugel

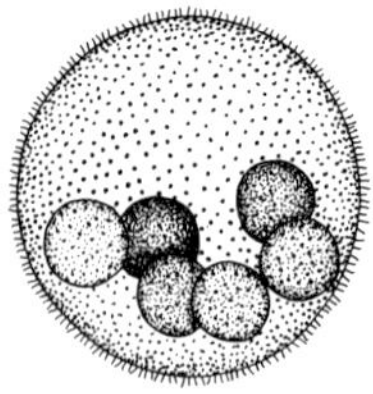

Merkmale: Kugelige, schwebende Grünalgen-Kolonie von ca. 0,5 mm Durchmesser. Durchschnittlich 500 Einzelzellen von 5–8 µm Größe mit jeweils 2 Geißeln. Zellen untereinander durch feine Plasmabrücken verbunden. Im hohlen Innenraum der Kolonie entstehen 4–10 Tochterkolonien, die beim Absterben und Zerplatzen der Mutterkolonie frei werden. Positiv phototaktisch (bewegt sich auf Lichtquellen zu).

Lebensraum: Nährstoffreiche, stehende Gewässer unterschiedlicher Größe, z. B. in Fischteichen und Kiesgrubentümpeln; oft Massenentwicklung.

Verbreitung: In ganz Mitteleuropa.

Ähnliche Art: *Volvox globator* ist etwas größer (bis 2 mm im Durchmesser), besteht aus über 1000 Einzelzellen und bringt 8–60 Tochterkolonien hervor.

Batrachospermum moniliforme Froschlaichalge

Merkmale: Gallertige, hell- bis dunkelgrau gefärbte Rotalge. In 2–10 cm hohen, im Wasser flottierenden Büschen auf Steinen wachsend. Hauptachse in regelmäßigen, kurzen Abständen dicht knäuelig verzweigt, dadurch perlschnurartiges Erscheinungsbild.

Lebensraum: Saubere, kalte Fließgewässer, meist in Quellnähe oder direkt beim Quellaustritt. Auch in klaren Seen. Besonders an schattigen Orten.

Verbreitung: In Mitteleuropa nicht selten, aber durch Gewässerverschmutzung allgemein zurückgehend.

Ähnliche Arten: Zahlreiche weitere Arten der Gattung *Batrachospermum*, die aber seltener und nur für Spezialisten bestimmbar sind.

Cladophora sp. Gekräuselte Astalge

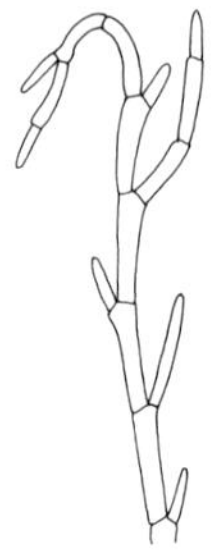

Merkmale: Schwach verzweigte, gekräuselte Fadenalge von ca. 10–20 cm Länge. In Büscheln oder lockeren Rasen am Gewässerrand festsitzend. Die Fäden sind verhältnismäßig steif und etwas angerauht. Die Einzelzellen sind bis 0,1 mm breit, ca. 0,5 mm lang und innen von einem wandständigen, zylinderförmigen und netzartig durchbrochenen Chloroplasten erfüllt. Mehrere ähnliche *Cladophora*-Arten, die nur durch Spezialisten bestimmbar sind.

Standort: Nährstoffreiche, fließende und stehende Gewässer. In Teichen und Tümpeln mit nährstoffreicher Wasserzufuhr kommt es oft zur Massenentwicklung. Manche Arten der Gattung in nährstoffarmen, sauberen Gewässern.

Verbreitung: Überall häufig.

Ähnliche Arten: Zahlreiche weitere fädige Grünalgen.

Chara sp. Armleuchteralge

Merkmale: Dichte Unterwasserrasen auffallend steifer, brüchiger Algen von graugrüner bis gelbgrüner Färbung. 10–30 cm lange, gerade Hauptachse, von der in regelmäßigen Abständen quirlförmig Kurztriebe abzweigen. Die Kurztriebe können ihrerseits kurze Seitenäste tragen. In Höhe eines jeden Kurztriebquirls entspringt außerdem ein der Hauptachse ähnlicher Langtrieb. An den Knoten der Kurztriebe bilden sich kugelige, orangefarbene Antheridienstände (die männlichen Geschlechtsorgane) und eiförmige, grüne Oogonien (die weiblichen Organe). Die Armleuchteralgen sind mit farblosen Fasern im Sandboden oder Schlamm verankert.

Lebensraum: Kalkreiche, stehende oder langsam fließende Gewässer.

Verbreitung: In Mitteleuropa überall häufig, vor allem in Kalkgebieten.

ca. 7fach

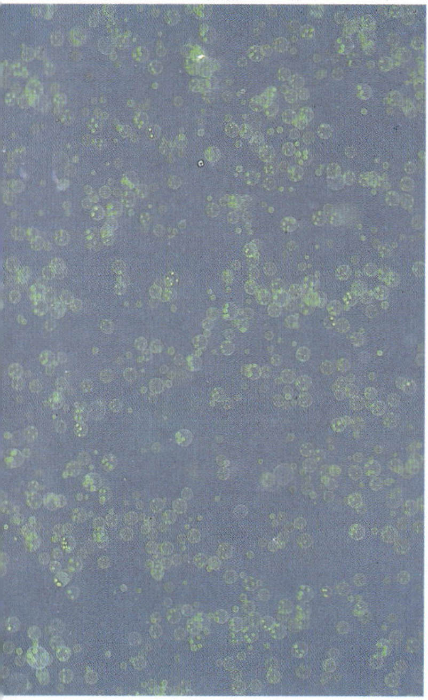

ca. 3fach

ca. 3fach

natürliche Größe

Sphagnum cuspidatum (G)
Spieß-Torfmoos

Merkmale: Sehr lockere, meist im Wasser flutende Rasen. Gelbgrün bis dunkelgrün. Stengel schlaff, ca. 10–20 cm lang, quirlästig verzweigt. Seitenäste an der Spitze schopfig verdichtet. Stengelblätter schmal dreieckig, scharf zugespitzt; Astblätter 4–5mal so lang wie breit, am Ende röhrenförmig eingerollt. Sporenkapseln dunkelbraun, auf ca. 1 cm langen Stielen am Schopf der Pflanze entspringend. **Sporenbildung:** Sommer.

Standort: Typisches Moos der sauren Hochmoorschlenken, auch in nährstoffarmen Heidetümpeln und -weihern.

Verbreitung: In geeigneten Gegenden im Flachland und Gebirge häufig.

Ähnliche Arten: In Mitteleuropa kommen ca. 30 verschiedene Torfmoos-Arten vor, die nur durch Spezialisten sicher zu bestimmen sind.

Allgemeines: Torfmoose sind in den Hochmooren die wichtigsten Torfbildner. Während die unteren Abschnitte bereits Torf geworden sind, wachsen die oberen ständig weiter.

Fontinalis antipyretica
Gemeines Brunnenmoos

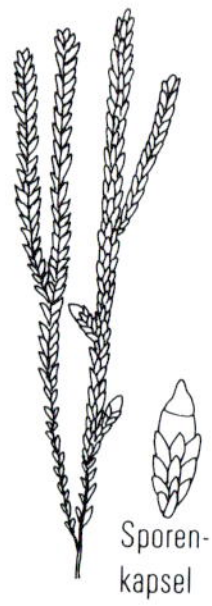

Merkmale: Büschelig verzweigtes, dunkelgrünes bis fast schwarzes Wasserlaubmoos. Stengel 20–40 cm lang, an Steinen oder Holzstücken festsitzend. Blätter in 3 Reihen, locker anliegend und auf der Rückenseite stark gekielt. Dadurch erscheinen die Sprosse dreikantig. Sporenkapseln olivbraun, an kurzen Seitentrieben.

Sporenbildung: Sommer.

Standort: Kalkliebend (aber nicht an Kalk gebunden), meist in sauberen Fließgewässern, seltener in Teichen und Seen.

Verbreitung: Vom Flachland bis ins Gebirge allgemein verbreitet und meist häufig.

Ähnliche Arten: Bei den übrigen *Fontinalis*-Arten sind die Blätter nicht gekielt, also rundrückig, so daß die Sprosse insgesamt rundlich erscheinen.

Riccia fluitans
Schwimmendes Sternlebermoos

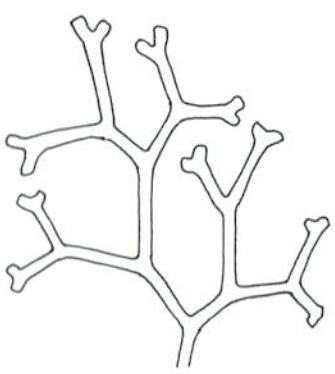

Merkmale: Freischwimmendes, gelbgrünes bis blaugrünes Lebermoos, ohne Rhizoide (Wurzelfasern), Blätter schmal bandförmig, 0,5–1 mm breit und bis 5 cm lang, mehrfach gabelig verzweigt. Im Wasser steril, an sumpfigen, trockengefallenen Stellen gelegentlich fruchtend. Sporenkapseln in kugeligen Verdickungen an der Blattunterseite.

Standort: In stehenden Gewässern unterschiedlichster Größe. In Fischteichen ebenso wie in winzigen Tümpeln und in Mooren. Vorzugsweise in kalkarmen Gewässern.

Verbreitung: Überall in Mitteleuropa.

Ähnliche Arten: Mehrere weitere *Riccia*-Arten, die aber mehr auf feuchten Böden wachsen und dort flächige, kleine Rosetten bilden. *Riccia rhenana* ähnelt *R. fluitans*, hat aber breitere Blattzipfel und ist viel seltener.

Ricciocarpus natans (3)
Wasser-Lebermoos

Merkmale: Kleines, auf dem Wasser schwimmendes Lebermoos. Bildet gabelig verzweigte Rosetten oder Teilrosetten mit herzförmigem Umriß. Blattabschnitte breit lappenförmig, an der Spitze abgerundet. Auf der Oberseite gegabelte Mittelfurchen, unterseits Büschel von Wurzelfasern. Färbung oben grün, unten bräunlich violett. Durchmesser der Rosetten 1–2 cm. Fruchtet äußerst selten, nur auf trockengefallenen Schlammböden. Die Sporen werden in den Mittelfurchen gebildet; sie werden frei, wenn die Pflanzen zerfallen.

Standort: Meist kleinere, stehende Gewässer, z. B. Tümpel oder Gräben, auch Uferzonen von Teichen. Fast immer zusammen mit Wasserlinsen *(Lemna, Spirodela)*.

Verbreitung: Nur lückenhaft verbreitet, vorwiegend im Tiefland. An den Fundorten meist zahlreich.

Ähnliche Arten: Kann mit breitlappigen *Riccia*-Arten verwechselt werden, die aber immer auf dem Boden wachsen.

mit Sporenkapseln

ca. 1,5fach

ca. 1,5fach

ca. 1,5fach

Lycopodiella inundata ❷ Ⓖ
Sumpfbärlapp

Merkmale: Einziger Bärlapp der Feuchtgebiete. Sproßachse am Boden kriechend, oberseits mit linealisch-zugespitzten Blättern besetzt und durch zahlreiche Wurzeln im Boden verankert. Am Ende der Sproßachse bildet sich alljährlich meist nur 1 aufgerichteter, rundum beblätterter Ast mit einer nicht deutlich abgesetzten Sporangienähre. Blätter der Ähre etwas länger als Sproßblätter, oberseits mit jeweils einem rundlichen Sporangium, in dem die Sporen gebildet werden. Länge der Kriechsprosse 1–20 cm, Ähre ca. 5 cm hoch.
Sporenbildung: Juli–Oktober.
Standort: Vor allem in Hoch- und Zwischenmoorschlenken, in neuerer Zeit auch in feuchten Sandgruben. Oft mit *Drosera intermedia* und *Rhynchospora alba* vergesellschaftet.
Verbreitung: In ganz Mitteleuropa verbreitet, aber durch Entwässerungsmaßnahmen und Torfabbau stark zurückgegangen. Am häufigsten noch in der Norddeutschen Tiefebene und im Alpenvorland.

Isoetes echinospora ❶ Ⓖ
Stachelsporiges Brachsenkraut

Merkmale: Am Gewässergrund wachsende Farnpflanze. Blätter grasartig, weich, hellgrün und allmählich zugespitzt. Bilden eine sternförmige, am Grunde knollig verdickte Rosette. Wuchshöhe 5–20 cm. Sporenbildung am verdickten Blattgrund in einer Grube.
Sporenbildung: Juli–September.
Standort: Nur in sehr sauberen, nährstoffarmen Gebirgs- und Flachlandseen mit sandigem Grund. Vom ufernahen Bereich bis in 2 m Wassertiefe.
Verbreitung: Sehr selten, in Deutschland wohl nur noch im Feldsee (Schwarzwald) und in einem See in Schleswig-Holstein. Die Art ist äußerst empfindlich und vor allem durch Badetourismus sowie durch Düngung angrenzender Nutzflächen vom Aussterben bedroht.
Ähnliche Art: *Isoetes lacustris.* Mit steifen, dunkelgrünen Blättern und höckerigen Makrosporen (bei *I. echinospora* sind sie bestachelt). Wächst durchschnittlich in tieferem Wasser (bis 4 m).

Equisetum fluviatile (= E. limosum)
Teich-Schachtelhalm

Merkmale: Stengel ungefurcht, aber weißlich gestreift, glatt. Scheiden an den Stengelknoten mit 13–30 Zähnen. Stengel 30–150 cm hoch und bis 8 mm im Durchmesser. Seitenäste spärlich entwickelt, oft fehlend. Fruchtbare Sprosse an der Spitze mit einer stumpfen Sporangienähre. Unfruchtbare Sprosse gleichgestaltet.
Sporenbildung: Mai–Juni.
Standort: Fast immer im Gewässer wachsend, geht in bis zu 50 cm Wassertiefe. In Röhrichten von Teichen, in Gräben und Seggensümpfen.
Verbreitung: In Mitteleuropa verbreitet und meist häufig.
Allgemeines: Spielt eine wichtige Rolle bei der Verlandung von Gewässern.
Ähnliche Arten: s. bei *E. palustre.* Bei den übrigen, dort nicht erwähnten Schachtelhalmen sind die fruchtbaren Sprosse farblos oder braun und deutlich von den erst später erscheinenden unfruchtbaren Trieben verschieden.

Equisetum palustre
Sumpf-Schachtelhalm

Merkmale: Stengel gefurcht, rauh. Scheiden an den Stengelknoten mit weniger als 10 Zähnen. Stengel 20–60 cm hoch, nur bis 3 mm dick, meist mit Seitenästen. Am Ende der fruchtbaren Sprosse eine stumpfe Sporangienähre. Unfruchtbare Sprosse gleichgestaltet.
Sporenbildung: Juni bis September.
Standort: Am Ufer von Gewässern und in feuchten Wiesen.
Verbreitung: Überall häufig.
Allgemeines: Gefürchtetes Weideunkraut, da die Pflanze für das Vieh giftig ist.
Ähnliche Arten: *Equisetum variegatum* **(Bunter Schachtelhalm).** Meist unverzweigt, mit nur 1–2 mm dicken Sprossen, einer zugespitzten Sporangienähre und glockig abstehenden Scheiden, selten auf nassen Moor- und Sandböden. *Equisetum hiemale* **(Winter-Schachtelhalm).** Mit kräftigen, bis 6 mm dicken und 150 cm hohen, stets unverzweigten Sprossen, vor allem in Auwäldern Massenbestände bildend.

Ophioglossum vulgatum 2
Natternzunge

Merkmale: Unscheinbarer, gelbgrüner Farn, nur aus einem zweiteiligen Blatt bestehend. Unterer, steriler Blattabschnitt eiförmig, ganzrandig und von weicher, lappiger Konsistenz. Der obere, fertile Abschnitt bildet einen langgestreckten, ährigen Sporangienstand mit beiderseits 12–40 gelben Sporangien. Vielfach ist nur der sterile Blattabschnitt entwickelt. Durch das unauffällige Erscheinungsbild leicht zu übersehen, doch auch in sterilem Zustand unverkennbar. Höhe mit Sporangienähre 10–30 cm.
Sporenbildung: Juli bis August.
Standort: Feuchte Wiesen, sumpfige Wälder; gelegentlich auch an trockeneren Stellen, z. B. auf Magerrasen.
Verbreitung: In ganz Mitteleuropa verbreitet, vor allem im Tiefland, aber in neuerer Zeit durch Trockenlegung der Feuchtgebiete und Intensivierung der Grünlandnutzung stark zurückgegangen.

Thelypteris palustris Sumpffarn 3

Merkmale: Blätter (Wedel) gefiedert, nicht in einer Rosette angeordnet, sondern nebeneinander einem kriechenden Rhizom entspringend. Wedelstiel etwa so lang wie die Spreite, diese zur Basis kaum, zur Spitze deutlich verschmälert und 3–4mal so lang wie breit. Sterile und fertile Wedel gleichgestaltet. Fertile Blätter am Rand nach unten umgeschlagen. Sporangien auf der Blattunterseite, wie bei allen Vertretern der Tüpfelfarne (Familie Polypodiaceae), zu Sori (häufchenartigen Gruppen) vereinigt. Diese von einem hinfälligen, nierenförmigen Häutchen, dem Schleier, bedeckt. Wuchshöhe 30–80 cm.
Sporenbildung: Juli bis September.
Standort: Sumpfige Wiesen und Wälder, besonders in Großseggensümpfen und in Erlenbrüchen.
Verbreitung: Im nördlichen Mitteleuropa weit verbreitet, im Süden seltener. Durch Verlust geeigneter Lebensräume immer seltener werdend.

Salvinia natans 1 G
Schwimmfarn

Merkmale: Auf der Wasseroberfläche schwimmender, wurzelloser Farn. Unverzweigte oder schwach verzweigte Sprosse mit gegenständigen, zweizeilig angeordneten Schwimmblättern. Diese sind elliptisch geformt, 10–15 cm lang und oberseits mit Borsten besetzt. An der Unterseite der Sprosse wurzelähnlich zerschlitzte Wasserblätter von 3–5 cm Länge. Sie bilden zusammen mit den Schwimmblättern dreizählige Quirle. An der Basis der Wasserblätter kugelige Sporenbehälter. Länge der Sprosse 5–10 cm. Einjährige Art, die sich jedes Jahr neu aus den am Gewässergrund überwinternden Sporen entwikkelt.
Sporenbildung: August bis Oktober.
Standort: Nährstoffreiche, warme Stillgewässer, vor allem Altwasser und Teiche.
Verbreitung: Sehr selten. Wärmebedürftig, daher nur in klimatisch begünstigten Gebieten. Beständige Vorkommen wohl nur in der Oberrheinischen Tiefebene.

Pilularia globulifera Pillenfarn 2

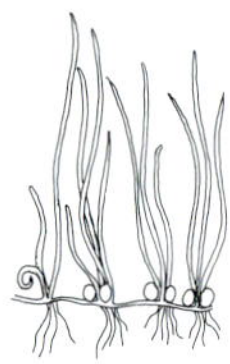

Merkmale: Amphibischer Wasserfarn mit kriechendem Stengel und einzeln stehenden, binsenartigen Blättern von 4–15 cm Länge. Bildet dichte, an Gräser erinnernde Rasen. Stengel durch zahlreiche Wurzeln im Boden verankert. Blätter in der Jugend spiralig eingerollt; diese eingerollten Blätter bilden auch im sterilen Zustand der Pflanze ein sicheres Erkennungsmerkmal. Sporenbehälter kugelig, behaart, am Grunde der Blätter sitzend.
Sporenreife: Juli bis Oktober.
Standort: Flache, nicht zu nährstoffarme Gewässer, trockengefallene Schlammböden.
Verbreitung: Selten. Vor allem in der norddeutschen Tiefebene. Durch Vernichtung natürlicher Flachgewässer stark zurückgegangen. Wegen des unauffälligen Erscheinungsbildes aber sicher auch vielerorts übersehen.

Nymphaea alba Weiße Seerose G

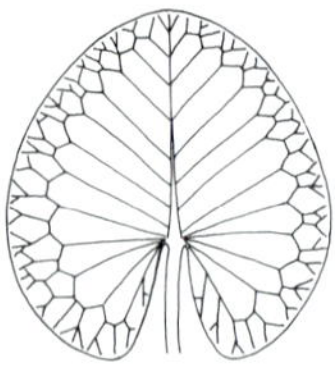

Merkmale: Schwimmblätter groß (bis 30 cm lang), rundlich, am Stielende winklig ausgeschnitten und dadurch herzförmig. Die fächerförmig zu den Blatträndern ausstrahlenden Blattnerven breit gabelig verzweigt und miteinander verbunden. Blüten bis 12 cm im Durchmesser, mit 4 grünen Kelchblättern und 15–25 weißen Kronblättern; diese allmählich in die Staubblätter übergehend. Rhizom armdick, am Gewässergrund kriechend, bis in ca. 3 m Wassertiefe.
Blütezeit: Juni bis September.
Standort: Stehende oder langsam fließende, nährstoffreiche Gewässer, vor allem Teiche, Seen und Altwasser.
Verbreitung: Allgemein verbreitet und meist nicht selten, aber durch übermäßigen Boots- und Badebetrieb vielerorts zurückgehend.

Nymphaea candida Glänzende Seerose 2 G

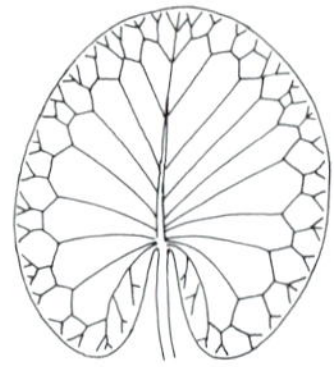

Merkmale: Sehr ähnlich der Weißen Seerose und daher oft mit ihr verwechselt. Unterscheidet sich folgendermaßen von dieser: Hauptnerv im Basallappen des Schwimmblattes nach außen zurückgebogen (bei *N. alba* ziemlich gerade). Narbenscheibe deutlich eingesenkt, 5–14strahlig (bei *N. alba* flach und 9–24strahlig). Staubfäden der inneren Staubblätter lanzettlich, breiter als die Staubbeutel (bei *N. alba* fadenförmig, höchstens so breit wie die Staubbeutel).
Blütezeit: Juli bis September.
Standort: Weniger nährstoffreiche Teiche und Seen, z. B. Moorseen.
Verbreitung: Vorwiegend osteuropäisch, in Mitteleuropa selten. Nur von einzelnen Fundorten aus Niedersachsen, Nordost-Boyern und Südwestdeutschland bekannt.

Nuphar lutea Gelbe Teichrose oder Mummel G

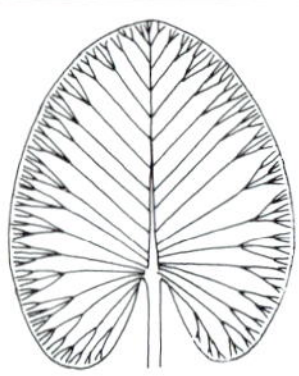

Merkmale: Blatter etwas länglicher als bei *Nymphaea*, 12–40 cm lang und 9–30 cm breit. Blattnerven schmal gabelig verzweigt, nicht miteinander verbunden. Blattstiel oben stumpf dreikantig (bei *Nymphaea* rund). Blüten 4–6 cm breit. Blütenhülle einfach, mit 5 stumpfen, gelben Perigonblättern. Narbenscheibe in der Mitte trichterförmig vertieft, mit 10–24 Narbenstrahlen, die vor dem Außenrand enden.
Blütezeit: Juni bis September.
Standort: Stehende und langsam fließende, nährstoffreiche Gewässer, oft mit der Weißen Seerose vergesellschaftet.
Verbreitung: Weit verbreitet und meist häufig; bei uns die häufigste Art der Seerosengewächse (Nymphaeaceae).

Nuphar pumila Zwerg-Teichrose 1 G

Merkmale: Sehr ähnlich der Gelben Teichrose, aber durch die folgenden Kennzeichen von ihr unterschieden: Blätter 4–15 cm lang und 3,5–13 cm breit. Blattstiel oben 2kantig. Blüten nur 2–3 cm im Durchmesser. Narbenscheibe flach, am Rand sternförmig gezähnt, mit 6–14 Strahlen.
Blütezeit: Juni bis September.
Lebensraum: Nährstoffarme, saure Seen und Weiher in kälteren Gebieten (Glazialrelikt).
Verbreitung: Sehr selten, nur noch im Südschwarzwald und im Alpenvorland. Überall sehr stark zurückgehend. Die Gewässer, in denen sie noch vorkommt, werden vielfach als Fischteiche genutzt. Durch die damit verbundene Eutrophierung, auch durch Kalkung und Entkrautungsmaßnahmen, wird die empfindliche Pflanze schwer geschädigt. Eine weitere Gefahr für ihren Fortbestand liegt in der Neigung zur Bastardbildung mit *N. lutea*. In den meisten Gewässern existieren heute nur noch Mischformen mit dieser Art.

Trollius europaeus Trollblume

(3) (G)

Merkmale: Stengel meist einblütig, 10–50 cm hoch. Blüten mit 10–15 kronblattartigen, goldgelben Hüllblättern, die sich kugelig zusammenneigen. Im Innern der Blüte 5–10 schmale, blaßgelbe Honigblätter. Blätter handförmig geteilt, mit 3spaltigen, gesägten Abschnitten. Untere Blätter meist 5teilig, obere Stengelblätter überwiegend 3teilig.
Blütezeit: Mai bis Juni, im Gebirge auch später (vereinzelt bis September).
Lebensraum: Quellige, kalkreiche Flachmoorwiesen, Streuwiesen an den Rändern der Moore; im Gebirge auch an trockeneren Stellen.
Verbreitung: Nicht häufig, in Nordwestdeutschland fehlend. Vor allem im Tiefland, aber auch in den Mittelgebirgen durch Trokkenlegung der Feuchtgebiete und Düngung der Wiesen sowie Aufgabe der extensiven Streuwiesennutzung stark zurückgegangen. In den Hochlagen der Alpen (dort bis auf 2330 m Höhe) derzeit noch nicht gefährdet.

Caltha palustris Sumpfdotterblume

Merkmale: Pflanze meist niederliegend und am Ende aufsteigend, seltener aufrecht wachsend, 15–50 cm hoch. Blätter glatt und glänzend, ganzrandig, mit rundlich-herzförmigem bis nierenförmigem Umriß, am Rand fein gekerbt. Grundblätter lang gestielt, obere Stengelblätter sitzend. Blüten bis 4 cm im Durchmesser, mit 5 (selten bis 7) dottergelben Hüllblättern, ohne Honigblätter. Sie bieten den Besuchen reichlich Pollen, daneben auch Nektar, der an den Fruchtknoten abgeschieden wird. Sammelfrucht aus 5–8 sternförmig angeordneten Balgfrüchten, die in 2 Reihen angeordnete Samen enthalten.
Blütezeit: März bis Mai, z.T. auch später.
Lebensraum: Feuchtgebiete aller Art, wie Bachufer, Feuchtwiesen und Bruchwälder.
Verbreitung: Überall verbreitet und häufig, in den Alpen bis 2500 m.
Allgemeines: Die Pflanze wird vom Vieh gemieden (scharfer Geschmack). Ihre Blüten werden oft als Ersatz für Kapern in Essig und Öl eingelegt.

Ranunculus aquatilis Wasserhahnenfuß

Merkmale: Meist im Wasser wachsend. Stengel dünn, bis 150 cm lang. Blätter in 2 deutlich verschiedenen Ausbildungsformen. Auf der Wasseroberfläche nierenförmige, 3–5spaltige, breit gelappte Schwimmblätter, im Wasser gabelig aufgespaltene Unterwasserblätter mit haarfeinen Blattzipfeln. Letztere schlaff, außerhalb des Wassers pinselartig zusammenfallend. Bisweilen werden unregelmäßige Übergangsblätter gebildet, die Merkmale beider Blattformen in sich vereinigen. Blüten einzeln stehend, 2–2,5 cm im Durchmesser, mit 5 Kelchblättern und 5 breiten, weißen Honigblättern. Nach dem Abblühen krümmen sie sich ins Wasser. Fruchtstand aus zahlreichen 1samigen Nußfrüchtchen zusammengesetzt.
Blütezeit: Juni bis August.
Standort: Stehende und langsam fließende, meist kalkarme Gewässer.
Verbreitung: Weit verbreitet und gebietsweise häufig, über größere Strecken auch fehlend.

Ranunculus trichophyllus Haarblättriger Hahnenfuß

Merkmale: Ähnelt dem Wasserhahnenfuß, bildet aber keine Schwimmblätter aus. Sprosse 10–50 cm lang. Alle Blätter haarförmig zerteilt, Blattzipfel in verschiedenen Ebenen, außerhalb des Wassers bei manchen Formen zusammenfallend, bei anderen steif auseinanderspreizend. Blüten klein, nur 7–12 mm im Durchmesser. Honigblätter schmal, bei voll geöffneten Blüten sich nicht berührend.
Blütezeit: April/Mai bis September.
Standort: Nährstoffreiche, stehende und langsam fließende Gewässer.
Verbreitung: Allgemein verbreitet, aber nicht überall häufig; vorwiegend in Kalkgebieten.
Allgemeines: Wie der Wasserhahnenfuß äußerst formenreich, daher in vielen Fällen schwer zu erkennen.
Ähnliche Art: *Ranunculus circinatus* **(Spreizender Hahnenfuß).** Blattzipfel in einer Ebene, steif auseinanderspreizend. Blüten größer (bis gut 20 mm), Honigblätter berühren sich.

Ranunculus fluitans
Flutender Hahnenfuß

Merkmale: Untergetauchter Hahnenfuß ohne Schwimmblätter. Stengel oft mehrere Meter lang, schlaff, im Wasser flutend. Blätter mehrfach gabelig geteilt, mit haarfeinen, parallelen Zipfeln, 10–30 cm lang. Blüten groß, weiß, 15–30 mm im Durchmesser.
Blütezeit: Juni bis August.
Standort: Schnellfießende, kühle Bäche und Flüsse mit sandigem oder steinigem Grund.
Verbreitung: Im Bergland ziemlich häufig, besonders im Alpenvorland; im Tiefland seltener. Verträgt leichte Verunreinigung und wird durch sie sogar gefördert (z. B. in der Nähe von Ortschaften), geht bei starker Verschmutzung aber deutlich zurück.
Allgemeines: Die Art tritt selten auch außerhalb des Wassers in einer Landform auf. Diese ist 1jährig (die Wasserform ausdauernd) und wird selten höher als 6 cm. Blätter mit breiteren, steifen und annähernd parallelen Zipfeln. Meist ohne Blüten.

Ranunculus lingua 3 G
Zungenblättriger Hahnenfuß

Merkmale: Stengel kräftig, hohl, 60–150 cm hoch. Entspringt einem am Boden kriechenden, bis 1 m langen Wurzelstock. Grundblätter zur Blütezeit verwelkt. Stengelblätter lanzettlich, zur Basis allmählich verschmälert, ganzrandig oder leicht gezähnt, bis 25 cm lang und 3,5 cm breit. Blüten 3–4 cm im Durchmesser, mit 5 goldgelben Honigblättern und 5 grünlichen Kelchblättern. Fruchtstände kugelig, aus zahlreichen spitz-eiförmigen Einzelfrüchten zusammengesetzt.

Fruchtstand

Blütezeit: Juni bis August.
Standort: Am häufigsten am Ufer stehender Gewässer, auch in Röhrichten, Seggensümpfen und Flachmooren.
Verbreitung: In Mitteleuropa weit verbreitet, aber nirgends häufig. Durch Gewässerverschmutzung vielerorts zurückgehend.

Ranunculus flammula
Brennender Hahnenfuß

Merkmale: Stengel aufrecht oder bogig aufsteigend, seltener kriechend, bis 50 cm hoch. Grundblätter gestielt, schmäler oder breiter eiförmig. Stengelblätter schmal lanzettlich, bis 75 mm lang und 10 mm breit, meist ungestielt, am Grund mit breiter, häutiger Scheide. Blattrand glatt oder leicht gezähnt. Blüten gelb, 7–18 mm im Durchmesser.
Blütezeit: Mai bis September.
Lebensraum: Flache Ufer von Seen, Teichen oder Tümpeln, offene Schlammflächen und Grabenränder, auch auf Sumpfwiesen und feuchten Wegen.
Verbreitung: In Mitteleuropa überall verbreitet und meist häufig.
Ähnliche Art: *Ranunculus reptans* **(Ufer-Hahnenfuß).** Stengel fadenförmig, niederliegend, an den Knoten wurzelnd und hier mit spatelförmigen Blättern. Blüten einzeln, lang gestielt, 5–10 mm im Durchmesser. Am Ufer stehender Gewässer, selten. Wird oft als Unterart von *R. flammula* betrachtet.

Ranunculus sceleratus
Gift-Hahnenfuß

Merkmale: Pflanze 1–2jährig. Stengel aufrecht und stark verzweigt, bis 2 cm dick und 20–50 cm hoch. Grundständige Blattrosette mit lang gestielten, nierenförmigen bis 5eckigen Blättern, diese mehrfach 3lappig geteilt. Obere Stengelblätter bis zum Grund 3teilig, mit schmalen Abschnitten. Blüten zahlreich, aber wenig auffallend, blaßgelb und nur 5–10 mm im Durchmesser. Fruchtstand länglich, mit 70–100 kurz geschnäbelten Teilfrüchten.

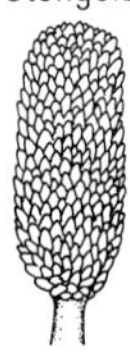
Fruchtstand

Blütezeit: Juni bis September.
Standort: Vor allem auf trockengefallenen Schlammflächen, auch an Gewässerufern.
Verbreitung: Lückenhaft verbreitet, gebietsweise aber nicht selten, z. B. entlang der größeren Flüsse.
Allgemeines: Die Art ist ziemlich giftig.

Thalictrum flavum
Gelbe Wiesenraute

Merkmale: Stengel unverzweigt, 30–120 cm hoch, aus einem unterirdisch kriechenden Wurzelstock aufsteigend. Untere Blätter deutlich gestielt, obere sitzend, 2–3fach gefiedert, mit meist 3spaltigen, dunkelgrünen Fiedern. Fieder der unteren Blätter breit keilförmig. Blüten in einer länglichen Rispe mit bald abfallenden, grünlichgelben Perigonblättern und zahlreichen abstehenden, gelben Staubgefäßen. Diese stellen den eigentlichen Schauapparat der Blüte dar. **Blütezeit:** Juni bis Juli.

Standort: Flachmoore, Feuchtwiesen und Gewässerufer.

Verbreitung: Vor allem in den Stromtälern weit verbreitet, aber nicht häufig.

Ähnliche Arten: *Thalictrum lucidum* **(Glänzende Wiesenraute).** Wurzelstock nicht kriechend, Fieder der unteren Blätter schmal und meist ungeteilt. Selten in Flachmoorwiesen. *Thalictrum morisonii* **(Hohe Wiesenraute).** Blütenrispe weit ausladend. Nur am Bodensee und am südlichen Oberrhein.

Corrigiola litoralis Hirschsprung ③

Merkmale: Einjährige, kahle Pflanze mit niederliegendem, reich verzweigtem, 8–50 cm langem Stengel. Färbung blaugrün. Blätter wechselständig, linealisch-länglich oder spatelförmig, mit stumpfer Spitze und bis 2 cm lang. An der Basis mit 1–3 mm langen, trokkenhäutigen Nebenblättern. Blüten zahlreich, sehr klein, in dichten, endständigen Knäueln. Kelchblätter 5, etwa 1 mm lang. Kronblätter ebenfalls 5, etwas kürzer, ganzrandig, weiß. Frucht 1samig, zusammen mit Kelch und Blütenboden abfallend.

Blütezeit: Juni bis Oktober.

Standort: Auf trockengefallenen Sand- und Kiesbänken an Flußufern, auf ausgetrockneten Schlammböden abgelassener Teiche oder in feuchten Äckern. Nur auf kalkarmen, leicht sauren Böden.

Verbreitung: Westeuropäische Art. In Mitteleuropa vor allem in den großen Stromtälern, hier manchmal häufig und z. T. in dichten Beständen. Sonst selten, oft unbeständig. Durch wasserbauliche Maßnahmen gefährdet.

Malachium aquaticum Wasserdarm (= *Myosoton aquaticum*)

Merkmale: Ausdauernde Pflanze mit 30–100 cm langem, weichem Stengel. Dieser am Boden liegend oder aufsteigend, an den Knoten vielfach wurzelnd, unten kahl, oberwärts drüsig behaart. Die Blätter sind herzeiförmig, zugespitzt und gekreuzt-gegenständig angeordnet. Sie sind an den blühenden Trieben sitzend, an sterilen aber gestielt. Blüten etwa 15 mm im Durchmesser. Die Kronblätter sind weiß, 1,5–2mal so lang wie der Kelch und fast bis zum Grund gespalten. Fruchtknoten oberständig, 5fächerig und mit 5 Griffeln. Frucht eine rote, vielsamige Kapsel, die mit 5 Klappen aufspringt.

Blütezeit: Juni bis September.

Standort: Nasse Lehm- und Schlammböden in Auwäldern, an Ufern und Grabenrändern.

Verbreitung: Überall häufig.

Ähnliche Art: *Stellaria nemorum* **(Hain-Sternmiere).** Blüten nur mit 3 Griffeln, sonst Pflanze in allen Teilen sehr ähnlich. Häufig in Wäldern und Gebüschen.

Sagina nodosa ②
Knotiges Mastkraut

Merkmale: Ausdauernde Pflanze mit ausgebreiteten und aufsteigenden, unverzweigten Stengeln, 5–15 cm hoch. Blätter linealisch-fadenförmig und stachelspitzig. Die unteren Blätter sind deutlich länger als die oberen, diese mit achselständigen Blattbüscheln. Die Blüten sind lang gestielt, weiß und 5–10 mm im Durchmesser. 5 ganzrandige Kronblätter, die doppelt so lang sind wie die grünen Kelchblätter.

Blütezeit: Juni bis September.

Standort: Feuchtwiesen, Moore, Grabenränder; auf torfigen Böden.

Verbreitung: Sehr zerstreut, im norddeutschen Flachland etwas häufiger, in Süddeutschland sehr selten. Durch Trockenlegung der Feuchtgebiete überall stark gefährdet.

Ähnliche Arten: *Sagina subulata* **(Pfriemblättriges Mastkraut).** Blüten 5zählig, Kronblätter etwa so lang wie die Kelchblätter. *Sagina procumbens* **(Niederliegendes Mastkraut).** Blüten 4zählig, Kelch länger als Blütenblätter.

Hahnenfußgewächse

Nelkengewächse

Ceratophyllum demersum
Rauhes Hornblatt

Merkmale: Untergetauchte Wasserpflanze. Stengel oft rötlich, 50–100 cm lang, frei schwimmend oder mit farblosen Sprossen im Boden verankert (ohne Wurzeln). Blätter dunkelgrün, starr und zerbrechlich, 1–2mal gabelig geteilt, mit 2–4 schmalen, scharf gezähnten Zipfeln. 4–12 Blätter in einem Quirl. Blüten einzeln in den Blattquirlen, sehr unscheinbar, getrenntgeschlechtig. Männliche Blüten unter den weiblichen, etwa 3 mm groß, mit 8–24 Staubblättern und 9–15 schmalen Hüllblättern. Weibliche Blüten mit nur 1 Fruchtknoten. Früchte eiförmig, schwarz, mit 3 langen Stacheln. **Blütezeit:** Juli bis September.
Standort: Nährstoffreiche, stehende oder langsam fließende Gewässer.
Verbreitung: Weit verbreitet und z.T. häufig, durch Eutrophierung vielerorts in Ausbreitung begriffen.
Ähnliche Art: *Ceratophyllum submersum* **(Glattes Hornblatt).** Blätter hellgrün, 3–4mal geteilt, weicher und nur schwach gezähnt.

Montia fontana Quellkraut

Merkmale: Meist ausdauernd, niedrige Rasen oder im Wasser flutende, reich verzweigte Stengel ausbildend. Blätter gegenständig, länglich lanzettlich oder schmal spatelförmig, bis 20 mm lang. Blüten unscheinbar, 3–4 mm groß, in armblütigen Trugdolden oder einzeln in den Blattachseln, lang gestielt. 5 weiße, am Grund röhrig verwachsene Kronblätter, von denen 2 etwas länger sind. Samenkapseln 1,5–2 mm lang, meist mit 3 Samen.
Blütezeit: Mai bis September.
Standort: Schnellfließende, kalkarme Quellbäche und Wiesengräben, auch Wegpfützen und feuchte Ackersenken.
Verbreitung: Vor allem im kalkarmen Bergland, gebietsweise nicht selten; im Flachland nur vereinzelt.
Allgemeines: Sehr vielgestaltige, formenreiche Art, die vielfach in mehrere Kleinarten aufgeteilt wird. Eine Unterscheidung dieser Kleinarten ist schwierig; sie beruht in erster Linie auf einer mikroskopischen Untersuchung der Samenoberfläche.

Elatine triandra ❷
Dreimänniger Tännel

Merkmale: Sehr unscheinbare, einjährige Pflanze mit bis 5 cm langem, am Boden kriechendem Stengel, bei der Wasserform bis 18 cm lang. Blätter gegenständig, länglich-oval, am Grund in einen kurzen Stiel verschmälert. Blüten 3zählig und mit 3 Staubgefäßen, einzeln in den Blattachseln sitzend, 3–4 mm im Durchmesser. Kronblätter oval, rötlich oder weiß. Fruchtkapsel kugelig, 3fächerig.
Blütezeit: Juni bis September.
Standort: Schlammige Ufer von Flüssen und Seen, trockengefallene Böden abgelassener Teiche; nur auf kalkarmem, aber nährstoffreichem Untergrund.
Verbreitung: Überall selten und oft unbeständig.
Ähnliche Arten: *Elatine hexandra* **(Sechsmänniger Tännel).** Mit 3 Kronblättern, aber 6 Staubgefäßen. *Elatine hydopiper* **(Wasserpfeffer-Tännel).** Blüten 4zählig. Beide ähnlich verbreitet. Landformen von *Callitriche*-Arten **(Wasserstern)** sehen ebenfalls ähnlich aus.

Elatine alsinastrum ❶
Quirlblättriger Tännel

Merkmale: 1jährig oder ausdauernd, größer und auffallender als die übrigen *Elatine*-Arten. Wächst meist im Wasser mit bogig aufsteigenden, über die Wasseroberfläche emporragenden (emersen) Stengeln von 20–50, gelegentlich 100 cm Länge. Unterwasserblätter sehr schmal, bis 4 cm lang, in Quirlen zu 8–18. Emerse Stengelabschnitte mit ovalen bis lanzettlichen, höchstens 2 cm langen Blättern zu 3–5 je Quirl. Blüten grünlich, 4zählig, in den Blattachseln emerser Sproßabschnitte. Staubblätter 8, Griffel 4.
Blütezeit: Juni bis September.
Standort: In schlammigen, zeitweise austrocknenden Gewässern und an Teichrändern; meist auf kalkarmen, nährstoffreichen Böden. Wärmebedürftig.
Verbreitung: Sehr selten und meist unbeständig. In neuerer Zeit z.B. im Oberrheingebiet und im nördlichen Bayern gefunden.
Ähnliche Art: Kann mit dem **Tannenwedel** *(Hippuris vulgaris)* verwechselt werden.

Hornblattgewächse

Portulakgewächse

Tännelgewächse

Viola palustris Sumpfveilchen

Merkmale: Ausdauernde, 8–15 cm hohe, kahle Pflanze mit kriechender Grundachse, die zahlreiche, wurzelnde Ausläufer bildet. Stengellos, Blätter zu 3–4 in einer grundständigen Rosette angeordnet. Blattspreite rundlich-nierenförmig, Blattstiel ungeflügelt. Nebenblätter frei, eiförmig zugespitzt und am Rand meist gefranst. Blüten blaßlila, bis 1,5 cm groß, unteres Kronblatt violett geadert. Sporn der Blüte 1,5mal so lang wie die Kelchanhängsel (nach hinten gerichtete Fortsätze der Kelchblätter).
Blütezeit: Mai bis Juni.
Standort: Kalkarme Moorwiesen, Hoch- und Zwischenmoore, Erlenbruchwälder.
Verbreitung: Allgemein verbreitet und nicht selten, aber in Kalkgebieten auch über weitere Strecken fehlend.
Ähnliche Art: *Viola epipsila* **(Torfveilchen).** Ebenfalls stengellos, Blätter nur zu zweit, Sporn 2–3mal so lang wie die Kelchanhängsel. In Moorwiesen, sehr selten, früher in Schleswig-Holstein, jetzt verschollen.

Viola persicifolia (= V. stagnina) 2
Grabenveilchen

Merkmale: Pflanze ausdauernd, 5–20 cm hoch. Stengel aufrecht wachsend, meist verzweigt. Blätter schmal-eiförmig bis lanzettlich, am Grund herzförmig oder abgestutzt. Nebenblätter eiförmig oder lanzettlich, etwa halb so lang wie der Blattstiel. Blüten 10–15 mm lang, milchweiß bis blaßblau.
Blütezeit: Mai bis Juni.
Standort: Zeitweise überschwemmte Wiesen und Grabenränder.
Verbreitung: Selten, fast nur in den großen Stromtälern, z. B. von Rhein, Elbe und Donau. Durch Entwässerungsmaßnahmen, Eindeichungen und Nutzungsänderungen stark zurückgegangen und vielerorts verschwunden. Einigermaßen häufig noch im Elbetal.
Ähnliche Arten: *Viola elatior* **(Hohes Veilchen).** Bis 50 cm hoch, Blüten bis 25 mm, Nebenblätter mindestens so lang wie der Blattstiel. *Viola pumila* **(Niedriges Veilchen).** Nebenblätter wie *V. elatior,* Blüten kleiner. Beide Arten selten.

Polygonum amphibium
Wasserknöterich

Merkmale: Ausdauernde Pflanze mit langer, im Schlamm kriechender Grundachse. Bei der Wasserform Stengel bis 3 m lang, Landform bis 75 cm hoch. Wasserform mit bis 15 cm langen und 6 cm lang gestielten, spitz eiförmigen Schwimmblättern. Landform mit kürzeren, sitzenden oder kurz gestielten Blättern. Blüten rosa, 4–5 mm lang, mit 4–5blättrigem Perigon und meist 5 Staubblättern, in dichten Scheinähren.
Blütezeit: Juni bis September.
Standort: Stehende, seltener langsam fließende Gewässer, oft z. B. in Fischteichen und Kiesgrubentümpeln. Meist an flachen, ruhigen Stellen. Geht beim Austrocknen des Gewässers in die Landform über.
Verbreitung: Fast überall häufig.
Ähnliche Arten: *Polygonum bistorta* **(Schlangenknöterich).** Stengel aufrecht, 1köpfig. Auf Feuchtwiesen. *Polygonum hydropiper* **(Wasserpfeffer).** Blütenstand und Blätter schmal. In Wegpfützen und Gräben, häufig.

Cochlearia pyrenaica 2 G
Pyrenäen-Löffelkraut

Merkmale: Ausdauernde, 15–30 cm hohe, kahle und etwas fleischige Pflanze. Blätter ungeteilt. Grundblätter lang gestielt, mit nierenförmiger, bis 3 cm langer Spreite. Stengelblätter sitzend, oval bis keilförmig. Blüten weiß, in zunächst gedrungenen, später verlängerten Trauben. Kronblätter 4–8 mm lang, Kelchblätter 2–3 mm. Früchte elliptisch, an beiden Seiten zugespitzt, schräg abstehend gestielt.
Blütezeit: Mai bis Juni.
Standort: Am Rand von kalten Quellbächen; nur auf kalkreichem Untergrund.
Verbreitung: Selten, in einigen Mittelgebirgen (Rheinisches Schiefergebirge, Rhön, Fränkische Alb) und im Alpenvorland.
Ähnliche Art: *Cochlearia officinalis* **(Gebräuchliches Löffelkraut).** Früchte kugelig bis eiförmig, an der Basis abgerundet, fast rechtwinklig abstehend gestielt. Auf Salzböden, vor allem an den Küsten, im Binnenland selten. Wird oft mit *C. pyrenaica* als eine Art zusammengefaßt.

Cardamine amara
Bitteres Schaumkraut

Merkmale: 10–50 cm hohe, ausdauernde Pflanze. Das kriechende Rhizom treibt zahlreiche Ausläufer. Grundständige Blätter nicht in einer Rosette angeordnet. Alle Blätter gefiedert, mit 2–5 Fiederpaaren und etwas vergrößertem Endfieder. Fiederblättchen eiförmig, am Rand leicht eckig gezähnt. Blüten zahlreich, mit 5–10 mm langen, weißen Kronblättern. Staubbeutel violett (Unterschied zu *Nasturtium!*). **Blütezeit**: April bis Juni.
Standort: In Quellfluren und Erlenbruchwäldern sowie in Quellbächen; vorwiegend auf kalkarmem Untergrund, aber auch auf Kalkboden nicht fehlend.
Verbreitung: Besonders in Süddeutschland weit verbreitet und meist häufig; im Norden selten und gebietsweise fehlend.
Ähnliche Art: *Cardamine pratensis* **(Wiesen-Schaumkraut).** Mit grundständiger Blattrosette, Fieder der Stengelblätter sehr schmal und ungezähnt, Blüten meist rosa. Auf feuchten Wiesen, häufig.

Nasturtium officinale
Echte Brunnenkresse

Merkmale: Ausdauernde, 15–80 cm hohe Pflanze, die sehr an *Cardamine amara* erinnert. Meist im Wasser; Stengel kriechend oder aufsteigend. Blätter gefiedert, mit 1–4 Fiederpaaren und vergrößertem Endfieder, auch im Winter grün. Blüten weiß, mit 3,5–5 mm langen Kronblättern und gelben Staubgefäßen. Früchte 13–18 mm lang und 1,8–2,5 mm dick. **Blütezeit**: Mai bis September.
Standort: Quellen, Gräben und Bäche mit sauberem, kühlem Wasser.
Verbreitung: In den Mittelgebirgen und im Alpenvorland häufig, sonst seltener. Durch Gewässerverschmutzung zurückgehend.
Allgemeines: Wird oft als Salat- oder Heilpflanze genutzt und stellenweise kultiviert.
Ähnliche Art: *Nasturtium microphyllum* **(Kleinblättrige Brunnenkresse).** Sehr schwer von *N. officinale* zu unterscheiden. Früchte etwas schmäler, 16–24 mm lang und 1,2–1,8 mm dick. Blätter im Winter rotbraun. Kommt wohl vorwiegend in Norddeutschland vor.

Rorippa amphibia
Wasser-Sumpfkresse

Merkmale: Ausdauernde, 40–120 cm hohe Pflanze. Stengel meist kahl, innen hohl. Untere Blätter kurz gestielt, länglich eiförmig, ungeteilt oder fiederspaltig. Obere Stengelblätter sitzend, schmal-lanzettlich und ganzrandig oder eingekerbt. Blüten gelb, in einer Doldentraube. Kronblätter 4–5 mm lang, Kelchblätter etwa halb so lang. Früchte eiförmig bis elliptisch, 3–6 mm lang. Fruchtstiele 6–17 mm lang, waagerecht abstehend oder leicht zurückgebogen. **Blütezeit**: Mai bis August.
Standort: Gewässerufer, Gräben und zeitweise überschwemmte Flächen; auf nährstoffreichem Untergrund.
Verbreitung: Allgemein verbreitet und gebietsweise häufig.
Allgemeines: Die sehr veränderliche Blattform hängt offenbar mit dem Wasserstand zusammen.
Ähnliche Art: *Rorippa austriaca* **(Österreichische Sumpfkresse).** Früchte kugelig, Stiele 4mal so lang. In Flußtälern, selten.

Rorippa sylvestris
Wilde Sumpfkresse

Merkmale: 20–50 cm hohe, ausdauernde Pflanze. Stengel meist kahl, aufrecht und stark verzweigt. Alle Blätter tief fiederspaltig bis gefiedert. Blattfieder länglich lanzettlich, gezähnt oder wieder fiederspaltig. Blüten mit gelben, 3–5 mm langen Kronblättern und halb so langen, abstehenden Kelchblättern. Früchte linealisch, gerade oder leicht gekrümmt, 7–15 mm lang, etwas länger als die waagerecht abstehenden Fruchtstiele.
Blütezeit: Juni bis September.
Standort: Ufer stehender und fließender Gewässer aller Art, trockengefallene Teichböden und Talsperren, zeitweise überflutete Sand- und Kiesböden. Auch auf Schuttplätzen und feuchten Äckern.
Verbreitung: Allgemein verbreitet und fast überall häufig.
Ähnliche Art: *Rorippa palustris* **(Kleinblütige Sumpfkresse).** Früchte höchstens 7 mm lang, Kronblätter wenig länger als die Kelchblätter. An ähnlichen Orten wie *R. sylvestris*.

Andromeda polifolia ③
Rosmarinheide

Merkmale: 15–30 cm hoher Halbstrauch mit kriechenden Ausläufern und bogig aufsteigenden, grau berindeten Zweigen. Blätter lineal-lanzettlich, immergrün, lederartig und am Rand umgerollt. Blattoberseite dunkelgrün, Unterseite weißlich bereift. Blattstiel sehr kurz. Blüten zu 2–8 in endständigen Doldentrauben, nickend auf langen, rötlichen Stielen. Blumenkrone kugelig-glockenförmig, blaßrosa, mit 5 nach außen gebogenen, freien Zipfeln. Kelch 5teilig, rot.
Blütezeit: Mai bis Juni, manchmal auch noch im August/September.
Standort: Charakteristische Pflanze der Bulte in Hoch- und Zwischenmooren. Nur auf nassen, sauren und nährstoffarmen Torfböden.
Verbreitung: Im norddeutschen Flachland weit verbreitet und gebietsweise noch häufig. In Süddeutschland seltener, hier vor allem in den Moorgebieten des Alpenvorlands und der Alpen (dort bis 1430 m). Geht durch Trockenlegung der Moore überall zurück.

Vaccinium oxycoccus Moosbeere
(= Oxycoccus palustris)

Merkmale: Niederliegender Halbstrauch mit kriechenden, bis 80 cm langen, fadenförmigen Stengeln. Blätter eiförmig, in der Mitte oder kurz davor am breitesten. Blüten nickend, an langen, roten Stielen. Blumenkrone bis zum Grund vierteilig, mit stark zurückgerollten Zipfeln. Dadurch sind die 8 zu einer Röhre vereinigten Staubgefäße und der weit herausragende Griffel frei sichtbar. Frucht eine am Boden liegende, kugelige, rote Beere.
Blütezeit: Juni bis August.
Standort: Hoch- und Zwischenmoore.
Verbreitung: In Moorgebieten weit verbreitet und meist häufig.
Ähnliche Arten: *Vaccinium microcarpum* **(Kleinfrüchtige Moosbeere).** Blätter fast dreieckig, an der Basis am breitesten. Beere länglich. Moore im Alpenvorland und Schwarzwald, selten. *Vaccinium macrocarpum* **(Kranbeere).** Blätter länglich-lanzettlich, Stengel aufsteigend. Pflanze größer. Aus Nordamerika eingeführt und verwildert.

Euphorbia palustris ③ Ⓖ
Sumpf-Wolfsmilch

Merkmale: Ausdauernde Pflanze mit aufrechten, 50–150 cm hohen Stengeln. Blätter wechselständig, länglich-lanzettlich, ungestielt. Blüten in reich verzweigten, gelben Trugdolden. Die scheinbaren Einzelblüten sind genaugenommen Teilblütenstände (Cyathien) aus einer weiblichen und 5 männlichen Blüten. Ein jedes Cyathium besitzt ringsum 4 ovale, gelbe Nektardrüsen, durch die als Bestäuber vorwiegend Fliegen angelockt werden.
Blütezeit: Mai bis Juni.
Standort: Lichte Auwaldgebiete und Feuchtwiesen in den Überschwemmungsbereichen größerer Flüsse.
Verbreitung: Typische Stromtalpflanze, fast nur entlang der größeren Flußtäler, z. B. von Elbe, Rhein und Donau. Früher vielerorts häufig, heute durch Eindeichungen und forstliche Intensivnutzung stark zurückgegangen.
Ähnliche Art: *Euphorbia lucida* **(Glänzende Wolfsmilch).** Blätter stark glänzend, Nektardrüsen sichelförmig. Sehr selten.

Hottonia palustris ③ Ⓖ
Wasserfeder

Merkmale: Ausdauernde, im Schlamm wurzelnde Wasserpflanze. Stengel 30–90 cm hoch. Blätter wechselständig, manchmal quirlartig genähert, kammartig fiederteilig mit 10–40 schmal linealischen Blattzipfeln. Blüten weiß oder blaßrosa, innen am Schlund gelb, 20–25 mm im Durchmesser. Blütenstand 20–40 cm hoch, mit 4–9 Blütenquirlen. Frucht eine 3–6 mm lange Kapsel.
Blütezeit: April bis Juni.
Standort: Stehende, seltener langsam fließende Gewässer, z. B. Gräben, Teiche und Altwasser, auch in schattigen Erlenbruchwäldern. Meist in 20–70 cm Wassertiefe, in tieferem Wasser steril. Gern in Gewässern, die häufiger austrocknen. Gegen leichte Eutrophierung unempfindlich, verträgt aber keine Verunreinigung durch Abwässer.
Verbreitung: Im norddeutschen Flachland weit verbreitet und gebietsweise häufig. In Süddeutschland ziemlich selten, hier fast nur im Bereich flußbegleitender Auengewässer.

Heidekrautgew.

Wolfsmilchgew.

Primelgewächse

Lysimachia thyrsiflora Straußblütiger Gilbweiderich ③

Merkmale: Ausdauernde Pflanze, überwintert mit langen, kriechenden Ausläufern, aus denen 30–60 cm hohe, unverzweigte Stengel aufsteigen. Blätter lanzettlich, ungestielt, gegenständig oder seltener quirlständig. Blüten in gestielten, kugeligen Trauben in den Achseln der mittleren Stengelblätter. Einzelblüten 6zählig mit trichterförmiger, tief geteilter Krone. Kronblätter schmal lanzettlich, goldgelb, 4–5 mm lang. Staubgefäße weit hervorragend, länger als die Kronblätter.
Blütezeit: Mai bis Juni.
Standort: Seeufer, Moorgräben, Sümpfe und ähnliche Feuchtgebiete; auf nassen, meist sauren, nährstoffarmen Schlamm- und Torfböden.
Verbreitung: Lückenhaft verbreitet. Kommt vor allem im norddeutschen Flachland und in den Moorgebieten des Alpenvorlandes vor. Durch Entwässerung und landwirtschaftliche Nutzung der Feuchtgebiete fast überall stark zurückgegangen.

Lysimachia nummularia Pfennigkraut

Merkmale: Immergrüne, am Boden kriechende Pflanze mit 10–50 cm langen Stengeln. Blätter gegenständig, breit eiförmig bis rundlich, kurz gestielt. Blüten groß, 15–30 mm im Durchmesser, meist einzeln in den Blattachseln. Blütenstiele kräftig, meist länger als die Blätter. Blütenkrone flach ausgebreitet, 5zählig, tief geteilt.
Blütezeit: Juni bis August.
Standort: An Gewässerufern und Grabenrändern, auch auf feuchten Wiesen und in Auwäldern; auf nährstoffreichem, kalkarmem wie kalkreichem Boden.
Verbreitung: Fast überall häufig.
Allgemeines: Die Art bildet nur selten Früchte aus. Vermehrung fast immer vegetativ durch abgerissene, wurzelnde Stengelstücke.
Ähnliche Art: *Lysimachia nemorum* **(Hain-Gilbweiderich).** Blätter eiförmig, zugespitzt. Blüten kleiner, ca. 10 mm im Durchmesser, auf fadenförmigen Stielen. In feuchten Wäldern, nicht selten.

Lysimachia vulgaris Gemeiner Gilbweiderich

Merkmale: Ausdauernde Pflanze mit kriechender Grundachse und langen Ausläufern. Stengel 60–125 cm hoch, oben meist verzweigt. Blätter kurz gestielt, eiförmig-lanzettlich, gekreuzt gegenständig, seltener zu 3–4 in Quirlen. Blüten gelb, in endständigen oder seitenständigen Rispen. Blüten 5zählig, mit flach trichterförmiger bis radförmiger, tief geteilter Krone von 15–18 mm Durchmesser.
Blütezeit: Juli bis August.
Standort: An Gewässerufern und Grabenrändern, auch in Röhrichten, Bruchwäldern und Moorwiesen. Meist auf leicht sauren Böden.
Verbreitung: Weit verbreitet und häufig.
Allgemeines: Bildet je nach Standort unterschiedliche Blütenformen aus. An sonnigen Stellen überwiegen goldgelbe, größere Blüten mit langen Griffeln, die ganz auf Fremdbestäubung eingerichtet sind. An schattigen Orten finden sich blaßgelbe, kleinere Blüten mit gleichlangen Griffeln und Staubgefäßen, die sich im Bedarfsfall selbst bestäuben.

Primula farinosa Mehlprimel ③ Ⓖ

Merkmale: Ausdauernde Rosettenpflanze, 5–20 cm hoch. Blätter länglich spatelförmig, leicht gezähnt oder ganzrandig. Oberseits dunkelgrün, etwas glänzend, unterseits weißlich bestäubt. Blüten endständig in meist vielblütigen Dolden, heller oder dunkler rosa, selten weiß. Krone flach ausgebreitet, im Schlund gelb, mit grünlicher Kronröhre.
Blütezeit: Mai bis Juni, im Gebirge auch später.
Standort: Quellige Flachmoore und Sumpfwiesen; meist auf nassen, kalkreichen Böden. Im Gebirge auch auf alpinen Steinrasen.
Verbreitung: Verbreitungsschwerpunkt im Alpenvorland und in den Alpen; weiter nördlich sehr selten und fast ausgestorben. Auf den Moorwiesen im Alpenvorland früher häufig und vielfach aspektbildend. Durch Entwässerung und Düngung der meisten Feuchtwiesen hat sie den überwiegenden Teil ihrer einst reichen Standorte eingebüßt. Nur in den Hochlagen der Alpen, wo die Art bis auf 2340 m Höhe vorkommt, ist sie noch nicht gefährdet.

Geum rivale Bach-Nelkenwurz

Grundblatt

Merkmale: Ausdauernde, 30–50 cm hohe Pflanze. Grundblätter lang gestielt, unterbrochen gefiedert (zwischen den großen Fiederblättern stehen deutlich kleinere). Endfieder sehr groß, 3teilig oder ungeteilt. Untere Stengelblätter ähnlich den Grundblättern, obere 3teilig oder ganzrandig, mit kleinen, eiförmigen Nebenblättern. Blüten nikkend, mit 5 schmal dreieckigen, braunen Kelchblättern und ebenso vielen rötlichen, dunkler geaderten Blütenblättern. Fruchtknoten und Staubgefäße zahlreich. Früchte mit verholzten, hakenförmig gebogenen Griffeln (Klettfrüchte).
Blütezeit: Mai bis Juni.
Standort: Grabenränder, Quellgebiete, Feuchtwiesen und feuchte Wälder; meist auf nährstoffreichem Untergrund.
Verbreitung: Allgemein verbreitet.

Crassula helmsii

Merkmale: Ausdauernde Pflanze mit dünnem Stengel, der am Boden kriecht oder im Wasser flutet. Dieser ist bis 30 cm lang, reich verzweigt, an den Knoten wurzelnd und an den Sproßspitzen etwas aufgerichtet. Die fleischigen Blätter sind gegenständig, schmal linealisch, 4–15 mm lang und 1–2 mm breit. Die Blüten sind weiß, 4zählig, 3–4 mm im Durchmesser. Sie stehen einzeln auf langen Stielen in den Blattachseln.
Blütezeit: Juli bis September.
Standort: Am Rand stehender, flacher Gewässer (z. B. Sandgrubentümpel oder Fischteiche), teils im Wasser, teils am Ufer wachsend.
Verbreitung: Stammt aus Australien und Neuseeland. Wurde in England für Gartenteiche angeboten und trat dort ab 1956 auch wildwachsend auf. 1981 wurde sie erstmals auf dem europäischen Festland in einem abgelassenen Fischteich in der Pfalz gefunden. 1986 tauchte sie in einer Sandgrube bei Bremen auf. Inzwischen dürfte sie im nördlichen und westlichen Deutschland weiter verbreitet sein.

Potentilla palustris Sumpf-Blutauge (= *Comarum palustre*)

Merkmale: Ausdauernde, im Schlamm kriechende, etwas verholzte Pflanze mit 15–45 cm hohen, verzweigten Stengeln. Grundständige Blätter und untere Stengelblätter gefiedert, mit 5–7 scharf gezähnten, einander sehr genäherten Blattfiedern, dadurch wie gefingert erscheinend. Obere Stengelblätter 3zählig, sitzend oder kurz gestielt. Blütenstand armblütig. Blüten 5zählig, lang gestielt, 15–20 mm im Durchmesser, mit breiten, purpurbraunen Kelchblättern. Kronblätter viel kürzer und schmäler, ebenso gefärbt. Staubgefäße etwa 20, Fruchtknoten zahlreich.
Blütezeit: Juni bis August.
Standort: Flach- und Zwischenmoore; in Schlenken, Gräben, Weihern und alten Torfstichen, oft vom Rand her ins freie Wasser vordringend und hier schwimmende Teppiche bildend.
Verbreitung: Im Flachland wie im Bergland in den Moorgebieten weit verbreitet und meist häufig.

Chrysosplenium alternifolium Wechselblättriges Milzkraut

Merkmale: Ausdauernde, 5–20 cm hohe Pflanze mit unterirdischen Ausläufern und 3kantigem Stengel. Grundständige Blätter nierenförmig bis rundlich, am Rand gekerbt, bis 25 mm lang und breit. Blattstiel mehrfach länger als die Spreite. Stengelblätter kleiner als die Grundblätter, wechselständig. Blüten klein, in Trugdolden angeordnet, die von gelblichen Hochblättern umgeben sind. Einzelblüten mit 4 Kelchblättern und 8 Staubgefäßen, Kronblätter fehlen.
Blütezeit: April bis Mai.
Standort: Quellfluren, Grabenränder und feuchte, schattige Schluchtwälder; meist auf kalkreichen Böden.
Verbreitung: Weit verbreitet und meist häufig, besonders in den Kalkgebieten.
Ähnliche Art: *Chrysosplenium oppositifolium* **(Gegenblättriges Milzkraut).** Stengel 4kantig, mit gegenständigen Blättern. An ähnlichen Standorten wie *C. alternifolium,* aber fast nur auf kalkarmen Böden.

Rosengewächse

Dickblattgewächse

Steinbrechgew.

Saxifraga hirculus 1 G
Moor-Steinbrech

Merkmale: Ausdauernde Pflanze mit 10–40 cm hohem, unverzweigtem Stengel. Dieser ist mit von unten nach oben schmäler werdenden Blättern besetzt. Blätter lanzettlich, ganzrandig und am Ende abgerundet. Blüten einzeln oder zu wenigen an der Stengelspitze. Kronblätter 5, leuchtend gelb mit braunen Punkten, 2–3mal so lang wie die zurückgeschlagenen Kelchblätter.
Blütezeit: Juli bis September.
Standort: Feuchte Zwischenmoore, auf gelegentlich überschwemmten Torfböden.
Verbreitung: Nordische Pflanze, in Mitteleuropa sehr selten und akut vom Aussterben bedroht. In Norddeutschland durch Trockenlegung der Moore schon ausgerottet. Im Alpenvorland nur noch mit wenigen, individuenarmen Populationen vertreten.
Ähnliche Art: *Saxifraga aizoides* **(Fetthennen-Steinbrech).** Blätter etwas fleischig. Blüten zahlreicher. Pflanze rasig wachsend. In Quellfluren der Alpen verbreitet.

Lathyrus palustris 3
Sumpf-Platterbse

Merkmale: Ausdauernde Pflanze mit unterirdischen Ausläufern. Stengel schmal geflügelt, niederliegend oder aufsteigend, 30–100 cm lang. Blattstiele ungeflügelt. Blätter mit 2–3 linealisch-länglichen Fiederpaaren, an der Spitze in eine verzweigte Ranke verlängert, am Grund mit pfeilförmigen Nebenblättern. Blüten purpurblau, mit dem typischen Aufbau von Schmetterlingsblüten (s. bei *Lotus uliginosus),* in 3–6blütigen Trauben.
Blütezeit: Juli bis August.
Standort: Zeitweilig überschwemmte Stromtalwiesen, Grabenränder, Seggensümpfe.
Verbreitung: Selten, fast nur in den großen Stromtälern. Am häufigsten in Norddeutschland, im Süden sehr selten. Durch Entwässerungsmaßnahmen in vielen Gebieten verschwunden.
Ähnliche Arten: Andere *Lathyrus*-Arten mit violetten Blüten fehlen in Feuchtgebieten. *Lathyrus pratensis* **(Wiesen-Platterbse)** hat gelbe Blüten.

Parnassia palustris 3 G
Sumpf-Herzblatt

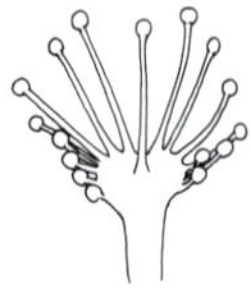
Staminodium

Merkmale: 15–25 cm hohe, ausdauernde Pflanze. Grundblätter herzförmig, lang gestielt. Stengel 1blättrig und 1blütig. Stengelblatt sitzend, mit herzförmigem Grund stengelumfassend. Blüten 5zählig, weiß, 15–25 mm im Durchmesser. Kronblätter mit durchscheinenden Streifen. Von den 10 Staubgefäßen sind 5 als Staminodien zu gelbgrünen Nektardrüsen mit 9–13 gelben Stielköpfchen umgewandelt.
Blütezeit: Juli bis September.
Standort: Kalkhaltige Quellmoore und Flachmoorwiesen, gelegentlich auch auf trockenen Magerrasen.
Verbreitung: Weit verbreitet und gebietsweise nicht selten, vor allem in Süddeutschland. In vielen Gegenden aber durch Entwässerung und Düngung selten geworden.

Lotus uliginosus Sumpf-Hornklee

Merkmale: Ausdauernde Pflanze mit kriechender Grundachse und aufsteigendem Stengel, 20–50 cm hoch. Blätter mit 5 Fiederblättchen. Blüten gelb, in 5–12blütigen, kopfigen Dolden. Typische Schmetterlingsblüten, zygomorph (d. h. nur mit einer Symmetrieebene), mit 5 Blütenblättern. Das obere Blütenblatt ist die breite Fahne, seitlich liegen die 2 Flügel, sie liegen von außen über dem Schiffchen, das aus den beiden unteren, am Unterrand kielförmig verwachsenen Blütenblättern entstanden ist. Im Schiffchen liegen 10 zu einer Röhre verwachsene Staubgefäße und dazwischen der Fruchtknoten mit dem Griffel. Frucht eine dünne, walzenförmige Hülse.
Blütezeit: Juni bis Juli.
Standort: Sumpfwiesen, Grabenränder und ähnliche Feuchtgebiete.
Verbreitung: Weit verbreitet, vor allem im Flachland, im Bergland seltener.
Ähnliche Art: *Lotus corniculatus* **(Gemeiner Hornklee).** Dolden 3–8blütig. An trockeneren Stellen.

Steinbrechgew.

Schmetterlingsbl.

Drosera rotundifolia ③ Ⓖ
Rundblättriger Sonnentau

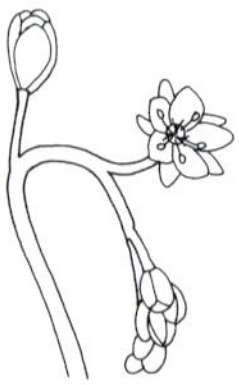

Merkmale: Ausdauernde Pflanze mit grundständiger Blattrosette. Blätter 15–30 mm lang gestielt, meist flach am Boden liegend. Blattspreite rundlich, oft etwas breiter als lang, oberseits und am Rand mit drüsigen, roten Tentakeln besetzt. Blüten weiß, 5zählig, an 5–20 cm hohen, blattlosen Stengeln in 6–10blütigen Wickeln. Kronblätter 4–6 mm lang.
Blütezeit: Juli bis August.
Standort: Hoch- und Zwischenmoore; auf Torfmoos oder auf nacktem Torf, seltener auf Sandboden. Nur auf saurem oder oberflächlich versauertem, nährstoffarmem Untergrund.
Verbreitung: Weit verbreitet und stellenweise häufig, vor allem im norddeutschen Flachland und in den Moorgebieten des Alpenvorlands, aber in vielen Gebieten stark zurückgehend.

Drosera anglica ② Ⓖ
Langblättriger Sonnentau

Merkmale: Blätter in grundständigen Rosetten, aufrecht abstehend. Blattspreite 10–30 mm lang und 3–5 mm breit, 5–10 cm lang gestielt. Blüten wie bei *D. rotundifolia* in 10–20 cm hohen, blattlosen, aus der Rosettenmitte kommenden Blütenständen.
Blütezeit: Juni bis August.
Standort: Hoch-, Flach- und Zwischenmoore; in Schlenken und auf Schlammböden. Weniger als *D. rotundifolia* auf nährstoffarme, saure Unterlagen angewiesen, daher z. B. auch in kalkhaltigen Quellmooren.
Verbreitung: Seltenste *Drosera*-Art. Am häufigsten noch im Alpenvorland, aber überall stark zurückkgehend.
Allgemeines: An den drüsigen Blattentakeln bleiben kleinere Insekten kleben. Sie veranlassen die Blätter, sich einzurollen und eiweißlösende Fermente abzusondern, durch die die Tiere aufgelöst werden. Sie können so als zusätzliche Nährstofflieferanten von der Pflanze verwertet werden.

Drosera intermedia ③ Ⓖ
Mittlerer Sonnentau

Merkmale: Blattspreiten 5–10 mm lang und 3–5 mm breit, allmählich in den Stiel verschmälert. Blätter aufgerichtet. Blütenstände am Grund der etwas gestreckten Rosettenachse entspringend, bogig aufsteigend und steif aufragend, nur 3–6 cm hoch.
Blütezeit: Juli bis August.
Standort: Hoch- und Zwischenmoorschlenken, auch auf zeitweise überfluteten Sandböden (z. B. in Sandgruben). Meist an feuchteren Stellen als die beiden anderen *Drosera*-Arten.
Verbreitung: Vor allem im norddeutschen Flachland; hier stellenweise nicht selten. In Süddeutschland wenig verbreitet, aber z. B. in den Mooren des Alpenvorlands gelegentlich mit den beiden anderen *Drosera*-Arten vergesellschaftet.
Ähnliche Art: Wird oft mit dem Bastard aus *D. rotundifolia* und *D. anglica (Drosera x obovata)* verwechselt. Dieser hat aber wie beide Eltern einen hohen Blütenstand, der aus der Rosettenmitte kommt.

Aldrovanda vesiculosa ⓪
Wasserfalle

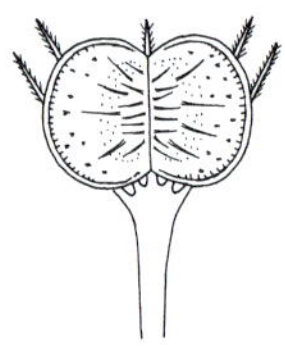

Merkmale: Ausdauernde, wurzellose Wasserpflanze. Stengel 10–25 cm lang, mit zahlreichen, 6–10blättrigen Blattquirlen. Blätter etwa 1 cm lang, mit keilförmig verbreitertem Blattstiel, der am Ende in 4–6 steife Borsten verlängert ist. Blattspreite rundlich, in der Mitte geknickt und oberseits mit mehreren feinen Haaren. Blüten 5zählig, weiß (in Mitteleuropa nicht beobachtet).
Standort: Flache, sich stark erwärmende, stehende Gewässer, z. B. Gräben, Weiher und Uferbereiche von Seen.
Verbreitung: Sehr selten. In Mitteleuropa nur von wenigen Fundorten bekannt. In der BRD verschollen.
Allgemeines: In den Klappfallen werden kleine Wassertiere gefangen, nachdem diese die Haare berührt haben.

Peplis portula Sumpfquendel

Merkmale: 1jährige Pflanze mit am Boden kriechendem, 5–25 cm langem Stengel. Dieser ist 4kantig, an den Knoten wurzelnd und meist rötlich gefärbt. Blätter gegenständig, verkehrteiförmig bis spatelförmig, allmählich in den kurzen Stiel verschmälert. Blüten einzeln in den Blattachseln, 6zählig, sehr kurz gestielt und etwa 3 mm im Durchmesser. Kelch glockig, mit 3eckigen Spitzen. Kronblätter sehr klein, oft fehlend.
Blütezeit: Juli bis September.
Standort: Austrocknende Tümpel und Gräben, trockengefallene Teichböden, Wegpfützen und feuchte Ackersenken, auch am Ufer stehender und fließender Gewässer. Nur auf kalkarmen, sauren, aber meist nährstoffreichen Sand- und Lehmböden.
Verbreitung: Weit verbreitet; in kalkarmen Gebieten z.T. häufig, fehlt in Kalkgebieten.
Allgemeines: Keimt im Wasser, blüht aber nur, wenn das Gewässer trockengefallen ist. Bildet im Wasser aufsteigende Sprosse, die bis 50 cm lang werden können.

Epilobium hirsutum Zottiges Weidenröschen

Merkmale: 50–150 cm hohe, ausdauernde Pflanze. Stengel stark verzweigt, zottig behaart. Blätter länglich lanzettlich, stengelumfassend, am Rand scharf gesägt. Untere Blätter gegenständig, obere wechselständig. Blüten 15–25 mm im Durchmesser, purpurrot. Kronblätter 4, 2–3mal so lang wie die Kelchblätter. Narbe 4spaltig, mit sternförmig ausgebreiteten Zipfeln. Frucht eine 4fächrige, schmale und lange Kapsel. Sie reißt bei der Reife von oben nach unten mit 4 schmalen Zipfeln auf; anschließend werden die mit einem Schopf weißer Haare versehenen Samen vom Wind fortgetragen.
Blütezeit: Juni bis September.
Standort: An den Ufern stehender und fließender Gewässer, auch auf zeitweise überschwemmten, schlammigen Böden (z.B. in Sand- und Kiesgruben).
Verbreitung: Weit verbreitet und fast überall häufig.

Lythrum salicaria Blutweiderich

Merkmale: Ausdauernde, schwach verholzte Pflanze mit aufrechtem, 50–150 cm hohem Stengel. Blätter ungestielt, schmal lanzettlich. Untere Blätter meist gegenständig, obere wechselständig. Blütenstand eine endständige Scheinähre mit zahlreichen, quirlförmig angeordneten Blüten. Diese sind 6zählig, mit 8–12 mm langen, radförmig ausgebreiteten, purpurroten Kronblättern.
Blütezeit: Juni bis September.
Standort: An Gräben und Gewässerufern, auch auf feuchten Wiesen.
Verbreitung: Überall verbreitet und häufig.
Allgemeines: Die Blüten treten nach der Ausbildung der Griffel und Staubgefäße in 3 verschiedenen Typen auf: langgrifflige mit kurzen und mittellangen Staubgefäßen, kurzgrifflige mit langen und mittellangen Staubgefäßen und mittelgrifflige mit kurzen und langen Staubgefäßen. Die unterschiedlichen Blütentypen finden sich auf verschiedenen Pflanzen. Die Griffel müssen jeweils mit dem Pollen gleich langer Staubgefäße bestäubt werden.

Epilobium palustre Sumpf-Weidenröschen

Merkmale: Ausdauernde, 10–70 cm hohe Pflanze mit unterirdischen, verlängerten Ausläufern. Stengel wenig verzweigt, aufrecht, rund, kurz behaart. Blätter linealisch-lanzettlich, leicht gezähnt oder ganzrandig, ungestielt. Untere Blätter gegenständig, obere wechselständig. Blüten rosa, 4–6 mm im Durchmesser. Narbe keulenförmig, nicht gespalten. Frucht wie bei *E. hirsutum*.
Blütezeit: Juli bis August.
Standort: Quellfluren, Flachmoore, Seggensümpfe und ähnliche Feuchtgebiete; meist auf kalkarmen, sauren Böden.
Verbreitung: Allgemein verbreitet und vielerorts häufig, vor allem im Flachland.
Ähnliche Arten: *Epilobium roseum* **(Rosenrotes Weidenröschen).** Stengel stark verzweigt, mit 2 oder 4 Leisten. Bachufer und Röhrichte, verbreitet bis zerstreut. *Epilobium parviflorum* **(Kleinblütiges Weidenröschen).** Narbe 4spaltig, Blüten 6–9 mm im Durchmesser. An ähnlichen Orten, häufig.

Trapa natans Wassernuß 2 G

Merkmale: Meist 1jährige Schwimmblattpflanze. Stengel dünn, fadenförmig, vom Gewässergrund aufsteigend. Zunächst mit linealischen, vergänglichen Unterwasserblättern besetzt, an deren Stelle später paarige oder quirlständige, grüne Wurzeln treten. An der Sproßspitze eine Rosette aus rautenförmigen, derben Schwimmblättern, die außen unregelmäßig gezähnt sind. Blüten in den Blattachseln, 4zählig, mit weißen, bis 8 mm langen Kronblättern und steifen Kelchblättern. Diese bleiben später als spitze »Hörner« an den markanten, 1samigen Früchten erhalten.

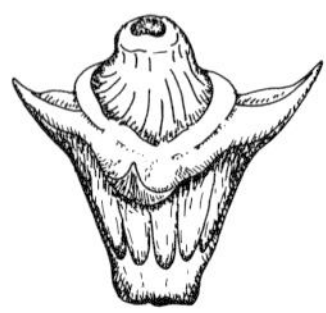

Frucht

Blütezeit: Juni bis August.
Standort: Altwasser und Teiche mit stark erwärmtem Wasser.
Verbreitung: In Mitteleuropa sehr zerstreut und selten; fast nur noch im Gebiet der Oberrheinischen Tiefebene.

Myriophyllum verticillatum Quirlblättriges Tausendblatt

Merkmale: Ausdauernde Wasserpflanze mit 50–200 cm langen Sprossen. Größtenteils untergetaucht, nur die Sproßspitzen werden über den Wasserspiegel gehoben. Blätter in meist 5zähligen, seltener 4- oder 6zähligen Quirlen, tief fiederteilig mit 25–35 schmal linealischen Blattzipfeln. Blüten quirlig angeordnet, in den Achseln kammartig fiederteiliger Tragblätter an den über die Wasseroberfläche herausragenden, 7–20 cm hohen Sproßspitzen. Obere Blütenquirle männlich, untere weiblich. Männliche Blüten mit 4 grünlichen Kronblättern und 8 Staubgefäßen, weibliche ohne Kronblätter, mit Fruchtknoten und 4 kopfigen Narben.
Blütezeit: Juni bis August.
Standort: Stehende und langsam fließende Gewässer, z.B. Tümpel, Gräben und Altwasser.
Verbreitung: Allgemein verbreitet und meist häufig.
Allgemeines: Überwintert mit keulenförmigen, verdickten Endknospen, den Turionen.

Hippuris vulgaris Tannenwedel

Merkmale: Ausdauernde Wasserpflanze mit langem, kriechendem Rhizom. Von diesem entspringen 30–80 cm, gelegentlich sogar über 1 m lange Sprosse, die sich 15–20 cm über den Wasserspiegel emporheben. Unterwasserblätter schlaff, linealisch, hellgrün und 50–80 mm lang; meist zu 8–12 in Quirlen angeordnet. Überwasserblätter steif und etwas dicklich, zugespitzt, dunkelgrün und 5–20 mm lang; in Quirlen zu 8–9. Blüten sehr klein (ca. 3 mm) und unscheinbar, grünlich, in den Achseln der Überwasserblätter. Es kommen männliche, weibliche und zwittrige Blüten vor; letztere bestehen nur aus 1 Staubblatt und 1 Fruchtknoten. Frucht eine eiförmige, 1samige Nuß.
Blütezeit: Mai bis August.
Standort: In flachen, stehenden oder langsam fließenden Gewässern, auch im Uferbereich größerer Seen. Bevorzugt nährstoffreiche, kalkhaltige Stellen.
Verbreitung: Weit verbreitet, aber nur gebietsweise häufig.

Myriophyllum spicatum Ähriges Tausendblatt

Merkmale: Ähnlich dem Quirlblättrigen Tausendblatt, aber Blätter meist in 4zähligen Quirlen. Stengel meist rötlich. Blüten in 4zähligen Quirlen an den emersen Stengelspitzen. Untere Tragblätter fiederspaltig oder gezähnt, so lang wie die Blüten oder etwas kürzer. Übrige Tragblätter ganzrandig, kürzer als die Blüten. Männliche Blüten (in den oberen Quirlen) mit 4 rötlichen Kronblättern und 8 Staubgefäßen, weibliche (in den unteren Quirlen) mit 4 sehr kleinen, oft fehlenden Kronblättern und 4 kopfigen Narben.
Blütezeit: Juni bis August.
Standort: In stehenden und fließenden, meist größeren Gewässern (Seen, Altwasser, Teiche). Verträgt mäßige Verschmutzung.
Verbreitung: Allgemein verbreitet und meist häufig.
Ähnliche Art: *Myriophyllum alterniflorum* **(Wechselblütiges Tausendblatt).** Blütenstand wenigblütig, anfangs überhängend. Vor allem in Norddeutschland, ziemlich selten.

Wassernußgewächse

Tannenwedelgew.

Tausendblattgew.

Hydrocotyle vulgaris Wassernabel

Merkmale: Ausdauerndes Doldengewächs mit kriechendem, an den Knoten wurzelndem Stengel von 15–60 cm Länge. Blätter schildförmig, bis 4 cm im Durchmesser, kreisrund und am Rand gekerbt. Blattstiel aus der Mitte der Spreite, 3–20 cm lang. Blüten blattachselständig, in einfachen, kopfigen Dolden; Blütenstiel meist viel kürzer als die Blattstiele (daher die Blütenstände oft unter den Blättern verborgen und von oben kaum sichtbar). Blüten sehr klein, etwa 2 mm im Durchmesser, 5zählig mit weißen oder rötlichen Kronblättern.
Blütezeit: Juli bis August.
Standort: Gewässerufer, Feuchtwiesen und Flachmoore; auf nassen, kalkarmen Torf- und Sandböden.
Verbreitung: Im norddeutschen Flachland weit verbreitet und vielerorts häufig, in Süddeutschland selten und über weite Strecken fehlend.
Allgemeines: Außer in der Landform kann die Pflanze auch in einer Schwimmblattform sowie gänzlich untergetaucht (submers) auftreten.

Apium repens Kriechender Sellerie 1 G

Merkmale: Ausdauernde, meist im flachen Wasser wachsende Pflanze. Stengel kriechend, an allen Knoten wurzelnd, bis über 1 m lang. Blätter einfach gefiedert. Blattabschnitte rundlich-eiförmig, unregelmäßig gesägt bis gelappt. Blüten weiß, in 2–7strahligen Dolden, die kürzer sind als ihr Stiel; mit 3–7 Hüllblättern (an der Basis der Dolde) und 6–8 Hüllchenblättern (an der Basis der Teildolden).
Blütezeit: Juli bis September.
Standort: In sauberen Bächen und Gräben, auf zeitweise überschwemmten Schlammböden, auch im Uferbereich von Seen und Altwassern.
Verbreitung: Sehr zerstreut und überall selten; stark rückläufige Bestandsentwicklung.
Allgemeines: Bildet in tieferem Wasser sterile Unterwasserformen.
Ähnliche Art: *Apium nodiflorum* **(Knotenblütiger Sellerie).** Blattfieder eiförmig bis lanzettlich. Dolden kurz gestielt bis sitzend. Selten, vorwiegend im Westen Deutschlands.

Cicuta virosa Wasserschierling

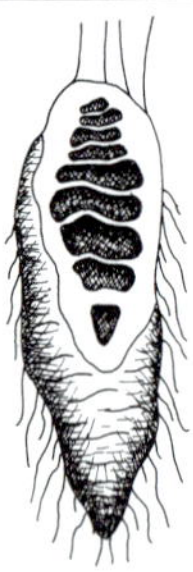

Merkmale: Ausdauernde, meist im Wasser stehende Pflanze mit aufrechtem Rhizom, das innen hohl und durch mehrere Querwände in Kammern geteilt ist. Stengel 50–150 cm hoch. Blätter groß, 2–3fach gefiedert. Fieder linealisch-lanzettlich, 4–5 cm lang und 6–12 mm breit, am Rand scharf gesägt. Blüten in 8–20strahligen Dolden. Hüllblätter fehlend oder 1–2, Hüllchenblätter 6–8. Früchte rundlich, etwas breiter als lang.
Blütezeit: Juli bis September.
Standort: Am Ufer von Teichen, Seen und Altwassern, in Quellmooren und Erlenbruchwäldern.
Verbreitung: In Norddeutschland verbreitet, im Süden seltener.
Allgemeines: Der Wasserschierling gehört zu den giftigsten Pflanzen (»Schierlingsbecher« des Sokrates).

Cnidium dubium Brenndolde 2

Merkmale: 2jährige, 30–60 cm hohe Pflanze. Stengel unten rund, fein gerillt, oben kantig und gefurcht, kahl. Blätter 2–3fach gefiedert oder fiederteilig, mit linealisch-lanzettlichen Zipfeln. Stengelblätter mit langen, anliegenden Blattscheiden. Blüten in 15–30strahligen Dolden. Hüllblätter fehlend oder wenige, Hüllchenblätter zahlreich, pfriemenförmig. Früchte rund bis eiförmig, mit 3kantigen Rippen.
Blütezeit: Juli bis September.
Standort: Feuchte, regelmäßig überschwemmte Stromtalwiesen, oft mit *Viola persicifolia* vergesellschaftet.
Verbreitung: Östliche Art, in Mitteleuropa selten. In der BRD z. B. im östlichen Niedersachsen und in der Oberrheinischen Tiefebene. Überall stark zurückgehend.
Ähnliche Art: *Peucedanum palustre* **(Sumpf-Haarstrang).** Pflanze 60–125 cm hoch. Stengel tief gefurcht, innen hohl. Hüllblätter stets vorhanden. Feuchtwiesen und feuchte Wälder, verbreitet.

Berula erecta Berle (= *Sium erectum*)

Merkmale: Meist im flachen Wasser wachsende, ausdauernde Pflanze. Stengel hohl, fein gerillt, 20–80 cm hoch. Blätter einfach gefiedert, mit 2–10 Paar länglich eiförmigen Teilblättern, deren Ränder unregelmäßig gesägt sind. Blüten in 10–20strahligen Dolden. Hüllblätter und Hüllchenblätter zahlreich, laubblattartig und oft gezähnt.
Blütezeit: Juli bis September.
Standort: Vorwiegend in Fließgewässern, besonders in kalkreichen, klaren Quellbächen und Gräben. Seltener am Ufer stehender Gewässer. Empfindlich gegen Verunreinigung durch Abwässer und daher gebietsweise zurückgehend.
Verbreitung: In Mitteleuropa weit verbreitet und vielerorts häufig.
Allgemeines: Vermehrt sich vorwiegend vegetativ durch Ausläufer. Auf diese Weise können ausgeräumte Bäche und Gräben sehr schnell wieder besiedelt werden. Bildet oft ausgedehnte, sterile Unterwasserrasen.

Sium latifolium Breitblättriger Merk

Tauchblatt

Merkmale: 50–150 cm hohe, ausdauernde Pflanze. Stengel hohl, kantig gerippt. Unterwasserblätter 2–3fach gefiedert, mit schmal linealischen Zipfeln. Überwasserblätter einfach gefiedert, bis 40 cm lang und mit 4–10 länglich eiförmigen, am Rand scharf gesägten Fiederpaaren. Blüten in 15–25 strahligen Dolden. Hüllblätter und Hüllchenblätter zu 2–6. Früchte 3,5–4 mm lang, länglich eiförmig, mit stumpfen Rippen.
Blütezeit: Juli bis August.
Standort: Am Ufer von Tümpeln und Teichen bis in etwa 60 cm Wassertiefe, auch an langsam fließenden Gewässern.
Verbreitung: Vor allem in den Stromtälern, hier stellenweise häufig. Sonst zerstreut bis selten und über weite Strecken fehlend.

Oenanthe aquatica Wasserfenchel

Merkmale: 1–2jährige, selten ausdauernde Pflanze. Stengel hohl, fein gerillt und stark verzweigt, 30–150 cm hoch. Stengelbasis sehr dick, zuweilen fast armdick, meist niederliegend und an den Knoten wurzelnd. Unterwasserblätter 20–60 cm lang, 3–5fach gefiedert, mit fadenförmigen, fast haarfeinen Blattzipfeln. Überwasserblätter im Umriß 3eckig, nur 2–3fach gefiedert. Teilblätter eiförmig, mit lanzettlichen, eingeschnittenen Zipfeln. Blüten in 6–17strahligen, flachen Dolden. Hüllblätter fehlend oder 1–2, Hüllchenblätter 6–7. Früchte länglich eiförmig, stielrund, mit schwachen Rippen.
Blütezeit: Juni bis August.
Standort: Nährstoffreiche Gewässer mit schwankendem Wasserstand, z. B. Tümpel, Altwasser und Teiche. Auf trockengefallenen Schlammböden an Gewässerufern manchmal ausgedehnte Bestände bildend.
Verbreitung: Allgemein verbreitet und gebietsweise häufig, vor allem in Norddeutschland; im Süden seltener.

Oenanthe fistulosa Röhrige Rebendolde 3

Merkmale: Ausdauernde, 30–80 cm hohe Pflanze. Stengel blaugrün, weit röhrig und meist hin und her gebogen, am Grund oft niederliegend und an den Knoten wurzelnd. Grundblätter 2–3fach gefiedert, mit schmalen Blattzipfeln, zur Blütezeit oft schon abgestorben. Obere Stengelblätter meist nur einfach gefiedert, mit runden, linealischen Blattfiedern. Blattstiel röhrig aufgeblasen und länger als die Spreite. Blüten rötlich-weiß, in zunächst nur 2–3strahligen, später (weiter oben am Stengel) 3–5strahligen Dolden. Doldenstrahlen wie der Stengel weit röhrig. Die letzten, vielstrahligen Dolden oft nur mit männlichen Blüten. Hüllblätter fehlend oder 1–2, Hüllchenblätter zahlreich. Fruchtstände durch die ungestielten, kreiselförmigen Früchte kugelig. **Blütezeit:** Mai bis Juli.
Standort: Gräben und Überschwemmungswiesen, meist im flachen Wasser.
Verbreitung: Im Tiefland verbreitet bis zerstreut, im Bergland fehlend.

Menyanthes trifoliata Fieberklee

3 G

Merkmale: Meist im Wasser wachsende, ausdauernde Pflanze mit kriechendem, 35–125 cm langem Rhizom. Blätter lang gestielt, über den Wasserspiegel erhoben. Blattspreite 3teilig, mit 4–7 cm langen, verkehrteiförmigen Teilblättern. Blattstiele am Grund mit einer bis 5 cm langen, stengelumfassenden Scheide. Blüten 5zählig, in 10–30blütiger Traube auf einem 10–30 cm hohen Schaft. Blumenkrone etwa 15 mm im Durchmesser, außen rosa, innen weiß; Kronblätter am Rand bärtig. Fruchtkapsel eiförmig, etwa 10 mm lang, mit zahlreichen eiförmigen Samen.
Blütezeit: Mai bis Juni.
Standort: In Gräben, Quellmooren und im Verlandungsbereich größerer, stehender Gewässer. Meist auf kalkarmem, mäßig saurem bis neutralem Untergrund. Spielt stellenweise eine wichtige Rolle bei der Gewässerverlandung.
Verbreitung: Weit verbreitet und gebietsweise häufig. Durch Entwässerungsmaßnahmen vielfach stark zurückgehend.

Nymphoides peltata Seekanne

3 G

Merkmale: Ausdauernde Schwimmblattpflanze, die im Erscheinungsbild an eine Teichrose *(Nuphar)* erinnert. Rhizom dünn, am Boden kriechend, 60 cm bis über 2 m lang. Schwimmblätter fast kreisrund, an der Basis mit einem tief herzförmigen Ausschnitt, etwa 10–12 cm im Durchmesser. Blattstiele je nach Wassertiefe 50–200 cm lang. Blüten zu je 4–8 in 2–3 übereinanderliegenden Quirlen an aufsteigenden Stengeln. Blumenkrone leuchtend gelb, etwa 3 cm im Durchmesser, mit 5 am Rand bärtigen Zipfeln. Die Blütenknospen entwickeln sich unter Wasser; sie erheben sich zur Blütezeit über den Wasserspiegel und öffnen sich nur bei Sonnenschein für kurze Zeit.
Blütezeit: Juni bis August.
Standort: In stehenden und langsam fließenden Gewässern, besonders in Altwassern an klimatisch begünstigten Orten.
Verbreitung: In Mitteleuropa ziemlich selten, aber gebietsweise, z. B. in der Oberrheinischen Tiefebene, auch häufig.

Galium palustre Sumpf-Labkraut

Merkmale: Ausdauernde Pflanze mit niederliegendem oder aufrechtem, 15–50 cm hohem Stengel. Dieser ist 4kantig und durch rückwärts gerichtete Stachelhaare an den Kanten rauh. Blätter 1nervig, länglich linealisch und abgestumpft, meist zu 4 (seltener zu 5 oder 6) in Quirlen angeordnet. Blüten in end- und seitenständigen, lockeren Rispen. Blumenkrone weiß, radförmig ausgebreitet, mit 4 zugespitzten Zipfeln. Staubbeutel rot. Fruchtknoten 2fächerig, entwickelt sich zu 2 kugeligen, glatten Nüßchen.
Blütezeit: Mai bis September.
Standort: Gewässerufer, Feuchtwiesen, Flachmoore und Sumpfwälder, vorwiegend auf zeitweise überschwemmten, nährstoffreichen Torf- und Tonböden.
Verbreitung: Allgemein verbreitet und fast überall häufig.
Ähnliche Art: *Galium uliginosum* **(Moor-Labkraut).** Blätter zu 5–8, stachelspitzig. Staubbeutel gelb. Auf nassen, meist kalkarmen Moorwiesen verbreitet.

Valeriana dioica Kleiner Baldrian

Merkmale: Ausdauernde Pflanze mit unterirdischen, Schuppenblätter tragenden Ausläufern. Nichtblühende Triebe mit rosettig angeordneten, langgestielten, eiförmigen Blättern. Blütentriebe 10–30 cm hoch, am Grund mit kürzer gestielten, breit eiförmigen Blättern. Mittlere Stengelblätter leierförmig fiederspaltig, die oberen mit schmal linealischen Endfiedern. Männliche und weibliche Blüten an verschiedenen Stengeln, in schirmförmigen Trugdolden angeordnet. Männliche Blüten rosa und etwa 3 mm, weibliche weiß und nur 1 mm lang. Früchte mit einem federigen Haarkranz.
Blütezeit: Mai bis Juni.
Standort: Moorwiesen, Quellmoore und Grabenränder; auf kalkarmen und kalkreichen Sand- und Torfböden.
Verbreitung: Weit verbreitet und vielerorts häufig.
Ähnliche Art: *Valeriana officinalis* **(Echter Baldrian).** Alle Blätter gefiedert, Blüten zwittrig, Pflanze 20–160 cm hoch. Verbreitet auf Moorwiesen und in Wäldern.

Enziangewächse

Labkrautgewächse

Baldriangewächse

Myosotis scorpioides (= M. palustris) Sumpf-Vergißmeinnicht

Merkmale: Ausdauernde Pflanze mit kriechendem Wurzelstock. Stengel aufsteigend, verzweigt und stumpfkantig, 15–50 cm hoch. Blätter länglich-lanzettlich, kurz behaart. Blüten in Wickeln, ohne Tragblätter. Kelch 5zähnig, bei der Fruchtreife offen bleibend, anliegend behaart. Blumenkrone 5–8 mm im Durchmesser, 5teilig, beim Aufblühen violett, später blau. Schlund durch 5 gelbe Schuppen verschlossen.
Blütezeit: Mai bis September.
Standort: An Gräben und Gewässerufern, auf feuchten Wiesen und in Bruchwäldern; auf nährstoffreichen Böden.
Verbreitung: Weit verbreitet und fast überall häufig; in den Alpen bis auf 2000 m.
Ähnliche Arten: *Myosotis caespitosa* **(Rasen-Vergißmeinnicht).** Wickel am Grund beblättert. An Ufern, zerstreut, vor allem in Norddeutschland. *Myosotis nemorosa* **(Hain-Vergißmeinnicht).** Stengel scharfkantig. Feuchte Wiesen und Wälder, verbreitet.

Myosotis rehsteineri Bodensee-Vergißmeinnicht

1 G

Merkmale: Ausdauernde Pflanze mit kriechendem Wurzelstock. Bildet 2–10 cm hohe Polster. Stengel aufsteigend, an den unteren Knoten wurzelnd, dicht beblättert. Blätter eiförmig bis lanzettlich, die unteren gestielt, die oberen sitzend. Blüten meist groß, 8–12 mm im Durchmesser, seltener nur 4–6 mm (dann rein weiblich).
Blütezeit: April bis Mai.
Standort: An sommerlich überfluteten Kiesufern großer Seen; auf nährstoffarmen, kalkhaltigen Sand- und Kiesböden.
Verbreitung: Sehr selten, nur am Bodenseeufer und am Ufer des Starnberger Sees (ob noch?). Am Genfer See (wo die Art früher ebenfalls vorkam) inzwischen ausgerottet. Früher am Bodensee häufig und auf den Kiesufern großflächige, üppige Bestände bildend, heute durch Badebetrieb und Zerstörung der natürlichen Ufer fast ausgestorben.
Ähnliche Arten: Durch Standort, Wuchshöhe und Blütezeit unverwechselbar.

Gratiola officinalis Gottes-Gnadenkraut

2 G

Merkmale: Ausdauernde Pflanze mit unterirdisch kriechendem, schuppig beblättertem Rhizom. Stengel aufsteigend, unten rund und oben kantig, 20–50 cm hoch. Blätter lanzettlich, gegenständig und am Grund halb stengelumfassend. Blüten einzeln in den Blattachseln, Blütenstiele kürzer als die Tragblätter. Kelch grün, 5teilig, durch 2 anliegende Vorblätter scheinbar 7teilig. Blumenkrone mit einer ca. 1 cm langen, gelblichen, innen haarigen Kronröhre und 5 weißen bis schwach rötlichen Kronzipfeln. Diese sind breit abgerundet und flach ausgebreitet, die beiden oberen nur schwach, die 3 unteren tief geteilt.
Blütezeit: Juni bis August.
Standort: An Grabenrändern und auf Sumpfwiesen; meist auf zeitweise überschwemmten, kalkarmen Lehm- und Tonböden. Oft zusammen mit *Viola persicifolia* und *Cnidium dubium.*
Verbreitung: Selten, vor allem in den größeren Flußtälern. Überall stark zurückgehend.

Limosella aquatica Schlammkraut

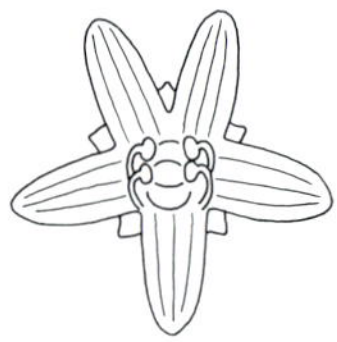

Merkmale: 1jährige, rosettenbildende, nur 2–5 cm hohe Pflanze. Blätter länglich eiförmig oder spatelförmig, allmählich in den langen Stiel verschmälert. Blüten etwa 3 mm im Durchmesser, 2–5 cm lang gestielt. Krone mit 5 länglichen Zipfeln, die beiden oberen etwas kürzer und näher beisammen als die übrigen.
Blütezeit: Juni bis September.
Standort: Am Ufer von Altwassern, Tümpeln und Flüssen, auch in Wegpfützen; auf zeitweise überfluteten, im Sommer trockenfallenden Schlammflächen.
Verbreitung: Weit verbreitet, aber fast überall selten. Am häufigsten in den Stromtälern.
Allgemeines: Bildet bis in 15 cm Wassertiefe Schwimmblattformen mit bis 18 cm langen Stielen, in noch tieferem Wasser untergetauchte Formen, die im Wasser blühen.

Veronica scutellata
Schild-Ehrenpreis

Blüte

Frucht

Merkmale: Ausdauernde Pflanze mit kriechender Grundachse. Stengel schlaff, bis 30 cm hoch aufsteigend. Blätter gegenständig, linealisch-lanzettlich, bis 45 mm lang und 7 mm breit, ungestielt. Blüten in lockeren, blattachselständigen, 8–14blütigen Trauben, pro Blattpaar immer nur 1 Blütenstand. Krone 4–5 mm im Durchmesser, weiß oder blaßlila, mit 4 flach ausgebreiteten Zipfeln; der obere breiter, der untere schmäler als die beiden seitlichen. Staubblätter 2, seitlich abstehend. Fruchtkapsel herzförmig, stark abgeflacht, oben tief ausgeschnitten. **Blütezeit**: Juni bis September.
Standort: An Gräben und Gewässerufern; meist auf zeitweise überschwemmten Flächen.
Verbreitung: Stellenweise häufig.

Veronica beccabunga Bachbunge

Frucht

Merkmale: Ausdauernde Pflanze mit kriechender Grundachse und aufsteigenden, 30–60 cm hohen, röhrigen Stengeln. Blätter gegenständig, dicklich, stumpf elliptisch und kurz gestielt, am Rand schwach gesägt. Blüten in lockeren, blattachselständigen Trauben; diese jeweils zu zweit gegenüber. Krone himmelblau, 6–7 mm im Durchmesser. Fruchtkapsel kaum abgeflacht, rundlich, oben nur schwach ausgerandet.
Blütezeit: Mai bis September.
Standort: Am Rand klarer, kalter Bäche im flachen Wasser, auch auf flach überschwemmten Flächen in Kiesgruben und Steinbrüchen; vorzugsweise auf nährstoffreichen, schlammigen Lehm- und Kiesböden.
Verbreitung: Weit verbreitet und vielerorts häufig.

Veronica anagallis-aquatica
Gauchheil-Ehrenpreis

Merkmale: Meist einjährige Pflanze mit aufrechtem, 15–80 cm hohem Stengel (die Abbildung zeigt ein sehr kleines Exemplar). Blätter gegenständig, lanzettlich, zugespitzt und am Rand gesägt; die unteren kurz gestielt, die oberen sitzend. Blüten in blattachselständigen Trauben. Krone 5–7 mm im Durchmesser, blaßlila, selten rosa oder weiß. Fruchtstiele meist spitzwinklig aufgerichtet. Fruchtkapsel eiförmig, 2,5–3,5 mm lang, wenig länger als breit. **Blütezeit**: Mai bis September.
Standort: Meist am Ufer langsam fließender Gewässer, auch auf zeitweise überschwemmten, nährstoffreichen Schlammböden.
Verbreitung: Weit verbreitet und häufig.
Ähnliche Arten: *Veronica catenata* **(Roter Wasser-Ehrenpreis)**. Blüten 4–5 mm im Durchmesser, rosa. Fruchtstiele fast waagerecht. *Veronica anagalloides* **(Schlamm-Ehrenpreis)**. Blüten nur 2,5–3,5 mm breit, weißlich, violett geadert. Fruchtkapsel länger als breit.

Pedicularis palustris 3 G
Sumpf-Läusekraut

Merkmale: Pflanze 2jährig mit aufrechtem, meist stark verzweigtem Stengel, 20–50 cm hoch. Grundblätter doppelt, Stengelblätter einfach fiederteilig, Blattabschnitte tief gekerbt. Blüten einzeln in den Achseln der oberen Laubblätter, kurz gestielt. Kelch 2spaltig, bauchig aufgeblasen. Krone hellrot, etwa 1 cm aus dem Kelch herausragend, 2lippig. Oberlippe schmal schnabelförmig, Unterlippe flach ausgebreitet, 3zipflig.
Blütezeit: Mai bis Juli.
Standort: Nasse Flach- und Zwischenmoore, Sumpfwiesen.
Verbreitung: Weit verbreitet, aber nicht häufig. Vor allem in der Norddeutschen Tiefebene und im Alpenvorland, überall zurückgehend.
Allgemeines: Die Pflanze entnimmt als Halbschmarotzer über Saugorgane (Haustorien) Nährstoffe von anderen Pflanzen.
Ähnliche Art: *Pedicularis sylvatica* **(Wald-Läusekraut)**. Pflanze niedriger, mit mehreren Stengeln. An ähnlichen Orten, zerstreut.

Pinguicula vulgaris Gewöhnliches Fettkraut

3 G

Merkmale: Ausdauernde Rosettenpflanze. Die Blätter sind elliptisch, hellgrün, etwas fleischig und fettglänzend. Durch zahlreiche Drüsenhaare haben sie eine leicht klebrige Oberfläche. Auch in voll entwickeltem Zustand sind die Blätter, wie schon bei den Blattknospen, etwas nach oben eingerollt. Die Blüten stehen stets einzeln auf 5–15 cm hohen, blattlosen, nickenden Stielen. Die violette Krone ist 2lippig, mit einer 2spaltigen Oberlippe und einer 3spaltigen Unterlippe. Der Schlund ist durch weiße Haare bärtig. Er führt in einen leicht abwärts gekrümmten Sporn, der an seiner Spitze Nektar enthält. Die Blüten werden vorwiegend von Bienen besucht. Bei der Fruchtreife streckt sich der Blütenstiel; die Frucht ist eine eiförmige, vielsamige Kapsel.
Blütezeit: Mai bis Juni, in den Alpen auch noch im August.
Standort: Sumpfwiesen, Flachmoore und Quellfluren; auf meist kalkreichen (seltener kalkarmen), feuchten bis nassen Böden, auch auf steinigem Untergrund.
Verbreitung: Im Flachland selten, in den Mittelgebirgen zerstreut. Am häufigsten im Alpenvorland und in den Alpen (hier bis auf 1620 m). Durch Entwässerung der Feuchtgebiete und Düngung der Wiesen stark zurückgegangen.
Allgemeines: An den klebrigen Blättern bleiben, ähnlich wie beim Sonnentau, kleine Insekten hängen. Geschieht dies nahe am Blattrand, rollt dieser sich stärker ein und klemmt so das zunächst noch zappelnde Opfer fest. Durch die Bewegungen der Beute werden aber auch andere, ungestielte Drüsen, die Verdauungsdrüsen, zur Abgabe ihres eiweißlösenden Fermentes angeregt. Durch dieses Ferment wird das Insekt in etwa 1–3 Tagen so weit verdaut, daß nur die Chitinhülle übrigbleibt. Anschließend entrollt das Blatt sich wieder.
Ähnliche Art: *Pinguicula alpina* **(Alpen-Fettkraut).** Blüten weiß mit 2 gelben Schlundflekken. Vorwiegend in den Alpen (bis 2330 m), aber auch im Alpenvorland, gelegentlich zusammen mit *P. vulgaris.*

Utricularia vulgaris Gewöhnlicher Wasserschlauch

3

Merkmale: Wurzellose, untergetauchte Wasserpflanze mit flutenden, 30 cm bis über 1 m langen Stengeln. Blätter 2–3fach gefiedert, mit haarfeinen, allseits abstehenden Blattzipfeln. Einzelne dieser Blattzipfel sind zu eiförmigen, 1–4,5 mm langen Blasen umgewandelt (etwa 20–200 pro Blatt). Diese Blasen oder Schläuche sind meist rötlich gefärbt. Sie besitzen eine Öffnung, die durch eine sich nur nach innen öffnende Klappe verschlossen ist, und davor 2 gefiederte Borsten. Die Blüten sind in lockeren Trauben an rotbraunen, 10–30 cm über die Wasseroberfläche emporragenden Stengeln angeordnet. Die Krone ist 12–20 mm groß, goldgelb und 2lippig. Die flache Oberlippe wird kaum länger als der rötlich gestreifte Gaumen. Die Unterlippe ist sattelförmig zurückgeschlagen; unter ihr liegt der nach vorn gebogene, kurze Sporn. Die Frucht entwickelt sich zu einer vielsamigen, rundlichen Kapsel.
Blütezeit: Juni bis September.
Standort: In stehenden und langsam fließenden Gewässern, z. B. in Altwassern, Tümpeln und Torfstichen. Am häufigsten in flachem, mäßig nährstoffreichem Wasser. Durch leichte Verunreinigung wird die Art gefördert, bei starker Verschmutzung geht sie jedoch deutlich zurück.
Verbreitung: Weit verbreitet und gebietsweise nicht selten, vor allem im Flachland und in den Flußtälern. In den Alpen dagegen weitgehend fehlend.
Allgemeines: Überwintert mit kugeligen oder ovalen, aus dicht zusammengedrängten Blättern gebildeten Endknospen (Turionen), die beim Zerfall der Pflanzen im Herbst an den Gewässergrund absinken. Die zahlreichen Schläuche an den Blättern dienen dem Tierfang. In ihrem Innern herrscht ein deutlicher Unterdruck. Sobald ein Wassertier (z. B. ein Kleinkrebs) eine der Borsten berührt, öffnet sich die Klappe, und ein Wasserschwall, mit ihm das Tier, wird ins Innere des Fangschlauchs eingesogen. Die Beute wird durch eiweißlösende Fermente verdaut.

ca. 5fach

ca. 10fach

Utricularia australis (= *U. neglecta*) Verkannter Wasserschlauch ③

Merkmale: Untergetauchte, wurzellose, ausdauernde Wasserpflanze. Sehr ähnlich dem Gewöhnlichen Wasserschlauch. Blätter aber kürzer und feiner, oft nur mit wenigen, höchstens mit 75 Schläuchen je Blatt. Blüten gelb, in lockeren Trauben zu 3–12 an 6–60 cm hohen, über den Wasserspiegel emporragenden Stengeln. Krone 2lippig. Oberlippe länglich, etwa doppelt so lang wie der Gaumen. Unterlippe breit oval bis rundlich, flach ausgebreitet. Gaumen rund, braunrot gestreift. In Mitteleuropa erfolgt keine Fruchtbildung.
Blütezeit: Juni bis September.
Standort: In stehenden und langsam fließenden, meist nährstoffreichen Gewässern, z. B. Teichen, Gräben und Moortümpeln, gern an etwas schattigen Stellen.
Verbreitung: In Norddeutschland selten, mehr im südlichen und westlichen Mitteleuropa; am häufigsten im Rheintal und im Alpenvorland. Gebietsweise zurückgehend.

Utricularia minor Kleiner Wasserschlauch ③

Merkmale: Sehr zarte, ausdauernde Wasserpflanze. Stengel 8–50 cm lang, meist im flachen Wasser kriechend und durch bleiche Sprosse im Schlamm verankert. Blätter bis 20 mm lang und breit, in 7–22 sehr feine Zipfel geteilt, mit 1–7 Fangschläuchen. Schlammsprosse unverzweigt oder verzweigt, mit farblosen Schläuchen. Blüten klein, nur 6–8,5 mm lang, blaßgelb, zu 2–5 in lockeren Trauben. Oberlippe etwa so lang wie der Gaumen; dieser den Schlund nicht verschließend. Unterlippe länglich, doppelt so lang wie der Gaumen.
Blütezeit: Juni bis September.
Standort: In Moorschlenken, flachen Moorweihern und schlammigen Verlandungszonen stehender Gewässer.
Verbreitung: In Mitteleuropa weit verbreitet, aber nirgends häufig. Regelmäßig in den Mooren des Alpenvorlands.
Ähnliche Art: *Utricularia bremii* **(Bremis Wasserschlauch).** Blüte mit runder, flacher Unterlippe. In Moortümpeln, sehr selten.

Utricularia intermedia Mittlerer Wasserschlauch ②

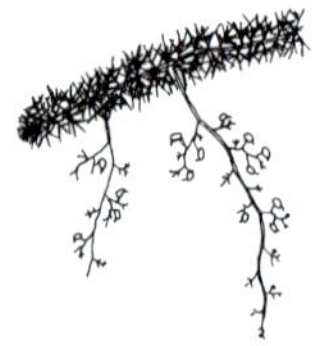

Merkmale: Ausdauernde, untergetauchte Wasserpflanze. Stengel meist am Boden kriechend, 8–50 cm lang, dicht mit fein zerschlitzten Blättern besetzt. Fangschläuche nur an farblosen, fädigen Schlammsprossen, mit denen die Pflanze im Boden verankert ist. Blüten in armblütigen Trauben. Oberlippe länger als der braun gestreifte Gaumen. Unterlippe etwas länglich, an den Seiten zurückgeschlagen. Sporn etwa 10 mm lang.
Blütezeit: Juni bis September.
Standort: Flache Moortümpel und Zwischenmoorschlenken.
Verbreitung: Vor allem im Alpenvorland, selten und stark zurückgehend.
Ähnliche Art: *Utricularia ochroleuca* **(Blaßgelber Wasserschlauch).** Blüte mit breiterer Unterlippe und kürzerem Sporn. Sehr selten.

Littorella uniflora Strandling ②

Merkmale: Ausdauernde, 3–10 cm hohe Rosettenpflanze, durch Ausläufer dichte Rasen bildend. Blätter fleischig, linealisch bis pfriemenförmig, am Grund scheidig verbreitert. Blüten getrenntgeschlechtig, in Ähren mit 1 männlichen und mehreren weiblichen Blüten. Letztere ungestielt, mit weit hervorragendem, fadenförmigem Griffel. Männliche Blüte lang gestielt, mit dünner Kronröhre und 4 abstehenden Kronzipfeln sowie 4 sehr langen Staubgefäßen.
Blütezeit: Je nach Standort sehr unterschiedlich; am Bodensee im April und Mai, in anderen Gebieten meist im Juli bis September.
Standort: Sandige oder kiesige Ufer nährstoffarmer Gewässer, besonders solcher mit stark schwankendem Wasserstand (Fischteiche, Sandgrubentümpel, Heideseen).
Verbreitung: Vor allem in Norddeutschland, im Süden sehr selten. Durch Gewässerverschmutzung und Badebetrieb zurückgehend.
Allgemeines: Bildet vielfach dichte, sterile Unterwasserrasen (bis in 4 m Wassertiefe).

Wasserschlauchgew.

Wasserschlauchgew.

Wegerichgewächse

Teucrium scordium ②
Lauchgamander

Merkmale: Ausdauernde, 15–50 cm hohe Pflanze mit Ausläufern. Stengel aufsteigend, meist stark verzweigt. Blätter gegenständig, länglich-elliptisch und am Rand gekerbt, ungestielt. Blüten zu 1–4 je Blattpaar, kurz gestielt. Kelch glockig, oft rötlich gefärbt. Krone 7–9 mm lang, hell karminrot. Oberlippe fehlend, Unterlippe 5zipflig. 4 Staubgefäße, aus der Kronröhre herausragend. Die ganze Pflanze riecht beim Zerreiben etwas nach Knoblauch.
Blütezeit: Juli bis August.
Standort: An Gewässerufern und auf feuchten, zeitweise überschwemmten Wiesen. Meist auf nährstoff- und kalkreichem Untergrund.
Verbreitung: Selten, vor allem in den Stromtälern von Elbe, Rhein und Donau. Durch Trokkenlegung der Feuchtwiesen in der letzten Zeit stark zurückgegangen.
Allgemeines: Tritt gelegentlich in einer sterilen Unterwasserform auf, die bis in fast 1 m Wassertiefe vordringen kann.

Scutellaria galericulata
Sumpf-Helmkraut

Merkmale: Ausdauernde Pflanze mit unterirdischen Ausläufern. Stengel aufsteigend, meist schwach verzweigt und 15–50 cm hoch. Blätter elliptisch bis lanzettlich, zugespitzt, am Grund herzförmig oder abgerundet und kurz gestielt. Blattrand schwach gekerbt. Blüten blau, einzeln in den Achseln der oberen Blätter, kurz gestielt. Krone mit 10–18 mm langer Kronröhre. Oberlippe helmartig gewölbt, Unterlippe flach, in der Mitte mit großem, weißem Fleck und zahlreichen blauen Punkten.
Blütezeit: Juli bis September.
Standort: Am Ufer von Gewässern, auf Sumpfwiesen und in Bruchwäldern.
Verbreitung: Allgemein verbreitet, stellenweise häufig.
Ähnliche Arten: *Scutellaria hastifolia* **(Spießblättriges Helmkraut).** Blätter an der Basis verbreitert und dadurch spießförmig. Sehr seltene Stromtalpflanze. *Scutellaria minor* **(Kleines Helmkraut).** Blüten nur 6–7 mm lang, rosa. Selten auf Sumpfwiesen.

Lycopus europaeus Wolfstrapp

Merkmale: Ausdauernde Pflanze mit langen Ausläufern. Stengel aufrecht, 4kantig, 20–100 cm hoch. Blätter kreuzweise gegenständig, länglich-lanzettlich, grob und tief gesägt, manchmal fiederspaltig. Blüten 4–5 mm lang, sitzend, in dichten, kugeligen Scheinquirlen. Krone fast radiärsymmetrisch, weiß, innen rot punktiert. Die zwittrigen Blüten entwickeln zuerst ihre beiden Staubgefäße, die deutlich aus der Krone herausragen. Später krümmen sie sich zurück, und der Griffel schiebt sich hervor. Im oberen Teil der Pflanze sind oft rein weibliche Blüten entwickelt.
Blütezeit: Juli bis September.
Standort: An Gewässerufern und Grabenrändern, auf feuchten Waldwegen und in Erlenbruchwäldern.
Verbreitung: Allgemein verbreitet und fast überall häufig.
Allgemeines: Bildet manchmal eine sterile Unterwasserform mit tief zerschlitzten Blättern. Diese geht beim Austrocknen des Gewässers wieder in die Normalform über.

Mentha aquatica Wasserminze

Merkmale: Ausdauernde Pflanze mit unterirdischen oder (im Wasser) oberirdischen Ausläufern. Stengel aufsteigend, 20–50 cm hoch. Blätter kreuzweise gegenständig, lang gestielt. Spreite eiförmig, am Rand schwach gesägt. Blüten 5–7 mm lang, kurz gestielt, in dichten, kugeligen Scheinquirlen; die 2–4 oberen zu einem kugeligen Köpfchen vereint. Krone hell violett, manchmal weiß. Pflanze durch ätherische Öle stark duftend.
Blütezeit: Juli bis September.
Standort: An Gewässerufern und Gräben, gern im flachen Wasser wachsend. Auch auf Feuchtwiesen und in Bruchwäldern.
Verbreitung: Überall häufig.
Ähnliche Arten: *Mentha longifolia* **(Roßminze).** Blätter länglich eiförmig, fast sitzend. Blüten in endständiger, nach oben verschmälerter Scheinähre. Häufig an feuchten Orten. *Mentha rotundifolia* **(Rundblättrige Minze).** Blätter rundlich-eiförmig, sitzend. Blüten wie bei *M. longifolia*. Vor allem im Südwesten, nicht häufig.

Callitriche cophocarpa
Stumpfkantiger Wasserstern

Merkmale: Ausdauernde, im Wasser oder an Land wachsende Pflanze. Stengel der Wasserform bis 25 cm lang. Tauchblätter linealisch, an der Spitze halbkreisförmig ausgeschnitten, bis 2 cm lang. Schwimmblätter spatelförmig, in dichten Rosetten von 2–3 cm Durchmesser. Blüten getrenntgeschlechtig, sehr unscheinbar, in den Achseln der Schwimmblätter. Männliche Blüten mit 1 langen Staubblatt, weibliche mit 1 Fruchtknoten und 2 Narben. Landform rasenförmig wachsend, mit wesentlich kleineren, linealischen Blättern, 1jährig.
Blütezeit: Mai bis September.
Standort: In stehenden und fließenden Gewässern, z. B. in Altwassern, Tümpeln und Bächen.
Verbreitung: Weit verbreitet und stellenweise nicht selten.
Ähnliche Arten: In Mitteleuropa noch 6 weitere, z. T. häufige *Callitriche*-Arten. Eine sichere Unterscheidung der einzelnen Arten ist nur mit Hilfe der Früchte möglich.

Wahlenbergia hederacea ② Ⓖ
Efeu-Moorglöckchen

Merkmale: Ausdauernde, am Boden kriechende Pflanze. Stengel fadenförmig, schlaff, 5–30 cm lang. Blätter wechselständig, hellgrün und sehr zart, lang gestielt. Blattspreiten rundlich, am Grund herzförmig ausgeschnitten, am Rand grob gezähnt (ähnlich einem Efeublatt). Die hell blaulila gefärbten Blüten stehen einzeln auf langen, meist aufrechten Stielen. Die Krone ist schmal glockenförmig und 8–10 mm lang.
Blütezeit: Juli bis September.
Standort: An Grabenrändern, in Quellmooren und Erlenbruchwäldern; nur auf nassem, kalk- und nährstoffarmem, moorigem Untergrund, gern auf Torfmoospolstern wachsend.
Verbreitung: Sehr selten. Nur im Westen Deutschlands (z. B. Schwarzwald, Pfalz, westliches Niedersachsen). Überall durch Entwässerung der Standorte und Düngung angrenzender Nutzflächen aufs höchste gefährdet. Die empfindliche Art wurde an vielen ehemaligen Standorten schon ausgerottet.

Lobelia dortmanna Wasserlobelie ① Ⓖ

Merkmale: Ausdauernde, meist in 10–50 cm tiefem Wasser wachsende Pflanze. Die Blätter sind fleischig, linealisch, leicht abgeflacht und an der Spitze zungenförmig abgerundet. Sie werden 3–7 cm lang und 2–4 mm breit und stehen steif aufrecht in dichten Rosetten. Die Blüten sind zu 3–8 in sehr lockeren Trauben an 20–80 cm hohen, über den Wasserspiegel emporragenden Stengeln angeordnet. Die Blütenstände sind gelegentlich 2ästig und (abgesehen von einigen Schuppenblättern) blattlos. Die Blumenkrone besteht aus einer blaßblauen, schlanken Röhre und 5 zweilippig angeordneten, weißen Kronzipfeln. Die beiden oberen sind sehr schmal; sie stehen schräg nach oben ab. Die Unterlippe wird aus 3 breiteren, tief geteilten Kronzipfeln gebildet. Die 5 Staubgefäße schmiegen sich eng an den fadenförmigen Griffel; ihre Staubbeutel sind röhrig miteinander verklebt. Die 2fächerige Fruchtkapsel enthält zahlreiche Samen.
Blütezeit: Juni bis August, vereinzelt noch im September.
Standort: Nur im flachen Wasser klarer, nährstoff- und kalkarmer Seen mit sandigem Boden. Kommt fast immer zusammen mit *Littorella* und oft auch *Isoetes* vor.
Verbreitung: Vorwiegend in Nordeuropa verbreitet. In Mitteleuropa sehr selten, nur im nördlichen und westlichen Deutschland. In den letzten Jahren sehr stark zurückgegangen und an den meisten ehemaligen Vorkommen erloschen. Sehr empfindlich gegen Eutrophierung und Verschmutzung der Gewässer. Durch die Nährstoffanreicherung werden konkurrenzstarke Arten, wie z. B. das **Schilf** (*Phragmites australis),* das in *Lobelia*-Seen natürlicherweise nicht vorkommt, gefördert. Es verdrängt die konkurrenzschwachen *Lobelia*-Rasen. Diese sind außerdem sehr trittempfindlich (was an Badebuchten zu erkennen ist).

ca. 3fach

ca. 5fach

Gnaphalium uliginosum Sumpf-Ruhrkraut

Merkmale: Einjährige, weißfilzig behaarte Pflanze. Vom Grund an reich verzweigt, 5–20 cm hoch. Hauptachse aufrecht wachsend, Seitenäste bogig aufsteigend. Blätter länglich-spatelförmig, allmählich in den Stiel verschmälert. Blüten blaßgelb, in etwa 3 mm großen Köpfchen am Sproßende, diese in knäueligen Büscheln zu 3–10, von langen Hüllblättern umgeben. Die Köpfchen sind aus 1–1,5 mm langen Röhrenblüten zusammengesetzt; außen stehen weibliche, innen zwittrige Blüten. Früchte mit zahlreichen weißen Borsten.
Blütezeit: Juni bis Oktober.
Standort: An Gewässerufern, auf trockengefallenen Teichböden und feuchten Äckern; meist auf kalkarmen, nährstoffreichen Schlamm- und Sandböden.
Verbreitung: Fast überall häufig.
Ähnliche Art: *Gnaphalium luteo-album* **(Gelbweißes Ruhrkraut).** Köpfchenknäuel nicht von langen Hüllblättern umgeben. Blätter sitzend. An ähnlichen Orten, selten.

Achillea ptarmica Sumpf-Schafgarbe

Merkmale: Ausdauernde Pflanze mit kriechendem Wurzelstock. Stengel aufrecht, 30–90 cm hoch, im oberen Abschnitt oft verzweigt. Blätter schmal lanzettlich, zugespitzt und ungestielt. Blattrand in der basalen Hälfte fein, im Spitzenteil tief und grob gesägt. Blüten in 12–17 mm breiten Köpfchen. Diese bestehen aus 8–13 weißen Zungenblüten und 80–100 blaß gelblichen Röhrenblüten. Zungenblüten rein weiblich, Röhrenblüten zwittrig. Zahlreiche Blütenköpfchen sind zu einer stark verzweigten, flach ausgebreiteten Doldentraube vereinigt.
Blütezeit: Juli bis September.
Standort: An Gräben und Gewässerufern, auf Feuchtwiesen und Flachmooren; meist auf kalkarmen, aber nährstoffreichen Sand-, Lehm- oder Torfböden.
Verbreitung: Allgemein verbreitet und gebietsweise häufig, vor allem im Flachland. In vielen Gegenden wohl nur verwildert (wurde früher als Heilpflanze verwendet).

Bidens cernua Nickender Zweizahn

Merkmale: 1jährige Pflanze mit aufrechtem, 15–90 cm hohem, grünem Stengel. Meistens schwach verzweigt. Blätter lanzettlich, zur Basis verschmälert und paarweise miteinander verwachsen. Blattränder scharf gesägt, mit spitzen, nach vorn gerichteten Zähnen. Blüten in leuchtend gelben, zunächst aufrechten, später nickenden Köpfchen. Diese sind meist von 6–8 sterilen Zungenblüten umgeben und erreichen ohne die Strahlenblüten einen Durchmesser von 10–15 mm. Früchte 5–6 mm lang, vierkantig und in 4 spitze Grannen verlängert, die wie die Kanten steife, rückwärts gerichtete Borsten tragen. Sie verhaken sich im Fell von Tieren und werden so weiter verbreitet.
Blütezeit: August bis Oktober.
Standort: Am Ufer stehender Gewässer, vor allem an Dorfweihern und Fischteichen; auch auf trockengefallenen, nährstoffreichen Schlammflächen.
Verbreitung: Weit verbreitet, aber nur in wenigen Gegenden häufig.

Bidens tripartita Dreiteiliger Zweizahn

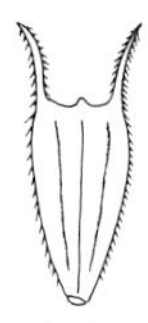
Frucht

Merkmale: 1jährige Pflanze mit 15–150 cm hohem, rötlich überlaufenem, stark verzweigtem Stengel. Blätter 3–5teilig (selten ungeteilt), meist deutlich gestielt. Blattabschnitte länglich eiförmig bis lanzettlich, scharf gezähnt. Blüten in etwa 1 cm großen, gelben Köpfchen, die von 5–8 grünen, abstehenden Hüllblättern umgeben sind. Zungenblüten fast immer fehlend. Früchte abgeflacht, 5–7,5 mm lang, beide Seitenkanten in steife Grannen verlängert, die wie die Kanten rückwärts gerichtete Borsten tragen.
Blütezeit: August bis Oktober.
Standort: Am Ufer nährstoffreicher, stehender und langsam fließender Gewässer, auf Überschwemmungsflächen, Schuttplätzen und feuchten Äckern.
Verbreitung: Fast überall häufig.

Alisma plantago-aquatica Gemeiner Froschlöffel

Merkmale: Ausdauernde Pflanze mit knollig verdicktem Wurzelstock. Blätter zu 3–9 in einer grundständigen Rosette, lang gestielt. Blattspreite eiförmig, am Grund herzförmig oder abgerundet, 2–8 cm lang. Blüten auf bis über 1 m hohem, blattlosem Stengel in einem rispenartigen, oft sehr reichblütigen Blütenstand. Hauptäste in 4–6 Quirlen übereinander angeordnet. Blüten zwittrig, 8–10 mm im Durchmesser, mit 3 grünen Kelchblättern und 3 blaßrosa gefärbten Kronblättern. Staubblätter 6, Fruchtknoten zahlreich.
Blütezeit: Juni bis September.
Standort: An Gewässerufern und auf zeitweise überschwemmten Flächen.
Verbreitung: Überall häufig.
Ähnliche Arten: *Alisma lanceolatum* **(Lanzettlicher Froschlöffel).** Blattspreiten schmal eiförmig, allmählich in den Stiel verschmälert. *Alisma gramineum* **(Grasblättriger Froschlöffel).** Blätter bandförmig oder mit sehr schmaler Spreite. Beide Arten zerstreut.

Butomus umbellatus Schwanenblume

Merkmale: Ausdauernde Wasserpflanze mit kriechendem Wurzelstock. Blätter 3kantig, steif, 50–100 cm lang, von der scheidigen Basis allmählich nach oben verschmälert und am Ende schwertförmig zugespitzt. Blüten in 20–50blütigen Scheindolden auf 90–150 cm hohen, stielrunden Stengeln. Blüten zwittrig, 2–3 cm im Durchmesser; Krone mit 6 rötlichen Perigonblättern. 9 rote Staubgefäße und 6 dunkelrote Fruchtknoten. Die einzelnen Blüten öffnen sich nacheinander. Früchte mit zahlreichen Samen.
Blütezeit: Juni bis August.
Standort: Am Ufer stehender und langsam fließender, nährstoffreicher Gewässer, z. B. an Seen, Altwassern und Gräben. Meist im flachen Wasser wachsend.
Verbreitung: Im Flachland weit verbreitet und stellenweise, vor allem in den großen Stromtälern, häufig. Im Bergland weitgehend fehlend, hier nur in den Flußtälern. In einigen Gegenden in Ausbreitung begriffen.

Sagittaria sagittifolia Pfeilkraut

Merkmale: Ausdauernde Wasserpflanze. Überwintert mit kugeligen, an Ausläufern gebildeten Knollen. Blattform je nach Wassertiefe sehr unterschiedlich. Unterwasserblätter bandförmig, 3–15 mm breit und bis 80 cm lang. Schwimmblätter schlaff, mit langgestielter, eiförmiger Spreite. Überwasserblätter steif, mit charakteristisch geformter, pfeilförmiger Spreite. Breite der Pfeilblätter variabel. Blüten quirlig auf dreikantigen, über den Wasserspiegel emporragenden Stengeln. Untere Quirle mit weiblichen, obere mit männlichen Blüten. Krone etwa 20 mm im Durchmesser. Kronblätter 3, weiß, am Grund dunkelrot.
Blütezeit: Juni bis August.
Standort: Am Ufer stehender oder langsam fließender Gewässer (z. B. Gräben, Altwasser, Flüsse), meist im flachen Wasser wachsend. Geht gelegentlich bis in 2 m Wassertiefe.
Verbreitung: Im Tiefland weit verbreitet und gebietsweise häufig; im Bergland selten und über weite Strecken fehlend. In manchen Gegenden deutlich zurückgehend.

Elodea canadensis Kanadische Wasserpest

Merkmale: Ausdauernde, untergetauchte Wasserpflanze mit 30–300 cm langen Sprossen. Blätter dunkelgrün, länglich oval bis lanzettlich, 6–13 mm lang und 1–5 mm breit, an der Stengelbasis gegenständig, sonst in meist 3zähligen Quirlen. Pflanze 2häusig; in Mitteleuropa nur weibliche Bestände. Weibliche Blüten einzeln nahe der Sproßspitze, an 2–15 cm langen, flutenden Stielen auf der Wasseroberfläche schwimmend. Krone ca. 5 mm im Durchmesser, mit 3 weißen oder rötlichen Kronblättern und 3 Kelchblättern.
Blütezeit: Juni bis August (blüht selten).
Standort: In stehenden und fließenden Gewässern aller Art.
Verbreitung: Stammt aus Nordamerika; vor ca. 150 Jahren nach Europa eingeschleppt und mittlerweile fast überall häufig.
Ähnliche Art: *Elodea nutallii.* Blätter schlaff, hellgrün, 6–13 mm lang und 0,3–2 mm breit, allmählich zugespitzt. Breitet sich neuerdings in Mitteleuropa aus.

Froschlöffelgew.

Schwanenblumeng.

Froschbißgewächse

Stratiotes aloides 3 G
Krebsschere

Merkmale: Ausdauernde Pflanze mit trichterförmigen, dicht beblätterten Rosetten. Blätter steif, bis 40 cm lang und 4 cm breit, schwertförmig zugespitzt. Blattränder mit stechenden, vorwärts gerichteten Sägezähnen. Blüten 2–3 cm im Durchmesser, mit 3 grünen Kelchblättern und 3 weißen Kronblättern, getrenntgeschlechtig; Pflanzen 2häusig. Männliche Blüten zu mehreren mit 3–10 cm langen Stielen aus einem grünen Hochblatt (Spatha) herausragend. Weibliche Blüten einzeln oder zu zweit ungestielt auf der Spatha sitzend.
Blütezeit: Juni bis September.
Standort: In nährstoffreichen, stehenden Gewässern (z. B. in Gräben und Altwassern).
Verbreitung: Im norddeutschen Flachland weit verbreitet, in Süddeutschland selten. Wird durch Angler systematisch ausgerottet.
Allgemeines: Die Rosetten sinken im Herbst auf den Grund und steigen im Frühjahr wieder zur Wasseroberfläche. Vermehrt sich sehr stark durch Ausläufer.

Hydrocharis morsus-ranae 3
Froschbiß

Merkmale: Ausdauernde Schwimmblattpflanze mit frei schwimmenden Rosetten. An 5–20 cm langen Ausläufern entstehen neue Rosetten. Schwimmblätter mit kreisrunder, am Grund tief herzförmiger, 7–10 cm langgestielter Spreite von 2–7 cm Durchmesser. Unterwasserblätter fehlen. Pflanze 2häusig. Blüten ca. 2 cm im Durchmesser, mit 3 grünen Kelchblättern und 3 weißen, am Grund gelben Kronblättern. Männliche Blüten meist zu dritt lang gestielt in einer 2blättrigen Spatha; weibliche einzeln in der 1blättrigen Spatha sitzend.
Blütezeit: Juni bis August.
Standort: In stehenden und langsam fließenden, meist kalkarmen Gewässern, z. B. in Gräben, Tümpeln und Altwassern.
Verbreitung: Im Tiefland weit verbreitet und gebietsweise häufig; im Bergland selten.
Allgemeines: Vermehrt sich überwiegend durch Ausläufer sowie durch Winterknospen, die im Herbst an den Ausläuferspitzen entstehen und dann zu Boden sinken.

Scheuchzeria palustris 2 G
Blumenbinse

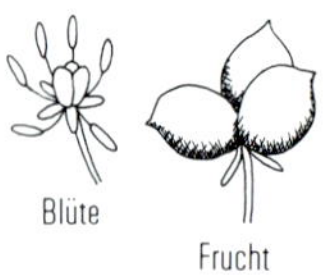

Merkmale: Ausdauernde, 10–20 cm hohe Pflanze mit langen, unterirdischen Ausläufern. Stengel aufrecht, hin und her gebogen. Blüten lang gestielt, in einer lockeren, 3–10blütigen Traube, mit 6 sehr hinfälligen, gelblichgrünen Perigonblättern. Früchte meist zu dritt (seltener 4–6), aufgeblasen, schief-eiförmig, jeweils mit 1–2 Samen.
Blütezeit: Mai bis Juni.
Standort: In Hochmoor- und Zwischenmoorschlenken; auf mäßig sauren Torfschlammböden. Sehr empfindlich gegen Austrocknung.
Verbreitung: Vor allem im Norddeutschen Tiefland und im Alpenvorland verbreitet, aber überall ziemlich selten. Durch Trockenlegung der Moore stark zurückgegangen und über weite Strecken schon völlig verschwunden.

Triglochin palustre 3
Sumpf-Dreizack

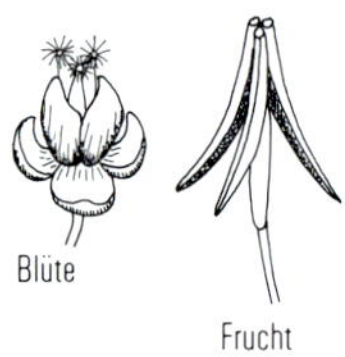

Merkmale: 10–60 cm hohe, ausdauernde Pflanze. Blätter grundständig, schmal linealisch, 2zeilig angeordnet. Blüten kurz gestielt, in langen, lockeren Trauben. Blütenhülle fehlend, aber die 6 Staubblätter mit hüllblattähnlichen, hinfälligen, grünen Anhängseln. Frucht mit 3 Fächern, die bei der Fruchtreife unten auseinanderspreizen (»Dreizack«). **Blütezeit:** Juni bis August.
Standort: Auf Sumpfwiesen und in Flach- und Zwischenmooren; auf zeitweise überschwemmten, oft kalkhaltigen Torfböden.
Verbreitung: Weit verbreitet, aber fast überall selten. Regelmäßig noch in den Mooren des Alpenvorlands.
Ähnliche Art: *Triglochin maritimum* **(Sechszack).** Blüten in dichter Traube. Frucht mit 6 Fächern. Auf salzhaltigen Böden.

Froschbißgewächse

Blumenbinsengew.

Dreizackgewächse

Potamogeton natans
Schwimmendes Laichkraut

Merkmale: Ausdauernde Schwimmblattpflanze mit kriechendem Rhizom. Stengel wenig verzweigt, 1–5 m lang. Im Frühjahr werden bis 50 cm lange, binsenartige Unterwasserblätter gebildet, die zur Blütezeit längst abgestorben sind. Schwimmblätter mit 4–12 cm langer, eiförmiger, am Grund meist herzförmig ausgeschnittener Spreite. Blüten in einer 4–5 cm langen Ähre auf einem über die Wasseroberfläche hinausragenden, bis 10 cm langen Stiel. Blütenhülle fehlend, Blüten dafür mit 4 perigonartigen Staubblattanhängseln.
Blütezeit: Juni bis August.
Standort: In stehenden, seltener in fließenden, meist nährstoffarmen Gewässern, vor allem in Teichen, Tümpeln und Altwassern. Verträgt Austrocknung.
Verbreitung: Überall häufig.
Ähnliche Art: *Potamogeton polygonifolius* **(Knöterich-Laichkraut).** Schwimmblätter nur 2–4 cm lang. Moorgewässer, nur in Norddeutschland.

Potamogeton lucens
Spiegelndes Laichkraut

Einzelblüte

Merkmale: Ausdauernde, untergetauchte Wasserpflanze mit kriechendem Rhizom und 2–6 m langen, meist verzweigten Stengeln. Blätter im Frühjahr zunächst binsenförmig, später mit schmal-ovalen Spreiten von 10–25 cm Länge. Blattspreiten olivgrün und gelbgrün, durchscheinend und in der Jugend glänzend. Alle Blätter stets untergetaucht. Blüten in 3–6 cm hohen Ähren, an bis 30 cm langen Stengeln über den Wasserspiegel gehoben.
Blütezeit: Juni bis August.
Standort: In stehenden oder langsam fließenden, kalk- und nährstoffreichen Gewässern.
Verbreitung: Weit verbreitet und stellenweise häufig, vor allem in Kalkgebieten.
Ähnliche Arten: Mehrere *Potamogeton*-Arten mit ähnlichen, aber stets kleineren Blättern.

Groenlandia densa 2
Dichtes Fischkraut

Merkmale: Ausdauernde, untergetauchte Wasserpflanze mit kriechendem, verzweigtem Rhizom. Stengel 10–40 cm lang, kriechend oder flutend, im oberen Teil verzweigt. Blätter eiförmig bis lanzettlich, halb stengelumfassend, zu zweit gegenüber und 2zeilig angeordnet. Blüten zu 1–4 in sehr kleinen, kurz gestielten Ähren in den Blattwinkeln. Fruchtende Ähren herabgekrümmt.
Blütezeit: Juni bis September.
Standort: Fast nur in fließenden, kühlen und sauberen Gewässern, vor allem in Gräben, Bächen und Quelltöpfen; in 20–100 cm Wassertiefe auf sandigem bis kiesigem, kalkarmem oder kalkreichem Untergrund. Empfindlich gegen Verunreinigung.
Verbreitung: Im west- und südwestdeutschen Bergland verbreitet und stellenweise noch häufig; im Flachland sowie nach Norden und Osten zerstreut bis selten. Geht durch Gewässerverschmutzung gebietsweise stark zurück.

Zannichellia palustris
Sumpf-Teichfaden

Merkmale: Ausdauernde, untergetauchte Wasserpflanze mit kriechendem Rhizom. Stengel ebenfalls kriechend und an den Knoten wurzelnd, an den Spitzen aufsteigend. Blätter fadenförmig, bis 1,5 mm breit und 1–10 cm lang, am Grund mit großem, stengelumfassenden Blatthäutchen. Blattanordnung wechselständig, an blühenden Stengeln scheinbar gegenständig oder quirlartig genähert. Blütenstände ungestielt in den Blattachseln. 1 männliche (mit meist 1 Staubblatt) und 1–4 weibliche Blüten (jeweils mit 1 Fruchtknoten und schildförmiger Narbe) werden von einer gemeinsamen Spatha umhüllt. Früchte geschnäbelt, sitzend oder kurz gestielt.
Blütezeit: Mai bis September.
Standort: Stehende und fließende, nährstoffreiche, oft verschmutzte Gewässer, z. B. Seen, Altwasser und Flüsse, in 20–250 cm Wassertiefe. Auch im Brackwasser.
Verbreitung: Zerstreut und über weite Strekken fehlend, an den Küsten häufiger.

Laichkrautgew.

Laichkrautgew.

Teichfadengewächse

Tofieldia calyculata (3)
Kelch-Simsenlilie

Merkmale: Ausdauernde, 15–30 cm hohe Pflanze. Grundständige Blätter viel kürzer als der Stengel, 2zeilig gestellt, bis 5 mm breit, schwertförmig zugespitzt. Stengelblätter nach oben rasch kleiner werdend. Blüten gelblichgrün, in einer dichten, 3–5 cm langen Traube, jeweils in der Achsel eines lanzettlichen Tragblatts, unten von einem schwach 3lappigen Vorblatt umgeben. Perigonblätter 6, lanzettlich und 3–3,5 mm lang.
Blütezeit: Juni bis Juli.
Standort: In Flachmooren und Quellsümpfen, meist auf kalkhaltigem Untergrund.
Verbreitung: Vor allem im Alpenvorland und in den Alpen (bis über 2000 m), gebietsweise nicht selten; im übrigen Gebiet zerstreut bis selten, im norddeutschen Flachland weitgehend fehlend.
Ähnliche Art: *Tofieldia pusilla* **(Sumpf-Simsenlilie).** Pflanze niedriger. Blüten mit 3lappigen Tragblättern, ohne Vorblätter. Nur in den Alpen, selten.

Narthecium ossifragum (3) (G)
Beinbrech

Merkmale: Ausdauernde, 10–30 cm hohe Pflanze mit kriechender Grundachse und aufrechtem Stengel. Grundständige Blätter schwertförmig, 2zeilig angeordnet. Stengelblätter nach oben rasch kleiner werdend. Blüten lang gestielt, in lockeren, 5–8 cm langen Trauben. Perigonblätter innen leuchtend gelb, außen grünlich. Staubblätter mit zottig behaarten, gelben Staubfäden und ziegelroten Staubbeuteln. Frucht eine schmale, zugespitzte Kapsel, wie der fruchtende Stengel leuchtend braunrot und dadurch sehr auffallend.
Blütezeit: Juli bis August.
Standort: Quellige Heidemoore, Feuchtheiden; nur auf nassen, nährstoffarmen, sauren Moorböden.
Verbreitung: Atlantische Pflanze; in Mitteleuropa nur in Nordwestdeutschland (Schleswig-Holstein, Niedersachsen, Westfalen). Gebietsweise, z. B. in der Lüneburger Heide, nicht selten. Durch Entwässerung der Moore aber allgemein stark zurückgegangen.

Allium angulosum (3)
Kantiger Lauch

Merkmale: Ausdauernde Pflanze mit kriechendem Rhizom, ohne deutliche Zwiebeln. Stengel oben scharf 3kantig, 30–70 cm hoch. Blätter schmal linealisch, 1–6 mm breit, an der Mittelrippe scharf gekielt, grundständig und im unteren Teil des Stengels. Blüten lang gestielt, in doldenartigen Blütenständen. Diese werden vor dem Aufblühen von einem trockenhäutigen Hochblatt umhüllt, das später 2–3spaltig aufreißt. Perigon rosenrot, 6blättrig, so lang oder länger als die Staubgefäße.
Blütezeit: Juli bis September.
Standort: Zeitweise überschwemmte Wiesen und Röhrichte; auf nährstoffreichen, lehmigen oder tonigen Böden.
Verbreitung: Vor allem im Bereich der großen Stromtäler, zerstreut und nirgends häufig; von Osten nach Westen seltener werdend.
Ähnliche Art: *Allium schoenoprasum* **(Schnittlauch).** Blätter rundlich, weitröhrig. Blüten in dichten, kugeligen Scheindolden. An Flußufern und Deichböschungen zerstreut.

Allium suaveolens (3)
Wohlriechender Lauch

Merkmale: Ausdauernde, 20–50 cm hohe Pflanze mit kriechendem Rhizom, bildet keine richtige Zwiebel. Stengel stielrund, im unteren Drittel beblättert. Blätter linealisch, flach, unterseits scharf gekielt. Blüten wohlriechend, lang gestielt, in kugeligen Scheindolden. Perigonblätter weiß, außen rosa gestreift, deutlich kürzer als die Staubgefäße. Blütenstand stets ohne Brutzwiebeln. Frucht eine kugelige, leicht 3kantige Kapsel.
Blütezeit: Juli bis September.
Standort: Wechselfeuchte Flachmoorwiesen; auf nassen, kalkhaltigen Lehm- und Tonböden. Oft zusammen mit *Iris sibirica.*
Verbreitung: Im Alpenvorland und im Bodenseegebiet, ziemlich selten, aber an den Standorten meist in größeren Beständen.
Ähnliche Art: *Allium carinatum* **(Gekielter Lauch).** Blütenstände außer den lang gestielten einfarbig roten Blüten mit Brutzwiebeln. Stengel am Grund mit Zwiebel. An ähnlichen Orten wie *A. suaveolens.*

Iris pseudacorus Ⓖ
Wasser-Schwertlilie

Merkmale: Ausdauernde Pflanze mit sehr dikkem, fleischigem Wurzelstock. Grundständige Blätter 2zeilig angeordnet, schwertförmig zugespitzt, 1–3 cm breit, kaum kürzer als die 50–100 cm hohen Blütenstände. Blüten zu mehreren in einer 2blättrigen Spatha, diese in der Achsel eines krautigen Hochblatts. Blütenhülle mit 2 sehr unterschiedlichen Kreisen auffallender, gelber Perigonblätter. Die 3 äußeren sind herabgebogen und tragen ein braun geadertes Saftmal; die 3 inneren sind etwas kürzer und stehen steif aufrecht. Zwischen beiden Perigonblattkreisen liegen die 3 Staubblätter, die sich von unten an die blumenblattartigen, 2spaltigen Griffeläste schmiegen.
Blütezeit: Mai bis Juni.
Standort: Gewässerufer, Seggensümpfe und Erlenbruchwälder; im Wasser oder auf zeitweise überschwemmten, nährstoffreichen, mäßig sauren Böden.
Verbreitung: Allgemein verbreitet und fast überall häufig.

Iris sibirica ② Ⓖ
Sibirische Schwertlilie

Merkmale: Ähnlich der Wasserschwertlilie, aber deutlich zierlicher. Blätter grasartig, nur etwa 5 mm breit, kürzer als der Blütenstand. Blüten groß, blau, auf 30–90 cm hohen, schlanken Stengeln. Äußere Perigonblätter mit eiförmigem, breitem, violett geadertem Außenzipfel, plötzlich in den kurzen Basalteil (Nagel) verschmälert und hier bräunlich gefärbt. Innere Perigonblätter länger und breiter als die Griffeläste.
Blütezeit: Mai bis Juni.
Standort: Flachmoorwiesen, feuchte Waldlichtungen; auf wechselfeuchten, meist kalkreichen Böden. An den Wuchsorten gelegentlich aspektbildend.
Verbreitung: Vor allem in den großen Stromtälern und im Alpenvorland. Bestände fast überall stark rückläufig.
Ähnliche Art: *Iris spuria* **(Bastard-Schwertlilie).** Außenzipfel der äußeren Perigonblätter rundlich, kürzer als der Nagel, ohne Braunfärbung. Sehr selten (Rheintal, Neusiedler See).

Gladiolus palustris ② Ⓖ
Sumpfgladiole

Merkmale: 30–60 cm hohe, ausdauernde Pflanze. Knolle an der Stengelbasis mit einer aus netzartig verbundenen Fasern gebildeten Hülle. Blätter seitlich zusammengedrückt, schwertförmig, 4–9 mm breit, nach oben rasch kleiner werdend. Blüten einseitswendig zu 2–6 am Ende des Stengels, ungestielt in den Achseln grüner Tragblätter. Blütenhülle leicht zygomorph (mit nur 1 Symmetrieebene), purpurrot. Die 3 unteren Perigonblätter mit einem weißen, rot eingefaßten Streifen.
Blütezeit: Juni bis Juli.
Standort: Flachmoore und Streuwiesen, auf wechselfeuchtem, kalkreichem Untergrund; gelegentlich auch auf ziemlich trockenen Magerrasen.
Verbreitung: Selten, vor allem im Alpenvorland, im Bodenseegebiet und in der Oberrheinischen Tiefebene; fehlt in Norddeutschland. Durch Entwässerung und Düngung der Feuchtwiesen, auch durch Aufgabe der extensiven Streuwiesennutzung stark zurückgegangen.

Epipactis palustris ③ Ⓖ
Echte Sumpfwurz

Merkmale: Ausdauernde Pflanze mit kriechendem, verzweigtem Rhizom. Stengel 20–50 cm hoch, locker wechselständig beblättert. Blätter länglich eiförmig bis lanzettlich, parallelnervig, 8–15 cm lang und 2,5–4 cm breit. Blüten nikkend, in einer 8–20blütigen, leicht einseitswendigen, anfangs überhängenden Traube. Sepalen (die 3 äußeren Blütenblätter) außen grünlich bis rötlich, innen braunrot (manchmal grün). Petalen (die beiden seitlichen Blütenblätter des inneren Kreises) weiß, rot gestreift. Lippe (das 3. innere Blütenblatt) durch eine Einschnürung in einen vorderen (Epichil) und einen hinteren Abschnitt (Hypochil) gegliedert. Epichil weiß, gelenkig mit dem innen rot gestreiften Hypochil verbunden.
Blütezeit: Juni bis August.
Standort: Flachmoore, Quellsümpfe und Feuchtwiesen; meist auf kalkreichem Untergrund.
Verbreitung: In Norddeutschland selten, im Süden weit verbreitet.

Schwertliliengew.

Schwertliliengew.

Orchideen

Liparis loeselii Torf-Glanzkraut

2 G

Merkmale: 5–20 cm hohe, ausdauernde Pflanze mit oberirdischen Knollen in den Blattachseln. Blätter grundständig, länglich-elliptisch, 2–11 cm lang und 0,7–2,5 cm breit, hellgrün und fettig glänzend, meist zu zweit fast gegenständig. Blüten unscheinbar, grünlichgelb, in 2–10blütigen, lockeren Trauben. Sepalen und Petalen schmal linealisch. Lippe länglich eiförmig, am Rand etwas gekerbt.
Blütezeit: Juni bis Juli.
Standort: Flach- und Zwischenmoore, Kalksümpfe, Streuwiesen; auf den Nordseeinseln auch in Dünentälchen; meist auf kalkhaltigem Untergrund.
Verbreitung: Vor allem an der Nordseeküste, in der Oberrheinischen Tiefebene und im Alpenvorland, aber überall selten; im übrigen Gebiet sehr selten. Durch Entwässerung der Standorte sehr stark zurückgegangen und über weite Gebiete völlig verschwunden.
Allgemeines: Vermehrt sich gelegentlich durch Brutknospen an den Blättern.

Dactylorhiza incarnata Fleischfarbenes Knabenkraut

3 G

Merkmale: Ausdauernde, kräftige Pflanze mit fingerförmig geteilten, unterirdischen Knollen. Stengel steif aufrecht, innen hohl, 20–60 cm hoch. Laubblätter meist längs gefaltet, von der Basis zur Spitze allmählich verschmälert, bis 20 cm lang und 4 cm breit, stets ungefleckt. Blütenstand dicht, 4–15 cm lang, zylindrisch. Blüten fleischfarbig, violett oder weiß, in den Achseln großer, oft rot überlaufener Tragblätter. Lippe mit deutlicher, purpurner Linienzeichnung, an den Seiten meist zurückgeschlagen, hinten in einen leicht gebogenen Sporn verlängert. **Blütezeit:** Mai bis Juli.
Standort: Feuchtwiesen und Flachmoore; vorwiegend auf kalkreichem Untergrund.
Verbreitung: Weit verbreitet und gebietsweise, z. B. in Süddeutschland, nicht selten.
Ähnliche Art: *Dactylorhiza majalis* **(Breitblättriges Knabenkraut).** Pflanze niedriger, Blätter meist braun gefleckt und flach ausgebreitet. An ähnlichen, aber meist kalkarmen Standorten, zerstreut.

Hammarbya paludosa Weichwurz

1 G

Merkmale: Ausdauernde, sehr unscheinbare, 5–20 cm hohe Pflanze. Meist mit 2 übereinander angeordneten Knollen. Blätter eiförmig bis lanzettlich, 8–25 mm lang und 5–9 mm breit. Blütenstand langgestreckt. Blüten grün, nur etwa 5 mm groß. Sepalen eiförmig, zugespitzt, länger als die nach oben gerichtete, löffelförmig gewölbte Lippe. Petalen der Lippe ähnlich, seitlich zurückgeschlagen.
Blütezeit: Juli bis August.
Standort: Hoch- und Zwischenmoore.
Verbreitung: Sehr selten, wohl nur noch in der Norddeutschen Tiefebene und im Alpenvorland. Durch Entwässerung der Moore extrem zurückgegangen und heute akut gefährdet.
Allgemeines: Bei den meisten Orchideenblüten ist der Blütenstiel oder der Furchtknoten um 180° gedreht. Dadurch weist die eigentlich nach oben gerichtete Lippe meist nach unten. Bei *H. paludosa* ist der Fruchtknoten aber um 360° gedreht, so daß die Lippe wieder nach oben zeigt.

Orchis palustris Sumpf-Knabenkraut

1 G

Merkmale: Ausdauernde Pflanze mit unterirdischen, kugeligen Knollen. Stengel aufrecht, 20–60 cm hoch, locker beblättert. Blätter bis 15 cm lang und 1 cm breit. Blütenstand locker. Blüten meist rosa bis rot (selten weiß), in den Achseln schmaler, zugespitzer Tragblätter, die dem Fruchtknoten eng anliegen. Die beiden seitlichen Sepalen zurückgeschlagen; das mittlere bildet mit den Petalen einen gewölbten Helm über der Narbe und den zu 2 gestielten Pollenpaketen (Pollinien) umgewandelten Staubgefäßen. Lippe breit, 3lappig, mit ausgebreiteten Seitenlappen und in der Mitte aufgehelltem, rot punktiertem Mittellappen, nach hinten in einen horizontalen Sporn verlängert.
Blütezeit: Juni bis Juli.
Standort: Sumpfwiesen, Flachmoore, Röhrichtgesellschaften; nur auf nassen, meist kalkreichen Sumpfböden.
Verbreitung: Fast nur noch im Alpenvorland; in den übrigen Gebieten Mitteleuropas weitgehend ausgestorben.

Juncus effusus Flatterbinse

Merkmale: Ausdauernde, 30–100 cm hohe Pflanze mit kriechendem Rhizom. Stengel in dichten Horsten, zylindrisch-pfriemenförmig, glatt und glänzend, am Grund mit 5–8 anliegenden, scheidenförmigen Niederblättern. Mark im Stengelinnern nicht unterbrochen. Blüten in einer endständigen, lockeren vielästigen Spirre. Diese in der Achsel eines pfriemlichen, bis 30 cm langen Hüllblatts, das den Stengel nach oben scheinbar fortsetzt und so einen seitenständigen Blütenstand vortäuscht. Blütenhülle mit 6 lanzettlich zugespitzten, grünen Perigonblättern. Staubgefäße und Narben 3. Bestäubung durch den Wind. Frucht eine braune, eiförmige Kapsel mit zahlreichen Samen; Griffelrest in einer leichten Vertiefung.
Blütezeit: Juni bis August.
Standort: Feuchtwiesen, Grabenränder und feuchte Wege; vorwiegend auf kalkarmen, aber nährstoffreichen Böden.
Verbreitung: Allgemein verbreitet und fast überall häufig.

Juncus conglomeratus Knäuelbinse

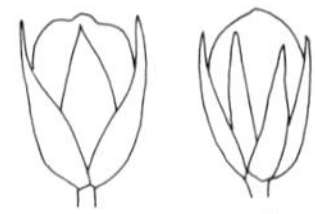

Merkmale: Ausdauernde, 30–75 cm hohe Pflanze. Stengel stielrund, oben deutlich gestreift und glanzlos, graugrün, Mark nicht unterbrochen. Blüten in einem sehr dichten, kugeligen Knäuel, vom 5–15 cm langen, den Stengel fortsetzenden Hüllblatt überragt. Fruchtkapsel verkehrt-eiförmig, oben abgestutzt; Griffelrest auf einer kleinen, knopfartigen Erhebung.
Blütezeit: Mai bis Juli.
Standort: Moorwiesen, Grabenränder, feuchte Waldlichtungen; meist auf kalkarmem Untergrund.
Verbreitung: Allgemein verbreitet, meist etwas seltener als *J. effusus*.
Ähnliche Art: *Juncus inflexus* **(Blaugrüne Binse).** Mark des Stengels durch Querwände gekammert. Stengel blaugrün. Blütenstand lokker. Meist kalkreiche Feuchtwiesen.

Juncus articulatus Glanzfrüchtige Binse

Merkmale: Ausdauernde, 20–60 cm hohe Pflanze mit kurzem, kriechendem Rhizom. Stengel aufsteigend, rund oder leicht abgeflacht, mit 3–6 Stengelblättern. Blätter rund oder etwas zusammengedrückt, durch Querwände deutlich gefächert (fühlbar). Blüten in 5–15blütigen Köpfchen. Blütenstand breit rispenförmig, mit 5–20 Köpfchen und auseinanderspreizenden Ästen. Perigonblätter kurz zugespitzt, die inneren mit schmalem, häutigem Saum. Frucht pyramidenförmig zugespitzt, die Perigonblätter überragend, glänzend schwarz.
Blütezeit: Juni bis August.
Standort: Feuchtwiesen, Quellmoore, offene Gewässerufer; meist auf zeitweise überfluteten, mäßig sauren Böden.
Verbreitung: Allgemein verbreitet.

Juncus bufonius Krötenbinse

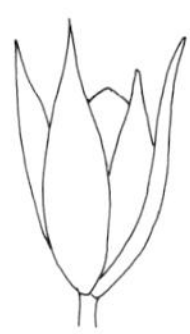

Merkmale: 1jährige, 10–30 cm hohe Pflanze. Stengel beblättert, vom Grund an büschelig verzweigt. Blätter grasartig, 1–12 cm lang. Spirrenäste schräg aufrecht, mit einzeln stehenden, z. T. einander genäherten, blaß grünlichen Blüten. Äußere Perigonblätter deutlich länger als die inneren. Kapsel eiförmig, grün oder braun, kürzer als die lanzettlich zugespitzten Perigonblätter.
Blütezeit: Juni bis September.
Standort: Gewässerufer, feuchte Wege und Äcker; auf offenen, nährstoffreichen, aber meist kalkarmen Böden.
Verbreitung: Allgemein verbreitet und fast überall häufig.
Allgemeines: Die Art ist sehr formenreich und wird neuerdings vielfach in mehrere Kleinarten aufgeteilt.

Cyperus flavescens ②
Gelbliches Zypergras

Merkmale: 1jähriges, büschelig wachsendes Sauergras. Stengel aufrecht, 5–25 cm hoch, stumpf 3kantig. Blätter höchstens so lang wie der Stengel, hellgrün. Blüten in 2 Narben und 3 Staubgefäßen, zu 5–25 2zeilig in 5–12 mm langen, flachen, strohgelben Ährchen. Diese an der Stengelspitze kopfig zu mehreren beieinander, darunter 2–3 laubblattartige, lange Hüllblätter. Frucht eine flache, rundliche Nuß.
Blütezeit: Juli bis Oktober.
Standort: Gewässerufer, feuchte Wege und Grabenränder; auf nackten, zeitweise überschwemmten, nährstoffreichen Böden.
Verbreitung: Selten und oft unbeständig, vor allem im Alpenvorland und im Bodenseeraum; überall stark zurückgehend.
Ähnliche Art: *Cyperus fuscus* **(Braunes Zypergras).** Stengel scharf 3kantig. Ährchen schwarzbraun. Blüten mit 3 Narben. Frucht deutlich 3kantig. An Gewässerufern und auf Schlammböden abgelassener Teiche.

Schoenoplectus lacustris
Gemeine Teichsimse

Merkmale: 80–300 cm hohe, ausdauernde Pflanze mit unterirdisch kriechenden, langen Ausläufern. Stengel aufrecht, dunkelgrün, bis 15 mm dick, an der Basis mit 2–12 kurzen Blättern. Blüten in einer aus manchmal mehr als 100 Ährchen zusammengesetzten, bis 12 cm breiten Spirre, mit 4–6 Perigonborsten und 3 Narben. Blütenstand in der Achsel eines etwa gleich langen, runden Hüllblatts, das den Stengel nach oben fortsetzt.
Blütezeit: Juni bis August.
Standort: Im Uferbereich stehender und langsam fließender Gewässer; manchmal bis in 3 m Wassertiefe.
Verbreitung: Allgemein verbreitet und meist häufig.
Ähnliche Art: *Schoenoplectus tabernaemontani* **(Graue Teichsimse).** Pflanze kleiner, meist 50–150 cm hoch. Stengel graugrün. Blüten mit 2 Narben. Salzliebend. An den Küsten häufig, sonst zerstreut bis selten. Wird z.T. als Unterart von *S. lacustris* betrachtet.

Eleocharis palustris
Gemeine Sumpfbinse

Merkmale: Ausdauernde Pflanze mit weit kriechendem, unterirdischem Rhizom. Stengel rund, graugrün, mit endständigem, 5–20 mm langem, dunkelbraunem Ährchen, dieses an der Basis mit 2 blütenlosen Hüllspelzen. Blüten mit 2 Narben.
Blütezeit: Mai bis August.
Standort: Im Uferbereich stehender und langsam fließender Gewässer aller Art, meist im flachen Wasser wachsend. Verträgt Wasserstandsschwankungen und Vertritt.
Verbreitung: Allgemein verbreitet und fast überall häufig.
Ähnliche Arten: *Eleocharis ovata* **(Eiförmige Sumpfbinse).** Pflanze dichtrasig, ohne Ausläufer. Ährchen eiförmig. Auf trockengefallenen Schlammböden, selten. *Eleocharis quinqueflora* **(Armblütige Sumpfbinse).** Blüten mit 3 Narben. Ährchen 3–7blütig. In Flachmooren, zerstreut. *Eleocharis acicularis* **(Nadelförmige Sumpfbinse).** Stengel 4kantig, bis 10 cm hoch. Schlammige Gewässerufer, zerstreut.

Schoenus nigricans ②
Schwarzes Kopfried

Merkmale: Ausdauernde, horstbildende Pflanze mit 15–60 cm hohen, starren Stengeln. Diese rund, nur unten mit pfriemlichen Blättern. An der Stengelbasis schwarzbraune Blattscheiden. Blüten in schwärzlichen Ährchen, die zu 5–10 an der Stengelspitze kopfig gehäuft sind. Hüllblatt des Blütenstands mit laubartiger Spreite, bis 5mal so lang wie die Ährchen.
Blütezeit: Juni bis Juli.
Standort: Nasse Flachmoore und Quellsümpfe, auf nährstoff- und kalkreichem Untergrund. Empfindlich gegen Austrocknung.
Verbreitung: Selten, in Norddeutschland nur auf den Nordseeinseln, im Alpenvorland etwas häufiger. Überall stark zurückgehend.
Ähnliche Art: *Schoenus ferrugineus* **(Rostrotes Kopfried).** Ährchen und untere Blattscheiden rotbraun. Blütenstand nur aus 2–3 Ährchen, vom Hüllblatt wenig überragt. An ähnlichen Orten, etwas häufiger. Gelegentlich mit *S. nigricans* Bastarde bildend.

Eriophorum vaginatum
Scheidiges Wollgras

Merkmale: Horstbildendes, ausdauerndes Riedgras. Grundständige Blätter borstenförmig. Stengel oben 3kantig, mit 2–3 aufgeblasenen Blattscheiden und weitgehend fehlenden Spreiten, zur Blütezeit nur etwa 10 cm lang. Blüten in einem endständigen, etwa 2 cm langen, eiförmigen Ährchen. Perigon wie bei *Schoenoplectus* haarförmig. Nach der Blütezeit verlängern sich die Stengel auf bis zu 60 cm. Fruchtende Ährchen außerdem mit stark verlängerten Perigonhaaren; diese bilden einen rundlichen, schneeweißen Haarschopf von 2–3 cm Durchmesser.
Blütezeit: März bis April.
Standort: In Hochmooren und Waldsümpfen, nur auf saurem, nährstoffarmem Untergrund.
Verbreitung: In den norddeutschen Moorgebieten recht verbreitet, im Alpenvorland zerstreut; im übrigen Gebiet ziemlich selten.
Ähnliche Art: *Eriophorum scheuchzeri* **(Scheuchzers Wollgras).** Pflanze ausläuferbildend, ohne Horste. In den Alpen.

Eriophorum latifolium 3
Breitblättriges Wollgras

Merkmale: Ausdauernde, 20–60 cm hohe Pflanze mit kurzem, kriechendem Rhizom, ohne Ausläufer. Stengel stumpf 3kantig. Stengelblätter flach, gelbgrün, bis 7 mm breit. Blüten in 5–12 lang gestielten, nickenden Ährchen. Ährchenstiele durch vorwärts gerichtete, kurze Haare etwas rauh.
Blütezeit: April bis Juni.
Standort: Flachmoore und Quellsümpfe; meist auf nährstoffarmem, kalkreichem Untergrund.
Verbreitung: Zerstreut, in Norddeutschland selten, am häufigsten im Alpenvorland.
Ähnliche Arten: *Eriophorum angustifolium* **(Schmalblättriges Wollgras).** Pflanze mit Ausläufern. Stengel rund. Stengelblätter höchstens 4 mm breit, dunkelgrün, an der Spitze 3kantig. Ährchen zu 3–5, Ährchenstiele glatt. In nassen, meist sauren Flachmooren, verbreitet. *Eriophorum gracile* **(Zierliches Wollgras).** Pflanze mit Ausläufern. Stengelblätter ganz 3kantig. Ährchen 3–4, an rauhen Stielen. In kalkhaltigen Mooren, sehr selten.

Cladium mariscus 3
Binsenschneide

Merkmale: Ausdauernde Pflanze mit kriechendem Rhizom und langen Ausläufern. Stengel aufrecht, hohl, unten rund und oben 3kantig, 80–200 cm hoch, bis oben beblättert. Blätter flach und steif, etwa so lang wie der Stengel, am Rand und unten auf der Mittelrippe mit sehr spitzen, harten Sägezähnen, dadurch scharf schneidend, zur Spitze hin 3kantig. Blütenstand aus einer endständigen und mehreren seitenständigen Spirren zusammengesetzt. Ährchen 2blütig, am Ende der Äste zu 3–10 knäuelig gehäuft. Blüten ohne Perigonborsten. Frucht eiförmig, glänzend braun.
Blütezeit: Juni bis Juli.
Standort: In der Verlandungszone stehender Gewässer, in Quellmooren, an Gräben und auf feuchten Flachmoorwiesen; im flachen Wasser oder auf zeitweise überschwemmten, kalkreichen Schlammböden. Oft in sehr dichten Beständen.
Verbreitung: In Norddeutschland selten, im Süden etwas häufiger. Überall zurückgehend.

Rhynchospora alba 3
Weißes Schnabelried

Merkmale: Ausdauernde, horstbildende Pflanze, meist ohne Ausläufer. Stengel stumpf 3kantig, beblättert, 15–40 cm hoch. Blätter gelbgrün, linealisch, 1–2 mm breit. Ährchen 2blütig, 4–5 mm lang, weiß, später rötlich. Blütenstand aus einer breiten, endständigen und mehreren langgestielten, seitenständigen, knäuelig verdichteten Spirren zusammengesetzt. Hüllblätter die Spirren kaum überragend.
Blütezeit: Juni bis August.
Standort: In Hoch- und Zwischenmoorschlenken, am Ufer nährstoffarmer Heide- und Moorgewässer. Oft in ausgedehnten Beständen.
Verbreitung: In Norddeutschland weit verbreitet und meist nicht selten, nach Süden deutlich seltener werdend.
Ähnliche Art: *Rhynchospora fusca* **(Braunes Schnabelried).** Pflanze mit langen, unterirdischen Ausläufern. Ährchen gelbbraun bis rotbraun. Hüllblätter die Blütenstände deutlich überragend. An ähnlichen Stellen, seltener.

Carex pulicaris Flohsegge ❷

Merkmale: 5–20 cm hohe, ausdauernde Pflanze. Stengel in lockeren Horsten, am Grund mit langen, borstenförmigen Blättern. Alle Blüten in einem endständigen, walzlichen Ährchen, oben die männlichen, unten die weiblichen. Weibliche Blüten zu 5–10, aus jeweils 1 Fruchtschlauch (Utriculus) mit 2 Narben und 1 Deckblatt bestehend. Zur Blütezeit stehen die Fruchtschläuche aufrecht und sind unter ihren Deckblättern verborgen; danach fallen diese ab, und die reifenden Utriculi neigen sich nach unten.
Blütezeit: Mai bis Juni.
Standort: Flachmoore und Sumpfwiesen; auf kalkreichen wie kalkarmen, mäßig sauren Torfböden.
Verbreitung: Zerstreut bis selten, am häufigsten im Alpenvorland.
Ähnliche Art: *Carex pauciflora* **(Armblütige Segge).** Ährchen mit nur 3–5 Fruchtschläuchen; diese jeweils mit 3 Narben. In Hoch- und Zwischenmooren, vorwiegend im Bergland und im Alpenvorland, selten.

Carex disticha Kammsegge

Merkmale: Ausdauernde Pflanze mit langen, unterirdischen Ausläufern. Stengel aufrecht, 25–50 cm hoch, scharf 3kantig, bis zur Mitte beblättert. Blätter flach, 3–5 mm breit. Blütenstand aus 6–20 dicht gedrängten, mehr oder weniger 2zeilig angeordneten Ährchen. Obere und untere Ährchen meist rein weiblich, mittlere männlich. Tragblätter fehlend oder sehr kurz. Reife Fruchtschläuche 4,5–5 mm lang, eiförmig, mit vorspringenden, gezähnten Rändern.
Blütezeit: Mai bis Juni.
Standort: Auf Sumpfwiesen und an Ufern stehender und fließender Gewässer; gern auf zeitweise überschwemmten Flächen, meist über kalkreichem Untergrund.
Verbreitung: Weit verbreitet, in den Stromtälern z.T. häufig, sonst zerstreut bis selten.
Ähnliche Art: *Carex vulpina* **(Fuchssegge).** Horstbildend, ohne Ausläufer, Blätter 4–10 mm breit. Blütenstand mit 5–10 Ährchen, die unteren mit langen Tragblättern.

Carex paniculata Rispensegge

Merkmale: Ausdauernde Pflanze mit großen, festen Horsten. Untere Blattscheiden braun glänzend, nicht zerfasert. Stengel 30–100 cm hoch, scharf 3kantig. Blätter blaugrün, flach und rauh, 3–7 mm breit. Blüten in graubraunen Ährchen, oben männlich, unten weiblich (diese mit 2 Narben). Ährchen in einem 2–10 cm langen, rispigen Blütenstand. Rispenäste 1–5 cm lang. Reife Fruchtschläuche 2,5–3 mm lang, eiförmig und glänzend, nur unten mit kurzen Nerven.
Blütezeit: Mai bis Juni.
Standort: Quellmoore, Riedwiesen und Erlenbruchwälder; meist auf kalk- und nährstoffreichen, nassen Torfböden.
Verbreitung: Allgemein verbreitet und vielerorts häufig, vor allem in kalkreichen Gegenden.
Ähnliche Art: *Carex appropinquata* **(Wundersegge).** Untere Scheiden schwarzbraun glänzend, stark zerfasert. Blätter nur 2–3 mm breit. Fruchtschläuche matt, mit deutlichen Nerven. An ähnlichen Orten, selten.

Carex elata Steife Segge

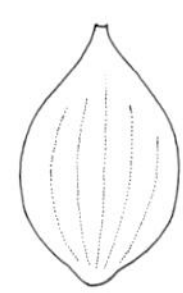

Frucht

Merkmale: Ausdauernde Pflanze mit festen, bis über 50 cm hohen und 1 m breiten Horsten, ohne Ausläufer. Stengel steif aufrecht, scharf 3kantig, oben rauh, 20–100 cm hoch. Untere Blattscheiden hellbraun, netzig zerfasernd. Blattspreiten steif und rauh, graugrün. Blütenstand unten mit 2–4 aufrechten, sitzenden oder kurz gestielten, weiblichen Ährchen, darüber mit 1–3 männlichen. Untere Tragblätter laubblattähnlich, kürzer als der Blütenstand. Reife Fruchtschläuche kurz geschnäbelt, in der Mitte am breitesten.
Blütezeit: April bis Mai.
Standort: An Ufern, auf Überschwemmungsflächen und in der Verlandungszone von Gewässern. Meist auf kalk- und nährstoffreichem Untergrund.
Verbreitung: Allgemein verbreitet und fast überall häufig.

Carex limosa Schlammsegge ❷

Merkmale: Ausdauernde, 20–40 cm hohe Pflanze mit sehr langen, im Schlamm kriechenden Ausläufern. Stengel sehr schlank, aufrecht, 3kantig und oben rauh. Blätter graugrün, 1–2 mm breit, meist borstenförmig zusammengerollt. Blütenstand mit 1–2 eiförmigen, lang gestielten (zur Zeit der Fruchtreife stets nickenden) weiblichen Ährchen, darüber 1 endständiges, männliches Ährchen. Narben 3. Reife Fruchtschläuche, 3,5–4 mm lang, elliptisch, mit deutlichen Nerven, matt.
Blütezeit: April bis Juni.
Standort: In Schwingrasen sowie in Hoch- und Zwischenmoorschlenken; vorwiegend auf kalkfreien, sauren, überfluteten Torfböden. Oft vergesellschaftet mit *Scheuchzeria palustris*. Sehr empfindlich gegen Austrocknung.
Verbreitung: Gilt als Eiszeitrelikt. Selten, durch Trockenlegung der Moore an den meisten Standorten erloschen, insbesondere in Norddeutschland; etwas regelmäßiger noch im Alpenvorland zu finden.

Carex gracilis Schlanke Segge

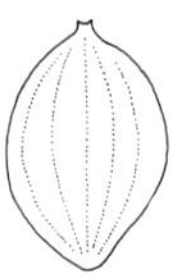

Merkmale: Ausdauernde Pflanze mit langen, unterirdischen Ausläufern. Stengel aufrecht, scharf 3kantig, 20–100 cm hoch. Untere Blattscheiden braun, lappig zerfallend. Blätter flach, 4–8 mm breit. Blütenstand mit 2–6 zylindrischen, bis 10 cm langen, sitzenden oder kurz gestielten, weiblichen Ährchen, darüber 1–4 männliche. Narben 2. Tragblätter laubblattartig, das unterste überragt deutlich den Blütenstand. Fruchtende Ährchen nickend, reife Fruchtschläuche 2 mm lang, elliptisch.
Blütezeit: Mai bis Juni.
Standort: Nasse Wiesen, vor allem an regelmäßig überschwemmten Stellen.
Verbreitung: Allgemein verbreitet.
Ähnliche Art: *Carex acutiformis* **(Sumpfsegge).** Untere Scheiden netzfaserig. 3 Narben.

Carex vesicaria Blasensegge

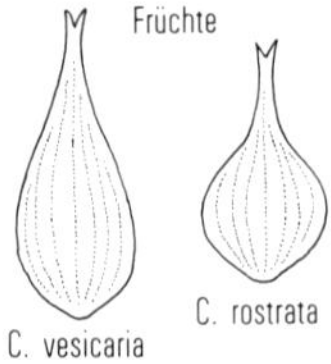

Merkmale: Ausdauernde Pflanze mit langen Ausläufern. Stengel scharf 3kantig, oben rauh, 30–60 cm hoch. Blätter flach, 5–7 mm breit, etwa so lang wie der Stengel. Blütenstand mit 2–3 weiblichen Ährchen, diese sitzend oder kurz gestielt, darüber 2–3 männliche. Narben 3. Fruchtschläuche bei der Reife schräg abspreizend, 6,5–8 mm lang, allmählich in den Schnabel verschmälert.
Blütezeit: Mai bis Juni.
Standort: Gewässerufer, Grabenränder, feuchte Waldstellen.
Verbreitung: Allgemein verbreitet.
Ähnliche Art: *Carex rostrata* **(Schnabelsegge).** Stengel stumpf 3kantig. Reife Fruchtschläuche rechtwinklig abstehend, 5 mm lang, kugelig aufgeblasen und plötzlich in den langen Schnabel verschmälert. An ähnlichen Stellen, ziemlich häufig.

Carex pseudocyperus Scheinzypergras-Segge

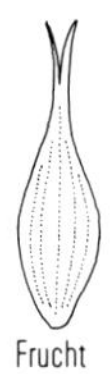

Merkmale: Ausdauernde, horstbildende Pflanze. Stengel aufrecht, oben meist etwas herabgebogen, scharf 3kantig, 50–90 cm hoch. Blätter gelbgrün, flach, 6–12 mm breit, meist länger als der Stengel. Weibliche Ährchen 3–6, lang gestielt und zur Fruchtzeit hängend. Narben 3. Fast immer nur 1 männliches Ährchen (selten 2). Tragblätter laubblattartig, deutlich länger als der Blütenstand. Reife Fruchtschläuche leicht nach hinten abgespreizt, 5–6 mm lang, allmählich in den Schnabel verschmälert.
Blütezeit: Juni bis Juli.
Standort: Gewässerufer, Gräben und Erlenbruchwälder; auf zeitweise überschwemmten, nährstoffreichen Torfböden.
Verbreitung: Im Flachland weit verbreitet und meist nicht selten, im Bergland seltener.

Carex flava Große Gelbsegge

Merkmale: Ausdauernde, dichtrasig wachsende Pflanze. Stengel aufrecht, 3kantig, 20–60 cm hoch. Blätter gelbgrün, 3–5 mm breit, etwa so lang wie der Stengel. Blütenstand mit 2–4 kurz zylindrischen bis kugeligen, weiblichen und 1 schlanken männlichen Ährchen. Die beiden oberen weiblichen Ährchen dem männlichen genähert, das unterste sitzend oder kurz gestielt. Tragblätter sehr lang, laubblattartig. Fruchtende Ährchen durch die 5–7 mm langen, deutlich geschnäbelten Fruchtschläuche igelartig. Schnabel so lang wie der restliche Fruchtschlauch.
Blütezeit: Juni bis Juli.
Standort: Flachmoore und Feuchtwiesen, meist auf kalkreichem Untergrund.
Verbreitung: Zerstreut, gebietsweise nicht selten.
Ähnliche Arten: *Carex lepidocarpa* **(Schuppenfrüchtige Gelbsegge).** Weibliche Ährchen voneinander entfernt, das unterste lang gestielt. Fruchtschnabel kürzer als der Schlauch. Noch 3 weitere ähnliche Arten.

Sparganium erectum (= S. ramosum) Ästiger Igelkolben

Merkmale: Aufrechte, 30–50 cm hohe, ausdauernde Pflanze mit kriechendem Rhizom. Stengel starr aufrecht, etwas hin und her gebogen. Grundständige Blätter schräg aufragend, gekielt, bis 20 mm breit und deutlich länger als der Stengel. Stengelblätter am Grund ohne Blattscheide. Blütenstand sperrig verzweigt, mit 2–5 Seitenästen in den Achseln langer Tragblätter; die Äste jeweils mit 1–3 unteren weiblichen und 6–9 oberen männlichen Köpfchen. Fruchtende Köpfchen 20–25 mm im Durchmesser. Frucht sehr unterschiedlich geformt, mit kurzem Schnabel.
Blütezeit: Juni bis August.
Standort: Im Röhricht stehender und langsam fließender Gewässer, meist bei 30–60 cm Wassertiefe.
Verbreitung: Allgemein verbreitet und fast überall häufig.
Allgemeines: Nach der Fruchtform und den ökologischen Ansprüchen wurden mehrere Unterarten aufgestellt.

Sparganium minimum Zwerg-Igelkolben ❷

Merkmale: Ausdauernde, im Boden verankerte Wasserpflanze. Stengel 5–50 cm lang, schlaff, im Wasser flutend. Blätter bis 50 cm lang und 5 mm breit, gelbgrün, linealisch mit stumpfer Spitze, untergetaucht oder teilweise auf der Wasseroberfläche schwimmend. Blütenstand nur wenig über den Wasserspiegel gehoben, mit 1–3 weiblichen Köpfchen in den Achseln von 1–5 cm langen Tragblättern und 1 endständigen, männlichen Köpfchen (selten 2 dicht zusammengerückt). Fruchtende Köpfchen etwa 1 cm im Durchmesser, leicht igelartig; Früchte mit sehr kurzem Schnabel.
Blütezeit: Juni bis August.
Standort: In Moortümpeln, Gräben und flachen Teichen; meist auf nährstoffarmen, mäßig saurem Sand- und Torfgrund.
Verbreitung: Weit verbreitet, aber allgemein selten. Am häufigsten im Norddeutschen Tiefland und im Alpenvorland; überall durch Entwässerungsmaßnahmen und Gewässerverunreinigung stark zurückgehend.

Sparganium emersum (= S. simplex) Einfacher Igelkolben

Merkmale: Ausdauernde, lockere Rasen bildende Wasserpflanze mit kriechendem Rhizom. Stengel aufrecht, 20–60 cm hoch, seltener flutend und dann bis 2 m lang. Grundständige Blätter bis 50 cm lang und 1 cm breit, steif aufragend und am Rücken deutlich gekielt. Stengelblätter am Grund scheidenförmig verbreitert. Blütenstand unverzweigt (selten mit 1 Seitenast). Weibliche Köpfchen zu 2–5, männliche zu 3–8. Früchte lang geschnäbelt (fast so lang wie die Frucht).
Blütezeit: Juni bis Juli.
Standort: In Gräben und Tümpeln, auch in langsam fließenden Gewässern; meist auf schlammigem, kalkarmem Untergrund.
Verbreitung: Allgemein verbreitet, aber nur gebietsweise häufig.
Ähnliche Art: *Sparganium angustifolium* **(Schmalblättriger Igelkolben).** Meist flutend. Blätter ungekielt. Weibliche Köpfchen zu 1–3, männliche zu 1–6. In nährstoffarmen Moorgewässern und Gebirgsseen, selten.

Phragmites australis
Gemeines Schilf

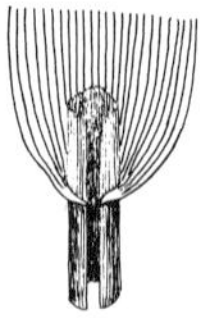

Merkmale: Ausdauerndes Gras mit weit kriechendem Wurzelstock und langen, ober- und unterirdischen Ausläufern. Halm steif aufragend, 1–4 m hoch und unten bis 2 cm dick. Blätter graugrün, flach und am Rand schneidend, bis 30 cm lang und 3 cm breit. Blattgrund anstelle des Blatthäutchens mit einem Haarkranz. Blüten in einer 20–50 cm langen, vielblütigen, oben etwas überhängenden Rispe. Ährchen 10–15 mm lang, 3–6blütig.
Blütezeit: Juli bis September.
Standort: Im Röhricht stehender und langsam fließender Gewässer, meist in dichten Beständen; auch in Quellmooren, auf Feuchtwiesen und in feuchten Wäldern. Geht bis in fast 2 m Wassertiefe.
Verbreitung: Überall häufig.

Alopecurus aequalis
Rotgelber Fuchsschwanz

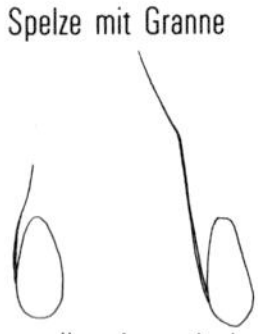

Merkmale: 1–2jähriges, horstbildendes Gras. Halm niederliegend und aufsteigend, 10–30 cm hoch. Blätter 3–5 mm breit, oft bläulich bereift. Blattgrund mit spitzem Blatthäutchen. Blütenstand eine 2–7 cm lange, 4–6 mm dicke Scheinähre. Ährchen 2 mm lang; Deckspelze mit kurzer, in ihrer Mitte ansetzender Granne, die das Ährchen höchstens um 0,5 mm überragt. Staubbeutel zunächst gelblichweiß, später ziegelrot.
Blütezeit: Juni bis Oktober.
Standort: An Ufern, in Gräben und flachen, schlammigen Pfützen.
Verbreitung: Allgemein verbreitet.
Ähnliche Art: *Alopecurus geniculatus* **(Knick-Fuchsschwanz).** Ährchen 3 mm lang, Granne an der Basis der Deckspelze, etwa 2 mm aus dem Ährchen herausragend. Verbreitet.

Phalaris arundinacea
Rohr-Glanzgras

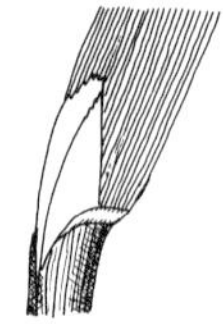

Merkmale: Ausdauerndes Gras mit langen, unterirdischen Ausläufern. Halm steif aufrecht, 50–300 cm hoch. Blätter blaugrün, 8–15 mm breit, am Rand etwas rauh. Blattgrund mit einem 3–6 mm langen, meist stark zerschlitzten Blatthäutchen. Blüten in einer zur Blütezeit ausgebreiteten, später zusammengezogenen, 10–20 cm langen, gelblichgrünen, meist rot überlaufenen Rispe. Ährchen 1blütig, an den Rispenästen dicht geknäuelt.
Blütezeit: Juni bis August.
Standort: Am Ufer stehender und fließender Gewässer, auf nassen Wiesen und in Auwäldern. Meist auf nährstoffreichen, nassen, etwas sauren Böden. Sehr unempfindlich gegen Gewässerverschmutzung.
Verbreitung: Allgemein verbreitet und fast überall häufig.

Glyceria maxima Wasserschwaden

Merkmale: Ausdauerndes Gras mit unterirdischen Ausläufern. Halm aufrecht, unten etwa 10 mm dick und 80–250 cm hoch. Blätter bis 50 cm lang und 1–2 cm breit, gelbgrün. Blatthäutchen bis 3 mm, abgerundet. Blüten in einer sehr großen, bis 40 cm langen, stark verzweigten Rispe. Rispenäste steif ausgebreitet, am Ende mit 6–8 mm großen, länglichen, 5–8blütigen Ährchen.
Blütezeit: Juli bis August.
Standort: An Ufern von Teichen, Tümpeln, Flüssen und anderen stehenden und fließenden Gewässern, an Land oder im flachen Wasser; meist auf kalk- und nährstoffreichen, schlammigen oder torfigen Böden.
Verbreitung: Allgemein verbreitet und vielerorts häufig, vor allem im Tiefland und in den Stromtälern.
Ähnliche Art: *Glyceria fluitans* **(Mannaschwaden).** Pflanze niederliegend und aufsteigend, oft flutend. Rispe armblütig. Ährchen 10–25 mm lang, mit 7–11 Blüten. In flachen Gewässern, überall häufig.

Calla palustris Sumpfcalla ③ Ⓖ

Merkmale: Ausdauernde Sumpfpflanze mit kriechendem, dickem Rhizom. Blätter an den aufgerichteten Sproßspitzen gehäuft, lederartig, mit herzförmiger, 5–12 cm langer und bis 30 cm lang gestielter Spreite. Blüten in einem eiförmig-zylindrischen Kolben von 2–3 cm Länge. Meist Zwitterblüten mit 6 Staubgefäßen, 1 kurzer Fruchtknoten; an der Kolbenspitze manchmal rein männliche Blüten. Unter dem Blütenstand eine elliptische, oben zugespitzte Spatha; diese innen weiß und außen grün. Mit dem unangenehmen Geruch der Blüten werden als Bestäuber vor allem Fliegen angelockt. Fruchtstand mit scharlachroten, schleimigen Beeren.
Blütezeit: Mai bis Juli.
Standort: Am Ufer stehender Gewässer, am Rand von Mooren und in Erlenbruchwäldern; auf mäßig nährstoffreichen, neutralen bis schwach sauren Schlammböden.
Verbreitung: Vor allem in Norddeutschland; hier gebietsweise nicht selten. In Süddeutschland nur an wenigen Stellen.

Acorus calamus Kalmus

Merkmale: Ausdauernde, grasartige Pflanze mit unterirdisch kriechendem Rhizom. Stengel aufrecht, 3kantig und 2zeilig beblättert. Blätter steif aufgerichtet, schwertförmig, 60–150 cm lang, an den Rändern oft gewellt. Blüten zwittrig, unscheinbar, auf einem 6–8 cm langen, leicht gebogenen, schräg abstehenden Kolben. Dieser steht an der Stengelspitze und wird von der laubblattartigen, schwertförmigen Spatha weit überragt. Da diese in der Fortsetzung des Stengels steht, erscheint der Blütenstand seitenständig. In Mitteleuropa erfolgt keine Fruchtbildung.
Blütezeit: Juni bis Juli.
Standort: Meist in flachem Wasser an Teichufern, in Altwassern und Gräben; vor allem auf nährstoffreichen Schlammböden. Ziemlich unempfindlich gegen Gewässerverschmutzung.
Verbreitung: In Europa nicht heimisch. Wurde im 16. Jahrhundert als Heilpflanze aus Kleinasien eingeführt und hat sich inzwischen vegetativ fast überall in Mitteleuropa ausgebreitet.

Typha latifolia
Breitblättriger Rohrkolben

Merkmale: 100–250 cm hohe, ausdauernde Pflanze mit langen Ausläufern. Stengel steif aufrecht, mit blaugrünen, 10–20 mm breiten und bis zu 3 m langen Blättern, die den Blütenstand meist überragen. Blüten getrenntgeschlechtig in übereinander angeordneten, sich mehr oder weniger berührenden Kolben von jeweils 10–20 cm Länge und 15–25 mm Breite. Männliche Blüten im oberen Kolben, mit 3 Staubgefäßen und einem Kranz abstehender Haare. Weibliche Blüten darunter, mit Haarkränzen und langgriffligen, gestielten Fruchtknoten. Die Narben überragen die Haarkränze, werden später dunkelbraun und verleihen so den fruchtenden Kolben ihre dunkle Färbung.
Blütezeit: Juni bis August.
Standort: Am Ufer nährstoffreicher, stehender und langsam fließender Gewässer, manchmal bis in 2 m Wassertiefe.
Verbreitung: Allgemein verbreitet und vielerorts häufig.

Typha angustifolia
Schmalblättriger Rohrkolben

Merkmale: Ähnelt in Größe und Erscheinungsbild dem Breitblättrigen Rohrkolben. Blätter aber schmaler, nur 3–10 mm breit, männliche und weibliche Kolben 10–35 cm lang, durch ein 3–5 cm langes, nacktes Stengelstück voneinander getrennt.
Blütezeit: Juli bis August.
Standort: Meist im Röhricht größerer, stehender Gewässer, z. B. in Seen und Altwassern. Geht bis in etwa 1 m Wassertiefe.
Verbreitung: Allgemein verbreitet, in den meisten Gebieten aber seltener als *T. latifolia*. Breitet sich stellenweise stark aus.
Ähnliche Arten: *Typha shuttleworthii* **(Shuttleworths Rohrkolben).** Fruchtende Kolben durch die verlängerten Perigonhaare silbergrau. Männlicher Kolben dem weiblichen aufsitzend. In Fließgewässern, selten. *Typha minima* **(Zwerg-Rohrkolben).** Pflanze nur bis 75 cm hoch, mit 1–2 mm breiten Blättern und kleinen, eiförmigen Kolben. An Kiesufern der Alpenflüsse, sehr selten.

Spirodela polyrhiza
Vielwurzelige Wasserlinse

Merkmale: Ausdauernde, auf dem Wasser schwimmende Pflanze. Sproßglieder blattartig, flach, rundlich bis breit-eiförmig, 5–8 mm lang und zu 2–6 zusammenhängend. Färbung oberseits gelbgrün, unterseits meist purpurrot. Wurzeln zu 7–12 an der Unterseite der Glieder. Neben den normalen Sproßgliedern werden olivgrüne, nierenförmige Glieder von nur 1–3 mm Größe gebildet. Sie dienen als Winterknospen (Turionen) und sinken auf den Gewässergrund. Blüten sehr selten, am Rand der Sproßglieder in Blütenständen, die sich aus 1 weiblichen (nur 1 Fruchtknoten) und 2 männlichen Blüten (je 1 Staubblatt) zusammensetzen. Sie werden gemeinsam von einer häutigen Spatha umgeben. Frucht schlauchförmig, mit 1–2 Samen.
Blütezeit: Mai bis Juni.
Standort: Auf der Oberfläche nährstoffreicher, unverschmutzter, ruhiger Gewässer.
Verbreitung: Im Flachland weit verbreitet und meist häufig, im Bergland seltener.

Wolffia arrhiza ❷
Zwerg-Wasserlinse

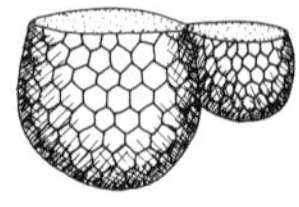
Seitenansicht

Merkmale: Winzige, ausdauernde Schwimmpflanze; kleinste europäische Blütenpflanze. Sproßglieder eiförmig, 0,8–1,3 mm lang, meist etwas höher als breit, hellgrün. Oberseite flach, Unterseite stark gewölbt, völlig wurzellos. Glieder einzeln oder zu zweit zusammenhängend. Blütenstand im Inneren des Sproßglieds, seinen Rücken durchstoßend. Bei uns nicht blühend.
Standort: Auf der Oberfläche ruhiger, flacher Gewässer, z. B. in Gräben, Tümpeln und Teichen, nur in nährstoffreichem Wasser, oft an schattigen Stellen, wärmeliebend.
Verbreitung: In Mitteleuropa nur von wenigen, weit zerstreuten Punkten bekannt, z. B. aus dem Rheinland, aus der Umgebung von Bremen und aus dem Wendland. In der DDR anscheinend etwas häufiger.

Lemna trisulca
Dreifurchige Wasserlinse

blühende Pflanze

Merkmale: Untergetauchte oder an der Wasseroberfläche schwimmende, ausdauernde Pflanze. Nichtblühende Sproßglieder untergetaucht, hellgrün, beiderseits flach, lanzettförmig und am Rand gezähnt, am Grund lang gestielt. Meist zu vielen kreuzweise zusammenhängend. Blütensprosse an der Oberfläche, eiförmig bis lanzettlich, etwas fester als die nichtblühenden, an der Unterseite oft mit 1–4 cm langer Wurzel. Blütenstand mit 1 Fruchtknoten und 2 Staubgefäßen, seitlich am Sproßglied in einer Tasche. Blüht nur selten.
Blütezeit: Mai bis Juni.
Standort: In ruhigen, flachen Gewässern; meist in nährstoffreichem, etwas saurem Wasser. Oft an sehr schattigen Stellen.
Verbreitung: Fast überall häufig.

Lemna minor Kleine Wasserlinse

Merkmale: Ausdauernde, auf der Wasseroberfläche schwimmende Pflanze. Sproßglieder 2–4 mm lang und 1–3 mm breit, beiderseits flach. Auf der Unterseite jedes Glieds eine 1–4 cm lange Wurzel. Sproßglieder einzeln oder zu 2–6 zusammenhängend. Blüten selten, wie bei *L. trisulca* in Blütenständen mit 1 Fruchtknoten und 2 Staubgefäßen in einer seitlichen Tasche.
Blütezeit: April bis Juni.
Standort: In stehenden oder langsam fließenden, meist kleineren Gewässern, vor allem in Tümpeln und Gräben; in sehr nährstoffreichem, oft verschmutztem Wasser. Vielfach dichte, geschlossene Bestände bildend.
Verbreitung: Überall sehr häufig, häufigste Wasserlinse in Mitteleuropa.
Ähnliche Art: *Lemna gibba* **(Bucklige Wasserlinse).** Etwas größer (bis 5 mm). Sproßglieder oberseits flach, unterseits deutlich gewölbt. In verschmutzten Gewässern, wärmebedürftig. Selten, aber durch die zunehmende Gewässerverschmutzung häufiger werdend.

ca. 1,5fach

ca. 6fach

natürliche Größe

ca. 4fach

Campanella umbellaria
Dolden-Glockentierchen

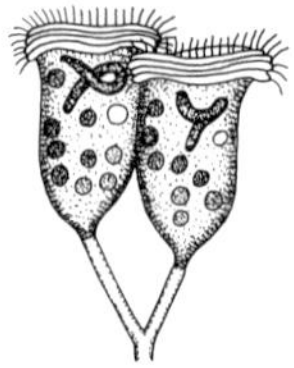

Merkmale: Schimmelartige Überzüge auf Wasserpflanzen und untergetauchten Zweigen; dabei handelt es sich um die 1–2 cm hohen Kolonien eines Einzellers. Einzeltiere kugelig-glockenförmig, 200–250 µm lang, oben mit wulstiger Wimpernspirale, die 4–6 Umgänge hat. Tiere auf langen, steifen Stielen. Diese innen hohl und regelmäßig gegabelt.
Lebensraum: Altwasser, Teiche und Flüsse; in leicht bis mäßig verschmutztem Wasser.
Verbreitung: Fast überall häufig.
Ähnliche Art: *Zoothamnium ramosissimum* **(Verästeltes Strauchtierchen).** Kolonien kleiner (2–5 mm), Einzeltiere meist nur bis 60 µm lang. Stiele kontraktil; bei einer Störung zieht sich die ganze Kolonie gleichzeitig zusammen. Oft neben *C. umbellaria*, häufig.

Ophrydium versatile
Grünes Gallert-Kugeltierchen

Merkmale: Koloniebildender Einzeller, bildet 1–3 cm große, gelegentlich auch noch größere, innen hohle, grüne Gallertekugeln. Einzeltiere an der Peripherie der Kugel, 400–500 µm lang, schlank flaschenförmig, am Vorderende mit Wimperspirale. Zelle durch zahlreiche eingelagerte Algen grün gefärbt. An der Basis sind die Einzeltiere durch lange, gabelig verzweigte Stiele miteinander verbunden.
Lebensraum: Saubere, stehende Gewässer, z. B. Seen, Baggerseen und Auwaldtümpel. Auf Wasserpflanzen und untergetauchten Zweigen. Oft an etwas schattigen Stellen. Leitorganismus für Gewässer der Güteklasse I.
Verbreitung: Allgemein verbreitet und gebietsweise nicht selten. Durch Gewässerverschmutzung aber vielerorts zurückgehend.

Paramecium caudatum
Pantoffeltierchen

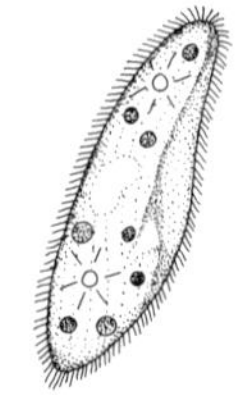

Merkmale: Schlanker, gleichmäßig bewimperter Einzeller, Körperlänge 180–300 µm. Umriß pantoffelförmig, hinten etwas breiter als vorn. Mundöffnung in der Bauchmitte, davor ein schräg trichterförmiges Mundfeld. Vorn und hinten im Zellkörper je 1 kontraktile Vakuole, die sich in kurzen Abständen zusammenzieht und den Wasserhaushalt reguliert. Außerdem sind zahlreiche, runde Nahrungsvakuolen zu erkennen, in denen die Verdauung stattfindet.
Lebensraum: Stehende und fließende, meist verschmutzte Gewässer.
Verbreitung: Überall häufig.
Allgemeines: Wichtige Nahrung für andere Wassertiere. Leicht zu züchten, indem man mit Wasserpflanzen vollgestopfte Gefäße mit Tümpelwasser füllt und ca. 1 Woche wartet.

Macrobiotus sp. Bärtierchen

Merkmale: Winziger, etwa 400–800 µm großer Mehrzeller, Körper etwas untersetzt, mit 4 stummelförmigen Beinen, an ihren Spitzen gegabelte Krallen. Kopf mit 1 Paar einfachen Augen (Pigmentbecherocellen mit nur 1 Sehzelle). Im Schlund ein kompliziert gebauter Stilettapparat. Zahlreiche, schwer unterscheidbare Arten.
Lebensraum: Stehende und langsam fließende Gewässer, auch in normalerweise trokkenen Moospolstern, die nach Regenfällen Wasser speichern und so kurzfristig »Miniaturgewässer« bilden.
Verbreitung: Allgemein verbreitet und fast überall häufig.
Nahrung: Moosblätter und Algenfäden; werden mit dem Stilettapparat angebohrt und ausgesaugt.
Lebensweise: Die Bärtierchen ziehen beim Austrocknen des Wassers ihre Beine zurück und verwandeln sich in äußerst widerstandsfähige »Tönnchen«. Diese können jahrelang im Trockenen liegen und auch durchfrieren.

ca. 6fach

ca. 50fach

ca. 3fach

ca. 40fach

Spongilla lacustris Geweihschwamm

Merkmale: Bildet grüne, gelbliche oder graue Überzüge auf Wasserpflanzen, Baumwurzeln und anderen untergetauchten Gegenständen. Je nach Unterlage können die weichen, unangenehm riechenden Krusten unterschiedliche Formen annehmen; in ruhigem Wasser werden fast immer buschig verzweigte, geweihförmige Auswüchse gebildet, im strömenden Wasser können sie fehlen. Der Schwammkörper besteht aus einem lockeren Verband amöbenartig beweglicher Zellen und aus zahlreichen Kieselsäurenadeln. Neben normalen, glatten Skelettnadeln (Makroskleren) finden sich kleinere, auf ihrer Oberfläche bedornte »Fleischnadeln« oder Mikroskleren. Die ersteren werden durch Fasern aus Spongin (einem Gerüsteiweiß) strangweise miteinander verkittet, die letzteren liegen frei im Weichkörper. Das Körperinnere ist außerdem durch zahlreiche Hohlräume, die über Kanäle mit dem Außenmedium in Verbindung stehen, gekammert. Diese sogenannten Geißelkammern sind mit einer dichten Schicht geißeltragender Zellen ausgekleidet, die einen ständigen Wasserstrom erzeugen. Das Wasser gelangt über Poren in der Schwammoberfläche bis in die Geißelkammern und von dort durch die ausführenden Kanäle wieder zurück. Die Ausströmöffnungen sind röhrenförmig verlängert. Die im Sommer und Herbst gebildeten Überwinterungsstadien (Gemmulae) besitzen auf ihrer festen Hülle bedornte Skelettnadeln, keine Amphidisken (vergl. bei *Ephydatia fluviatilis*).

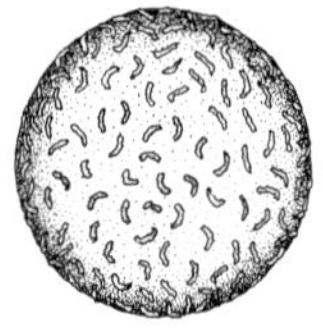

Gemmula

Lebensraum: Stehende und fließende, meist größere Gewässer. Vorzugsweise an Stellen mit stärkerer organischer Fracht, z. B. an Ausflüssen von Seen und Fischteichen.

Verbreitung: Allgemein verbreitet und meist nicht selten.

Nahrung: Einzeller, Bakterien und gelöste, organische Stoffe, die mit dem Wasser herbeigestrudelt werden.

Ephydatia fluviatilis Klumpenschwamm

Merkmale: Bildet auf Steinen und Wasserpflanzen klumpige oder dünne, krustenförmige Überzüge von weißer, gelblicher, brauner oder grüner Färbung. Auswüchse sind nur schwach in Form von Buckeln oder Lamellen entwickelt, oft fehlen sie ganz. Die Krusten können 10–50 cm im Durchmesser erreichen. Der Schwammkörper ist im Innern ähnlich wie bei *Spongilla lacustris* aufgebaut; es fehlen aber die bedornten Mikroskleren. Im Sommer und Herbst werden zahlreiche, kugelige, gelblich bis braun gefärbte Dauerstadien, die Gemmulae, gebildet. Sie haben etwa 1 mm im Durchmesser und besitzen eine feste, äußere Schale, die aus garnrollenförmigen Skelettelementen, den Amphidisken, besteht. Diese Amphidisken haben in der Mitte einen dünnen Schaft, oben und unten runde, tief sternförmig gelappte Scheiben von 10–20 µm Durchmesser. Im Innern enthalten die Gemmulae zahlreiche, nicht ausdifferenzierte Zellen (Archaeocyten), die sich später zu allen Zelltypen entwickeln können. Im Herbst stirbt der gesamte Schwammkörper ab; nur die Gemmulae überstehen den Winter. Im Frühjahr platzt ihre Hülle und die Archaeocyten formieren sich zu einem neuen, kleinen Schwamm.

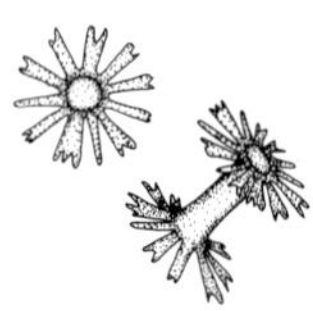

Amphidisken

Lebensraum: Stehende und fließende Gewässer; regelmäßig in Seeausflüssen und in leicht verschmutzten, langsamen Fließgewässern.

Verbreitung: Fast überall häufig.

Fortpflanzung: Eine ungeschlechtliche Vermehrung erfolgt durch Abschnürung von Teilen des Schwammkörpers, auch durch die zahlreich gebildeten Gemmulae. Daneben gibt es eine geschlechtliche Vermehrung durch Eier, die im Schwammkörper durch eingestrudelte Spermien befruchtet werden und zu schwimmfähigen Larven heranwachsen. Diese werden ausgestoßen, setzen sich wenig später fest und entwickeln sich zu einem kleinen Schwamm.

natürliche Größe

ca. 3fach

Pelmatohydra oligactis Gestielter Süßwasserpolyp

Merkmale: Körper rötlich grau, schlauchförmig, unten in einen Stiel verschmälert, oben offen, 1–3 cm lang und ca. 1 mm dick. Um die Öffnung durchschnittlich 6 feine, bis 25 cm weit ausstreckbare Tentakel. Körperwand aus 2 Zellschichten, einer inneren (Entoderm) und einer äußeren (Ektoderm). Zwischen beide schiebt sich die dünne, zellfreie Stützlamelle. Die Entodermzellen sind größtenteils begeißelt; sie erfüllen Verdauungsaufgaben. Das Ektoderm besteht aus einer Reihe verschiedener Zelltypen: Epithelmuskelzellen, Nervenzellen, Sinneszellen und als Besonderheit die Nesselzellen (Nematocyten). Sie enthalten blasenförmige Nesselkapseln (Nematocysten), die in 3 Typen auftreten: Durchschlagskapseln (Penetranten), Wikkelkapseln (Volventen) und Klebkapseln (Glutinanten). An der Außenseite der Nematocyste befindet sich eine feine Borste, bei deren Berührung die Kapsel explodiert und den in ihr enthaltenen Schlauch handschuhfingerartig nach außen stülpt. Die Penetranten durchstoßen mit spitzen Stiletten außerdem die Körperwand. Die Nesselkapseln liegen besonders zahlreich auf den Tentakeln.

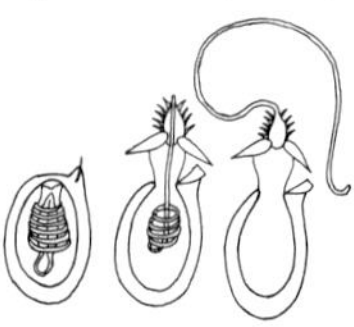
explodierende Penetrante

Lebensraum: Stehende und fließende Gewässer, am häufigsten in leicht verschmutzten Flüssen und Seen, meist unter Steinen.
Verbreitung: Gebietsweise häufig.
Nahrung: Kleine Wassertiere, werden mit den Fadenschläuchen der Nesselkapseln gefesselt und durch von diesen abgebene Gifte gelähmt. Anschließend werden sie mit den Tentakeln in den Mund gestopft.
Fortpflanzung: Auf ungeschlechtlichem Wege durch Knospung. Dabei entstehen oft verzweigte »Polypenbäumchen«. Außerdem geschlechtlich durch kugelige Eier, die im Herbst in der unteren Körperregion gebildet werden. Hoden entwickeln sich als beulenartige Erhebungen im oberen Teil an anderen Individuen.

Hydra sp. Grauer Süßwasserpolyp

Merkmale: Körper graubraun, weißlich oder rötlich, bis 2 cm lang. Am unteren Ende ohne deutlich abgesetzten Fußstiel. Um die Mundöffnung bis zu 12 Tentakel. Meist weniger stark durch Tochterpolypen verzweigt als *Pelmatohydra.* 4 einander ähnliche Arten, die nur mikroskopisch nach der Form ihrer Nesselkapseln unterschieden werden können. 2 Arten getrenntgeschlechtig, die beiden anderen Zwitter.
Lebensraum: In stehenden und langsam fließenden Gewässern aller Art, nicht in starker Strömung. Regelmäßig in pflanzenreichen Tümpeln und Teichen.
Verbreitung: Einige Arten weit verbreitet und z.T. sehr häufig.
Allgemeines: Wie bei allen Süßwasser-Polypen hohe Regenerationsfähigkeit. Selbst kleinste Teilstücke zerschnittener Tiere entwickeln sich wieder zu vollständigen Hydren. Diese Fähigkeit beruht auf den sogenannten interstitiellen Zellen, die alle fehlenden Zelltypen neu bilden können.

Clorohydra viridissima Grüner Süßwasserpolyp

Merkmale: Grün gefärbter, 10–15 mm langer Polyp. Körper in der Fußregion kaum verschmälert. Tentakel kürzer als der Körper. Entodermzellen mit zahlreichen, einzelligen Grünalgen *(Chlorella sp.),* die dem Tier die auffallende Färbung verleihen.
Lebensraum: Vorzugsweise klare, pflanzenreiche, etwas schattige Tümpel und Teiche, auf Wasserpflanzen und unter Seerosenblättern.
Verbreitung: Allgemein verbreitet und fast überall häufig.
Nahrung: Fängt offenbar nur selten Beutetiere. Die Art lebt weitgehend von ihren Grünalgen, indem sie immer wieder einige von ihnen verdaut. Ob sie darüber hinaus auch Assimilate der Algen verwertet, ist nicht bekannt. Anscheinend ist sie von keiner weiteren Nahrung abhängig und kann sich z. B. in »ungepflegten«, schwach beleuchteten Aquarien lange am Leben halten und sogar vermehren.
Fortpflanzung: Durch Knospen (die sich bald ablösen) und Eier. Die Tiere sind Zwitter.

ca. 4fach

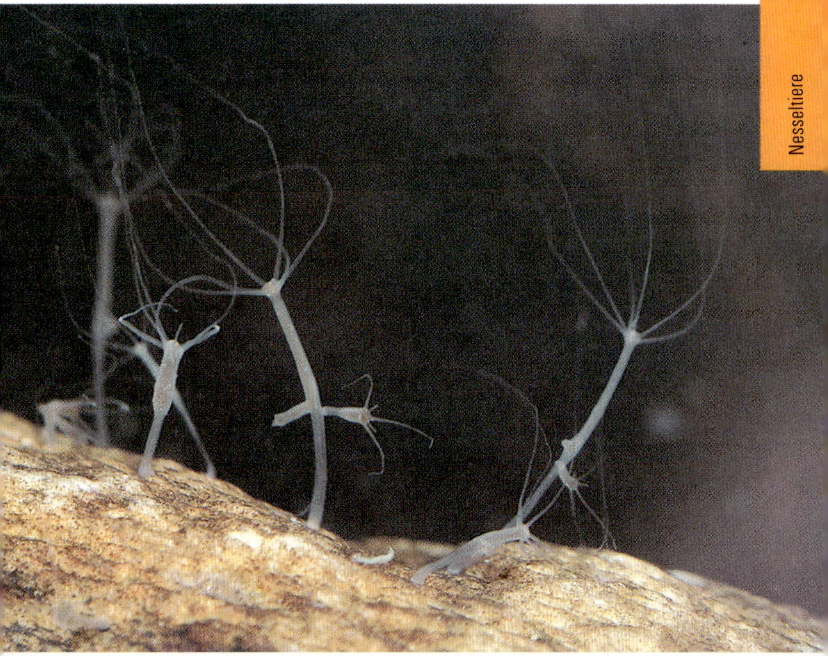

ca. 6fach

ca. 8fach

Craspedacusta sowerbyi Süßwasserqualle

Merkmale: Kleine, durchscheinende Meduse mit bis zu 2 cm Durchmesser. Am Rand des Schirms zahlreiche Tentakel (bis über 500), die mit Nesselkapseln besetzt sind. Unten in der Mitte ein 4kantiger Magenstiel, der in 4 Mundlappen ausläuft. Unter der Schirmglocke außerdem 4 längliche Keimdrüsen, entweder Hoden oder Ovarien.

Reifezeit: Juli bis September.

Lebensraum: Größere, stehende und langsam fließende Gewässer mit flachen Uferzonen, in denen sich das Wasser stark erwärmen kann.

Verbreitung: Vor allem in wärmeren Gebieten Mitteleuropas entlang der größeren Flüsse (z. B. Rhein, Main, Elbe) in Baggerseen, auch in den Flüssen selbst.

Lebensweise: Die Meduse steigt immer wieder zur Wasseroberfläche empor und läßt sich anschließend langsam absinken; beim Steigen hängen die Tentakel herab, beim Sinken richten sie sich auf.

Nahrung: Kleinkrebse, Rädertierchen und Einzeller.

Fortpflanzung: Die Quallen entwickeln sich auf ungeschlechtlichem Wege an einem winzigen, am Boden lebenden Polypen, der zunächst als eigene Art *(Microhydra ryderi)* beschrieben wurde. Er wird 1–2 mm lang und hat keine Fangarme, nur einige Nesselkapseln um die Mundöffnung. Der Polyp vermehrt sich auf dreierlei Weise. Zum ersten bildet er durch Querteilung weitere Polypen. Zum zweiten werden Gewebeteile (Frusteln) abgeschnürt, die davonkriechen und ebenfalls Polypen ergeben. Zum dritten können als Seitenknospen Medusen entstehen, die sich mit ca. 1 mm Größe ablösen und zunächst nur 8 Tentakel haben. Sie werden mit etwa 9 mm Durchmesser geschlechtsreif und erzeugen Eier. Diese werden im Wasser befruchtet und ergeben Larven, die sich später festsetzen und zu Polypen entwickeln.

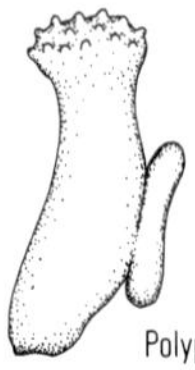
Polyp mit Frustel

Mesostoma ehrenbergi Glas-Strudelwurm

Merkmale: Glasartig durchsichtiger oder etwas milchiger, 10–15 mm langer, bis 4 mm breiter, blattartig flacher Strudelwurm. Alle inneren Organe von außen deutlich sichtbar. Vorn 2 dicht beieinander liegende, einfache Augen (Pigmentbecherocellen). Dahinter der stabförmige, unverzweigte Darm, der je nach der aufgenommenen Nahrung grau, braun oder rot gefärbt sein kann. Vorn unter ihm liegt der muskulöse Pharynx (Schlund), der weit vorgestreckt werden kann. Seitlich vom Darm liegen, von innen nach außen, die Dotterstöcke, die Eierstöcke und die Hoden. Die übrigen Geschlechtsorgane sind kleiner und unter dem Darm verborgen. Die Körperoberfläche ist dicht mit einem Wimpermantel überzogen, mit dem sich das Tier gleitend durchs Wasser bewegt.

Lebensraum: Klare, meist stehende, pflanzenreiche Gewässer, vor allem Seen und Teiche, auch Überschwemmungstümpel.

Verbreitung: Weit verbreitet, aber überall ziemlich selten. Geht offenbar durch Gewässerverschmutzung deutlich zurück.

Nahrung: *M. ehrenbergi* spinnt im Wasser Schleimfäden, an denen z. B. Wasserflöhe und kleine Würmer hängenbleiben. Die Beutetiere können auch direkt mit dem Pharynx ergriffen werden.

Fortpflanzung: Wenn keine Paarung stattfindet, bilden sich eingeschlechtlich Subitaneier, die schon nach kurzer Zeit fertige, kleine Strudelwürmer ergeben. Treffen 2 Tiere aufeinander, begatten sie sich gegenseitig, und es bilden sich hartschalige, dunkelbraune Dauereier, die erst beim Absterben der Tiere freiwerden. Sie ergeben nach einer Ruhepause im Frühjahr neue Strudelwürmer.

Allgemeines: *M. ehrenbergi* ist innerhalb der Strudelwürmer der größte Vertreter der Ordnung Rhabdocoela. Die meisten der gut 100 heimischen Arten sind klein und schwer bestimmbar. Sie unterscheiden sich durch ihren stabförmigen Darm deutlich von den auf den folgenden 2 Doppelseiten behandelten Vertretern der Ordnung Tricladida.

ca. 4fach

ca. 8fach

Crenobia alpina Alpenplanarie

Merkmale: Schlanker, dunkelgrau oder schwarz gefärbter Strudelwurm. Körperlänge bis 16 mm. Vorn am Kopf 2 pfriemenförmige, kurze Tentakel. 2 Augen (Pigmentbecherocellen), etwa 3mal so weit vom Vorderende entfernt wie voneinander.
Lebensraum: Kalte, klare Bergbäche mit guter Wasserqualität; meist in unmittelbarer Quellnähe, auch in winzigen Rinnsalen. Vorzugsweise auf kalkhaltigem Untergrund.
Verbreitung: In den Mittelgebirgen und Alpen weit verbreitet, gebietsweise ziemlich häufig. Geht etwa bis an den Nordrand der Mittelgebirge, wurde aber auch schon nördlich davon (z. B. auf Rügen) gefunden.
Fortpflanzung: Legt im Winter Eier in kugeligen, 1–1,5 mm großen Kapseln ab. Diese werden nicht an einer Unterlage festgeklebt. Kann sich auch durch Teilung vermehren.

Dugesia gonocephala Bachplanarie

Merkmale: Bis 25 mm langer, graubrauner oder brauner Strudelwurm. Kopf vorn zugespitzt, außerdem mit scharf 3eckigen Seitenlappen und dadurch insgesamt pfeilspitzenförmig. Augen ziemlich groß, schwarz mit einem hellen Hof.
Lebensraum: Kalte, klare Bergbäche mit starker Strömung. Empfindlich gegen Gewässerverunreinigung. Schließt sich meist unterhalb an das Vorkommen von *Crenobia alpina* an.
Verbreitung: In den Mittelgebirgen und Alpen weit verbreitet, gebietsweise häufig.
Nahrung: Kleinere Wassertiere, z. B. Kleinkrebse, Würmer und Insektenlarven.
Fortpflanzung: Eier in gestielten, braunen Kapseln an Wasserpflanzen oder Steinen.
Allgemeines: Wie alle Planarien zur Regeneration befähigt. Selbst kleine Stücke können wieder vollständige Tiere ergeben.

Dugesia lugubris

Merkmale: Bis 20 mm lange, graubraun bis schwarz gefärbte Planarie. Ähnelt *Dugesia gonocephala,* aber Kopf vorn und an den Seiten nicht spitz, sondern abgerundet und dadurch stumpf 3eckig bis herzförmig. Die von einem hellen Hof umgebenen Augen etwas vor der breitesten Stelle des Kopfes; sie sind vom Stirnrand so weit entfernt wie voneinander oder etwas weiter.
Lebensraum: In stehenden und langsam fließenden Gewässern, z. B. in Tümpeln, Fischteichen und Gräben. Gegen Gewässerverunreinigung weniger empfindlich als die meisten übrigen Planarien.
Verbreitung: Allgemein verbreitet und fast überall häufig.
Ähnliche Art: *Dugesia polychroa.* Nur durch Untersuchung der Genitalorgane sicher von *D. lugubris* zu unterscheiden.

Planaria torva

Merkmale: Bis 15 mm lange, braun oder schwarz gefärbte Planarie. Der Kopf hat keinerlei Seitenlappen; er ist einfach abgerundet oder vorn etwas abgestutzt. Die von einem hellen Hof umgebenen Augen sind von der Stirn etwas weiter entfernt als voneinander. Der Darm ist wie bei allen Vertretern der Tricladida 3ästig. 1 stark verzweigter Ast zieht nach vorn in die Kopfregion, die beiden übrigen zum Hinterende. Der längliche Pharynx mündet in den Verzweigungspunkt der 3 Darmäste; er liegt in Ruhelage zwischen den beiden hinteren Ästen.
Lebensraum: In stehenden und langsam fließenden Gewässern, etwas anspruchsvoller als *Dugesia lugubris.*
Verbreitung: Allgemein verbreitet und stellenweise nicht selten, vor allem im Flachland und in den Flußniederungen.

ca. 6fach

ca. 3fach

ca. 4fach

ca. 5fach

Polycelis cornuta

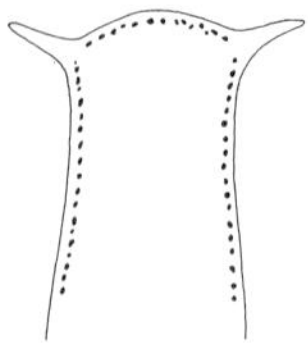

Merkmale: Bis 18 mm langer, hellgrau, rötlich oder schwarz gefärbter Strudelwurm. Vorn am Kopf 2 pfriemenförmige, schräg nach vorn oder seitwärts gerichtete, spitze Tentakel, dadurch an *Crenobia alpina* erinnernd. Durch die Augen aber deutlich verschieden: rings um das Vorderende liegen zahlreiche (meist etwa 50) Pigmentbecherocellen. Nach hinten reichen sie etwa bis zum Ende des vorderen Körperdrittels.
Lebensraum: Stark strömende, saubere Bäche, meist in Quellnähe; über kalkarmem wie kalkreichem, steinigem Untergrund.
Verbreitung: Im Bergland weit verbreitet und gebietsweise häufig.
Fortpflanzung: Außer durch frei abgelegte Eikapseln auch durch Teilung; die sich so vermehrenden Tiere erreichen meist nicht die Größe geschlechtsreifer Individuen.

Polycelis nigra/Polycelis tenuis

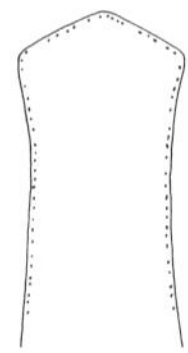

Merkmale: 2 Planarien, die sich nur nach dem Bau der Geschlechtsorgane unterscheiden lassen. Körperlänge bis 12 mm. Färbung sehr unterschiedlich: hellgrau, gelbbraun, rötlich oder schwarz, oft deutlich gescheckt. Kopfende vorn etwas verbreitert und abgestutzt, in der Mitte mit einem kurzen Zipfel. Augen wie bei *P. cornuta* rings um das Vorderende verteilt.
Lebensraum: Stehende und langsam fließende Gewässer aller Art; meidet im Gegensatz zu *P. dornuta* starke Strömung. Gegen Gewässerverschmutzung wenig empfindlich.
Verbreitung: Allgemein verbreitet und fast überall sehr häufig, wohl die häufigste Planarie in Mitteleuropa.
Allgemeines: Da beide Arten oft gemeinsam vorkommen sollen, erscheint die Trennung etwas fraglich.

Dendrocoelum lacteum
Milchweiße Planarie

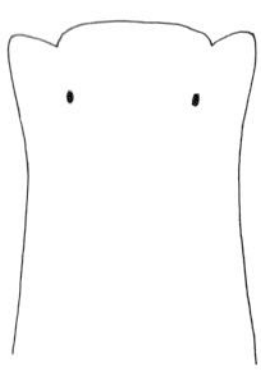

Merkmale: Undurchsichtiger, weißer Strudelwurm. Darmsystem oft rötlich oder schwärzlich durchschimmernd. Körperlänge bis 30 mm. Am Vorderende mit 2 breit 3eckigen, kaum abgegliederten Tentakeln, die den Kopf nach vorn nicht oder kaum überragen. Augen klein, voneinander weiter entfernt als vom Stirnrand. Auf der Kopfunterseite vorn eine rundliche Sauggrube. Ränder des Körpers meist deutlich gewellt.
Lebensraum: Stehende und fließende Gewässer aller Art; in turbulenten Bergbächen ebenso wie in langsam fließenden Gräben, kleinen Tümpeln oder großen Seen. Vorzugsweise in sauberem, aber auch in leicht verschmutztem Wasser.
Verbreitung: Allgemein verbreitet und fast überall häufig.

Dendrocoelum cavaticum
Höhlenplanarie

Merkmale: Ähnelt sehr der Milchweißen Planarie, ist aber stets augenlos. Wie bei *D. lacteum* ist der Körper milchweiß, mit oft rötlich durchschimmerndem Darm. Die nach hinten führenden Darmäste kurz vor dem Hinterende stets vereinigt (oft auch bei *D. lacteum*). Körperlänge bis 35 mm. Daneben Unterschiede im Bau der Genitalorgane.
Lebensraum: Fließende Höhlengewässer und Quellen. Nur über kalkreichem Gestein. Stets an dunklen Stellen; in Quellen immer unter Steinen und höchstens 1–2 m vom Wasseraustritt entfernt.
Verbreitung: Bisher nur aus Quellen und Höhlen der Schwäbischen Alb bekannt (»locus classicus« ist die Falkensteiner Höhle). An allen Fundorten sehr selten, immer nur in einzelnen Exemplaren zu finden.
Ähnliche Art: *Dendrocoelum album*. Kopf jederseits mit einem grauen Fleck aus einer Vielzahl winziger Augen. Ebenfalls in Quellen, selten.

ca. 8fach

ca. 6fach

ca. 3fach

ca. 3fach

Tubifex sp. Schlamm-Röhrenwurm

Merkmale: 15–50 mm langer, rötlich gefärbter Ringelwurm. Färbung durch das hämoglobinhaltige Blut hervorgerufen. Körper gleichmäßig geringelt, im vorderen Körperabschnitt mit einem gürtelartigen Wulst (Clitellum). Die einzelnen Segmente mit kurzen, rückwärts gerichteten Borsten. Geschlechtsorgane zwittrig. 2 männliche Geschlechtsöffnungen im 11. Segment (im vorderen Teil des Clitellums), jede mit einem zurückziehbaren Begattungsorgan. Weibliche Geschlechtsöffnungen im 12. Segment (hinten am Clitellum). Außerdem paarige Receptacula seminis (Samentaschen), die im 10. Segment münden. Mehrere schwer unterscheidbare Arten.
Lebensraum: Stehende und fließende Gewässer aller Art, auch stark verschmutzte. Im sandigen oder schlammigen Boden, oft in dichten Kolonien.
Verbreitung: Überall häufig.
Lebensweise: Lebt in einem senkrecht nach unten führenden Gang, führt mit dem herausragenden Hinterleibsende pendelnde Bewegungen aus und strudelt dadurch frisches Atemwasser herbei. Baut aus Schlammpartikeln aufragende Röhren.
Nahrung: Frißt Schlammteilchen und nimmt damit zugleich auch pflanzliche und tierische Abfallstoffe auf.
Fortpflanzung: Nur geschlechtlich. Bei der Paarung legen sich 2 Würmer entgegengesetzt so aneinander, daß die männlichen Begattungsglieder wechselweise in die Samentaschen des Partners eingeführt werden können. Zur Eiablage bildet sich anschließend über dem Clitellum eine feste, manschettenartige Sekrethülle, in die hinein aus der weiblichen Geschlechtsöffnung einige Eier abgelegt werden. Dann wird die Manschette nach vorn geschoben. Beim Vorbeigleiten an den Receptacula seminis werden die Eier befruchtet. Schließlich zieht sich der Wurm ganz aus dem Kokon heraus. Die freien Ränder ziehen sich anschließend zusammen, so daß der fertige, 1–1,5 mm lange Kokon etwa die Form einer Zitrone erhält.

Hirudo medicinalis Medizinischer Butegel G

Merkmale: Körperlänge 10–15 cm. Färbung dunkelbraun bis dunkelgrün mit 6 auffallenden, roten Längsbändern oder Fleckenreihen. Bauch gelb mit unregelmäßig verteilten, schwarzen Flecken. Kopfbereich nicht deutlich abgesetzt, mit 10 kleinen Augen, die oben an den Seiten der vorderen Segmente liegen (wie bei *Haemopis*). Vorder- und Hinterende unten mit einem Saugnapf. In der Mundöffnung 3 scheibenförmige, gesägte Kiefer.
Lebensraum: Vorwiegend in moorigen und sumpfigen Gewässern, auch in Überschwemmungstümpeln und pflanzenreichen Seen.
Verbreitung: Hauptsächlich in den Flußtälern Norddeutschlands, in Süddeutschland sehr selten (dort an verschiedenen Stellen wohl eingebürgert). Durch Umweltveränderungen, vermutlich aber auch durch übermäßiges Absammeln zu medizinischen Zwecken überall stark zurückgegangen.
Lebensweise: Kann durch schlängelnde Auf- und Abbewegungen des Körpers schnell durchs Wasser schwimmen. Daneben bewegt er sich auch spannerraupenartig durch abwechselndes Festheften der beiden Saugnäpfe. Verläßt häufig das Wasser und legt längere Strecken auf dem Trockenen zurück. Wird im Wasser durch Wellenbewegung auf mögliche Opfer aufmerksam.
Nahrung: Jungtiere leben z. T. räuberisch von anderen wirbellosen Tieren; später saugen sie an Fischen und Amphibien. Erwachsene Egel leben ausschließlich von Säugerblut. Sie schneiden zunächst mit ihren 3 scharfen Kiefern einen Y-förmigen Schlitz in die Haut und träufeln Hirudin, ein gerinnungshemmendes Sekret ihrer Speicheldrüsen, in die Wunde. Bei einem Saugakt werden 10–15 cm^3 Blut aufgenommen; anschließend fließen noch etwa 20–50 cm^3 Blut aus. Nach einer Blutmahlzeit kann *Hirudo* bis zu 2 Jahre hungern (er kann etwa 20 Jahre alt werden).
Fortpflanzung: Paarung und Eiablage laufen etwa in gleicher Weise wie bei *Tubifex* ab. Die 2–3 cm langen Konkons werden in feuchter Erde abgelegt.

ca. 3fach

ca. 2fach

Haemopis sanguisuga Pferdeegel

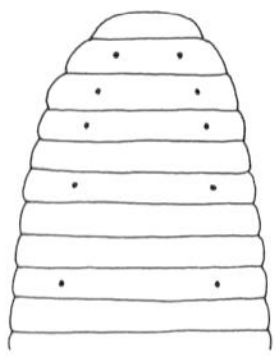

Merkmale: Körperlänge 6–10 cm. Färbung dunkelbraun bis schiefergrau oder schwarz, manchmal mit hellem Seitenband, sonst ohne auffallende Zeichnungen. Wie *Hirudo* mit 10 kleinen Augen (Pigmentbecherocellen), die oben an den Seiten der vorderen Segmente liegen.

Lebensraum: Stehende und langsam fließende Gewässer, z. B. in Teichen, Gräben und Quellrinnsalen. Oft außerhalb des Wassers unter Steinen oder Brettern.

Verbreitung: Allgemein verbreitet und fast überall häufig.

Nahrung: Im Gegensatz zum nahe verwandten Blutegel kein Blutsauger, sondern Räuber. Verschlingt andere Wassertiere, wie Insektenlarven, Schnecken und Würmer (auch andere Egel). Manchmal sind die Beutetiere größer als der Pferdeegel.

Erpobdella octoculata Hundeegel

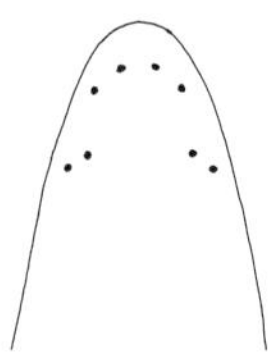

Merkmale: Körperlänge bis 60 mm. Färbung heller oder dunkler braun mit Querreihen gelblicher Flecke. Jeder 5. Ring heller gefärbt. Mit 8 Augen; vorn 4 in einem Kreisbogen, dahinter die übrigen nach außen versetzt schräg nebeneinander. Männliche und weibliche Geschlechtsöffnung durch 2–3 Ringe getrennt.

Lebensraum: Gewässer aller Art.

Verbreitung: Überall sehr häufig.

Nahrung: Verschlingt kleine Wassertiere (z. B. Insektenlarven und Würmer).

Fortpflanzung: Eier in flachen, 3–6 mm langen, braunen Kokons, die an Steinen festgeklebt werden.

Ähnliche Arten: *Erpobdella testacea.* Geschlechtsöffnungen durch 4–5 Ringe getrennt. *Erpobdella lineata.* Jeder 5. Körperring vergrößert. Beide Arten verbreitet.

Piscicola geometra Fischegel

Merkmale: Sehr schlanker, bis 10 cm langer Egel. Körperquerschnitt rund. Saugnäpfe deutlich breiter als der angrenzende Körperabschnitt. Färbung hell grünlich oder gelblich, mit schwarzen oder braunen Flecken kontrastreich gescheckt. Hinterer Saugnapf radiär gestreift. 4 längliche Augen oben auf der vorderen Saugscheibe, in einem schräggestellten Quadrat angeordnet.

Lebensraum: Pflanzenreiche Bäche, Flüsse, Teiche und Seen.

Verbreitung: Überall häufig.

Nahrung: Saugt Blut von Fischen. Ruht tagelang mit schräg vorgestrecktem Körper an Wasserpflanzen und steigt dann auf einen vorbeischwimmenden Fisch über. Bleibt dort einige Tage oder Wochen.

Fortpflanzung: Die Eier werden in 1–1,5 mm langen Kokons an Wasserpflanzen abgelegt.

Hemiclepsis marginata

Merkmale: Körperlänge 25–30 mm. Mundscheibe herzförmig, vorn spitz, vom abgeflachten Körper deutlich abgesetzt. Färbung grünlich oder bräunlich mit kleinen, gelben Flecken. Außerdem mit 4 Längsreihen undeutlicher, kleiner Warzen. 4 Augen; die vorderen klein und rund, die hinteren etwas größer, länglich und schräggestellt.

Lebensraum: In stehenden und langsam fließenden, pflanzenreichen Gewässern, auf Wasserpflanzen und unter Steinen.

Verbreitung: Allgemein verbreitet und meist nicht selten.

Nahrung: Blut von Fischen und Amphibien.

Fortpflanzung: Die Eier werden auf Steinen und ähnlichen Unterlagen abgelegt. Die Mutter bleibt über dem Kokon und fächelt frisches Wasser herbei. Nach dem Schlüpfen werden die Jungtiere von der Mutter getragen.

ca. 2fach

ca. 4fach

ca. 2fach

ca. 5fach

Theromyzon tessulatum Entenegel

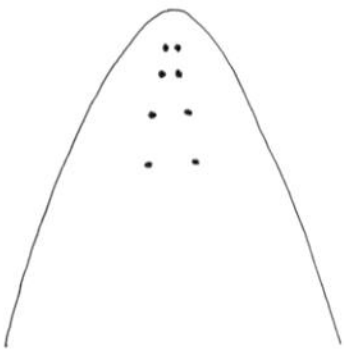

Merkmale: Bis 50 mm lang und 15 mm breit. Färbung grünlich bis bräunlich mit mehreren Längsreihen kleiner, gelber Flecke. Körper auffallend weich und sehr flach, oben mit zahlreichen, in Reihen angeordneten Warzen. Augen in 4 hintereinander liegenden Paaren.
Lebensraum: In stehenden und langsam fließenden Gewässern, meist unter Steinen.
Verbreitung: Allgemein nicht selten.
Nahrung: Saugt Blut von Wasservögeln. Hungrige Egel lauern unmittelbar unter der Wasseroberfläche auf Wasserpflanzen. Sobald eine Ente bei der Nahrungsaufnahme mit dem Schnabel Wellen erzeugt, eilen die Egel herbei und dringen durch den geöffneten Schnabel oder die Nasenlöcher in die Atemwege ein, wo sie sich zur Nahrungsaufnahme festsaugen.
Fortpflanzung: Wie bei *Hemiclepsis*.

Glossiphonia heteroclita Kleiner Schneckenegel

Merkmale: Körperlänge 5–10 mm. Färbung gelblich oder hellgrau, etwas durchscheinend, oft mit kleinen, dunklen Flecken. Körper breit und flach, ohne deutliche Warzen. Mit 6 Augen; das vordere Paar eng beieinander, dahinter weiter außen jeweils 2 dicht hintereinander liegende Augen.
Lebensraum: Stehende und fließende Gewässer, auf Wasserpflanzen und unter Steinen.
Verbreitung: Allgemein verbreitet und vielerorts häufig.
Nahrung: Saugt vorwiegend an Süßwasserschnecken, oft mehrere Egel am gleichen Beutetier, daneben auch an anderen Wassertieren (z. B. an Mückenlarven und Würmern).
Fortpflanzung: Die Eier und später die Jungen werden von der Mutter am Bauch getragen. Sie saugen gemeinsam mit ihr an der Beute.

Helobdella stagnalis

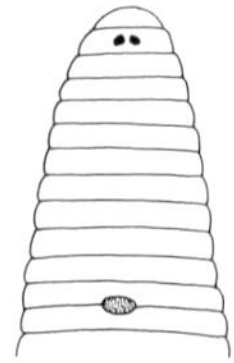

Merkmale: Sehr unscheinbarer, 5–10 mm langer Egel, kann für ein Jungtier einer anderen Art gehalten werden. Färbung hellgrau oder rötlich, oft fast farblos und durchscheinend. Am Vorderende nur 1 Augenpaar. Zwischen dem 12. und 13. Ring eine dunkle, querovale Rückenplatte.
Lebensraum: In stehenden und fließenden Gewässern; an Steinen oder Wasserpflanzen.
Verbreitung: Fast überall häufig.
Nahrung: Saugt vor allem an Mückenlarven, die mit dem umgerollten Vorderende festgehalten werden. Saugt außerdem an Wasserschnecken und angeblich auch an Fischen und Amphibien.
Fortpflanzung: Der sehr dünnwandige Eikokon wird am Bauch befestigt und umhergetragen. Die Jungegel saugen sich an besonderen Zapfen der Mutter fest.

Glossiphonia complanata Großer Schneckenegel

Merkmale: Körperlänge 15–30 mm. Färbung grau oder grünlich, meist mit braunen und gelben Flecken bunt gezeichnet. Körper auffallend fest und sehr flach, oben mit 6 Längsreihen deutlicher Warzen. Rollt sich bei Störungen kugelig zusammen. Augen in 3 hintereinander liegenden Paaren.
Lebensraum: In stehenden und fließenden Gewässern, meist unter Steinen.
Nahrung: Vorwiegend Schnecken, aber auch andere Wassertiere.
Fortpflanzung: Die Eier werden, anders als bei *G. heteroclita,* auf Steinen abgelegt und vom Körper der Mutter bedeckt. Die Jungen schlüpfen nach ca. 1 Woche, heften sich an den Bauch der Mutter und nehmen an ihren Mahlzeiten teil. Nach 2–3 Monaten werden sie selbständig.

ca. 2,5fach

ca. 8fach

ca. 7fach

ca. 4fach

Merkmale: Gallertige, wurmförmige Kolonien von 1–6, gelegentlich sogar 20 cm Länge und ca. 5 mm Breite auf Pflanzenstengeln, Zweigen oder Steinen, die im Wasser liegen. Bei Betrachtung mit einer starken Lupe ist an untergetauchten Kolonien eine Vielzahl etwa 1–2 mm großer, hufeisenförmiger, fein gefiederter Tentakelkränze zu erkennen. Diese Tentakelkronen sind in regelmäßigen Reihen angeordnet und verleihen der Kolonie bei normaler Betrachtung ein pelziges, schimmelartiges Aussehen. Bei starker Erschütterung, natürlich auch, wenn man sie aus dem Wasser nimmt, ziehen sich alle Tentakelkränze zurück, kommen aber bereits kurze Zeit nach der Störung wieder hervor. Die ganze Moostierchen-Kolonie erinnert in Form, Größe und Beschaffenheit sehr an die Laichstränge von Schlammschnecken *(Lymnaea)*, ist aber etwas flüssiger und leicht gelblich bis grünlich getönt. Sie sitzt nicht direkt auf der Unterlage, sondern scheidet auf ihrer Unterseite eine gelatinöse Membran ab, die am Untergrund festhaftet. Auf dieser Membran kann sich die *Cristatella*-Kolonie langsam vorwärts bewegen. Die Einzeltiere (Polypide) besitzen eine Mundöffnung innerhalb der gebogenen Tentakelkrone, einen hufeisenförmig gekrümmten Darm und einen After außerhalb der Tentakel. Die Tentakel sind am Rand mit mikroskopisch kleinen Wimpern besetzt, die Nahrung (feinste Planktonorganismen) mit dem Wasser herbeistrudeln und zur Mundöffnung transportieren. Die Kolonie wächst an beiden Enden allmählich weiter und bildet hier ständig neue Polypide, während die älteren, von der Oberfläche des Gallertestranges zur Außenseite fortschreitend, nach und nach absterben.

2 Polypide

Lebensraum: Meist in klaren, kühlen Gewässern, z. B. in Altwassern, Weihern und Seen, besonders an schattigen Stellen. Auch in Seeausflüssen und manchmal in verschmutzten Tümpeln. An günstigen Orten sind in manchen Jahren ins Wasser hängende Äste vollkommen von den Kolonien dieser Art überzogen.

Verbreitung: In Mitteleuropa weit verbreitet, vor allem in den Auebereichen der großen Flüsse, nicht häufig.

Fortpflanzung: Bei Cristatella kommen 3 verschiedene Formen der Vermehrung vor. **1. Ungeschlechtlich durch Teilung der Kolonien.** Wenn die Kolonien eine gewisse Größe erreicht haben, werden meistens an den Enden kurze Teilstücke abgeschnürt, die auf der Gelatinemembran davonkriechen und in der Nähe der Mutterkolonie weiterwachsen. **2. Geschlechtlich durch Larven.** Diese entstehen während des Sommers im Innern der Kolonien aus befruchteten Eiern. Die Larven werden meist während der Nacht von der Kolonie entlassen und schwimmen als weiße Wimpernkugeln von 2–3 mm Durchmesser durchs Wasser. In ihrem Innern enthalten sie mehrere fertig ausgebildete Polypide. Nachdem sie einige Minuten oder höchstens wenige Stunden umhergeschwommen sind, lassen sie sich auf einer passenden Unterlage nieder, und innerhalb weniger Minuten entfalten sich die Tentakelkronen der neuen, kleinen Kolonien. **3. Ungeschlechtlich durch Statoblasten.** Im Herbst bilden sich im Innern der Kolonien die sogenannten Statoblasten, Dauerstadien von ca. 1 mm Durchmesser, die nach dem Absterben der Kolonie im Spätherbst freiwerden und den Winter überdauern. Sie bestehen aus zwei harten, kreisrunden Chitinschalen, die etwas Zellgewebe einschließen. Ihr Rand wird von einem luftgefüllten Schwimmring gebildet. An beiden Schalen sitzen außerdem gekrümmte, mehrspitzige Haken. Diese Statoblasten werden in großen Mengen gebildet, so daß die Kolonien mit ihnen schließlich ganz vollgestopft sind. Sie können, ohne Schaden zu nehmen, einfrieren. Im April beginnt das Gewebe im Innern zu wachsen und drückt schließlich die Chitinschalen auseinander. Wenig später verläßt eine junge Kolonie die Statoblastenhülle.

Allgemeines: Die meisten Moostierchen oder Bryozoen sind Meeresbewohner. Ganz wenige haben das Süßwasser erobert, in Mitteleuropa nur etwa 10 Arten. Verwandtschaftlich gehören sie zusammen mit den marinen Brachiopoden und Phoroniden zum Stamm der Tentaculaten (Kranzfühler).

ca. 4fach

Statoblasten ca. 12fach

Plumatella fungosa Schwammartiges Moostierchen

Merkmale: Bildet schwammartige, klumpige Kolonien, die mehr als Faustgröße erreichen können. In feuchtem Zustand wiegen sie manchmal fast 1 kg. Die Klumpen bestehen aus einer Vielzahl miteinander verklebter, brauner Chitinröhren, aus denen die Tentakelkränze hervorkommen. Kann, insbesondere als junge Kolonie, auch eine mehr kriechende Wuchsform annehmen, ähnlich einer *Plumatella repens* (s. u.). Gelegentlich überziehen Kolonien dieser Art die Gehäuse lebender **Sumpf-Deckelschnecken** *(Viviparus)* und verwandeln sie in bewegungsunfähige Kugeln von manchmal 10 cm Durchmesser.
Lebensraum: In der Schilfzone stehender Gewässer, in Seeausflüssen auf Zweigen und Steinen, auch in größeren Fließgewässern. Meist in etwas verschmutztem Wasser.
Verbreitung: Gebietsweise häufig.
Fortpflanzung: Im Frühsommer sieht man manchmal ganze Wolken weißer Larven um die Kolonien schweben. Die Larven sind länglich, messen 1–2 mm und enthalten nur 2 Polypide. Eigentlich handelt es sich bei ihnen um keine echten Larven, sondern schon um fertige, kleine Kolonien, die sich in einen Wimpernmantel gehüllt haben. Man kann sie nur während weniger Wochen beobachten. Nach Norden zu wird die Tendenz zur Ausbildung von Larven geringer. Im Herbst bildet jeder Klumpen Tausende von Statoblasten aus, die bei dessen Zerfall im Spätherbst freiwerden und zur Wasseroberfläche aufsteigen. Diese

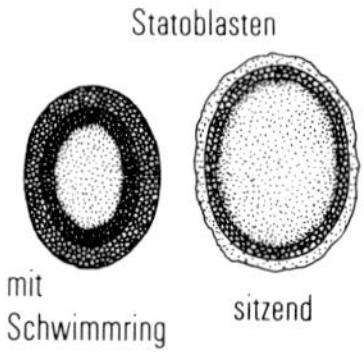

schwimmenden Statoblasten sind breit elliptisch, etwa 0,5 mm lang und mit einem zu beiden Enden verbreiterten Schwimmring versehen. Haken fehlen.
Daneben werden bei *Plumatella* auch sitzende Statoblasten gebildet, die auf den Resten der alten Kolonie zurückbleiben. Sie keimen z. T. noch im Winter und lassen schon bald neue, große Klumpen entstehen.

Plumatella repens Kriechendes Moostierchen

Merkmale: Bildet gabelig verzweigte Chitinröhren aus, die flach über die Unterlage kriechen oder girlandenartig ins freie Wasser ragen. Die einzelnen Röhren erreichen eine Länge von meist 3–5 cm, gelegentlich auch mehr. In den Röhrenmündungen erscheinen die etwa 1–2 mm großen, weißen Tentakelkränze und strudeln mit ihrer Bewimperung winzige Planktonorganismen zur Mundöffnung.
Lebensraum: Stehende und fließende, saubere bis mäßig verunreinigte Gewässer. Oft unter Seerosenblättern.
Verbreitung: Ziemlich häufig, in Mitteleuropa das häufigste Moostierchen.
Fortpflanzung: Erzeugt anscheinend kein Larvenstadium. Im Herbst sind aber die Röhren dicht mit Statoblasten vollgestopft. Diese ähneln sehr denen von *Plumatella fungosa,* sind aber etwas schmaler.
Ähnliche Art: *Plumatella fruticosa.* Röhren meist gekielt, Statoblasten auffallend lang und schmal. Seltenere Art.

Fredericella sultana

Merkmale: Hirschgeweihartig verzweigte, runde Röhren, die an der Basis der Unterlage dicht anliegen, sich mit den Spitzen aber meist von ihr abheben. Oft sind die Zweigenden flächig verbreitert und etwas ausgerandet. Tentakelkränze fast kreisrund und höchstens 1 mm im Durchmesser, am Rand nur mit etwa 20 Tentakeln, während die anderen Gattungen hier 40–60 *(Plumatella)* bzw. 80–90 *(Cristatella)* Tentakeln besitzen.
Lebensraum: In langsam fließenden, beschatteten Bächen und in sauberen Seen, meist auf Steinen oder Holzstücken. Im Vierwaldstättersee noch in über 200 m Wassertiefe.
Verbreitung: Nicht häufig.
Fortpflanzung: Die Art bildet bei uns nur sitzende Statoblasten ohne Schwimmring aus, die man im Herbst in verhältnismäßig geringer Anzahl in den Röhren findet. Sie sind sehr unterschiedlich in der Form, meist etwa 0,5 mm lang und 0,3 mm breit; es kommen aber auch fast kreisrunde Statoblasten vor. In Südeuropa kommt es auch zur Bildung von Larven.

ca. 2,5fach

ca. 7fach

ca. 7fach

ca. 7fach

Theodoxus fluviatilis ❶

M: Gehäuse halbeiförmig, dickschalig, 8–10 mm lang. Gewinde seitlich, kaum hervorragend. Unterseits flach, mit halbkreisförmiger Mündung. Der kalkige Deckel wird weit zurückgezogen. Grundfarbe weiß bis gelblich, mit violetter oder rötlicher Netzzeichnung. Fühler lang, fadenförmig. Körper beim Kriechen kaum herausragend. **Lr:** Saubere Fließgewässer, Seen mit Brandungsufer. **V:** Vor allem in Norddeutschland, sehr selten geworden. **Fo:** Eier werden in rundlichen, ca. 1 mm großen Eikapseln auf Steine geklebt. **Ä:** 2 weitere, sehr seltene Arten im Donaugebiet. Dunkle Zeichnung bandförmig oder zickzackstreifig.

Valvata piscinalis
Feder-Kiemenschnecke

M: Gehäuse ca. 5 mm hoch und breit. Mündung fast kreisrund, mit spiralig gestreiftem, hornigem Deckel. Färbung bräunlich. Beim Kriechen wird meist auf der rechten Seite eine federförmige Kieme ausgestreckt. Sehr formenreiche Art, Gehäuse z. B. oft niedriger oder deutlich höher als bei der Normalform. **Lr:** In stehenden und fließenden Gewässern. **V:** Weit verbreitet, aber meist in geringer Dichte. **Fo:** Ist im Gegensatz zu anderen Deckelschnecken ein Zwitter. **Ä:** *Valvata cristata.* Gehäuse scheibenförmig. *Valvata pulchella.* Gehäuse doppelt so breit wie hoch.

Viviparus contectus ❸
Sumpf-Deckelschnecke

M: Gehäuse sehr groß, 32–40 mm hoch und 24–30 mm breit. Schalenspitze scharf und stechend. Windungen deutlich stufig abgesetzt. Deckel hornig. Färbung grünlichbraun mit 3 rotbraunen Bändern, oft stark verdunkelt. **Lr:** Tümpel, Teiche und Altwasser mit schlammigem Grund. **V:** In Norddeutschland weit verbreitet und gebietsweise häufig, in Süddeutschland selten. **Fo:** Getrenntgeschlechtig, beim ♂ rechter Fühler kurz und verdickt, dient als Begattungsorgan. Lebendgebärend. Jungtiere entwickeln sich im Körper des ♀ zu fertigen Schnecken.

Viviparus viviparus ❸
Fluß-Deckelschnecke

M: Ähnlich der Sumpf-Deckelschnecke, aber etwas kleiner und schlanker. Gehäuse 30–32 mm hoch und 23–24 mm breit. Naht zwischen den Windungen nicht so tief, diese daher weniger stufig. Gehäusespitze stumpf. Färbung wie bei *V. contectus.* Fühler (wie bei der anderen Art) lang und fadenförmig, außen an ihrer Basis die Augen. **Lr:** Größere, langsam fließende Gewässer, selten in Seen. **V:** In Norddeutschland weit verbreitet, aber vielerorts stark zurückgegangen. In Süddeutschland nur vereinzelt, z. B. im Rhein (ob noch?) und seinen Nebenflüssen.

Bithynia tentaculata

M: Gehäuse eiförmig mit kegelförmiger Spitze. Höhe 10–11 mm, Breite ca. 7 mm. Naht kaum vertieft. Mündung oval, oben spitz. Deckel verkalkt, konzentrisch gestreift. Färbung gelblich bis braun, Schale oft stark mit Kalk verkrustet. Körper mit breitem, vorn abgestutztem Fuß. Kopf rüsselartig, mit fadenförmigen, an der Basis verdickten Fühlern. Mantel unter der Schale hell marmoriert. **Lr:** Stehende und langsam fließende Gewässer aller Art, auch mäßig verunreinigte Flüsse. **V:** Überall sehr häufig, eine der häufigsten Wasserschnecken. **Fo:** Eier werden in gallertigen, bandartigen Strängen abgelegt.

Bythiospeum quenstedti ❹

M: Gehäuse klein, schmal kegelförmig, 3–4 mm hoch und 1,5–2 mm breit. Mündung spitz eiförmig. Deckel dünn, hornig, liegt bei zurückgezogener Schnecke etwas versenkt. Schale zart, durchscheinend. Weichkörper farblos, transparent. Augen zurückgebildet. **Lr:** Fließende, unterirdische Gewässer, Quellen. **V:** Falkensteiner Höhle und einige weitere Höhlen der mittleren Schwäbischen Alb. **Lw:** Lebt in Höhlenbächen auf und unter Steinen, manchmal mehrere Individuen dicht beieinander. **Ä:** Zahlreiche weitere Arten der Gattung, die sehr schwer zu unterscheiden sind. Meist in Kalkgebieten.

ca. 4fach, darunter ♂ 1,5fach

ca. 3fach

ca. 7fach, darunter ♀ 1,5fach

ca. 10fach

Planorbarius corneus
Posthornschnecke

M: Gehäuse groß, dick scheibenförmig, ca. 30 mm im Durchmesser und 11–12 mm hoch. 5 Umgänge. Färbung rotbraun oder bräunlich oliv, unterseits aufgehellt. Körper fast schwarz. Gelegentlich unpigmentiert, dann durch das rote Blut (enthält Hämoglobin) leuchtend rot erscheinend. Fühler lang und dünn, Augen zwischen den Fühlern. **Lr:** Stehende und langsam fließende, pflanzenreiche Gewässer. **V:** In Norddeutschland sehr häufig. Im Süden selten, aber vielerorts angesiedelt (oft in der roten Form). **Fo:** Zwitter. Laich flach scheibenförmig, mit rötlichen Embryonen.

Planorbis planorbis

M: Mittelgroße Tellerschnecke, 14–17 mm im Durchmesser, 3–4 mm hoch. 5½–6 Umgänge. Außen an der Unterseite mit einem scharf abgesetzten, fadenartigen Kiel, dadurch die Windungen oberseits viel stärker gewölbt als auf der Unterseite. Färbung hornfarben bis dunkelbraun, Körper schwärzlich. **Lr:** Stehende und langsam fließende Gewässer mit Schlammgrund. **V:** Überall sehr häufig. **A:** Die beim Kriechen nach unten gewandte Seite des flachen Gehäuses entspricht in Wirklichkeit der Spitze anderer Schneckenhäuser. Es erscheint aber sinnvoller, die bisher übliche Bezeichnungsweise beizubehalten.

Planorbis carinatus 4

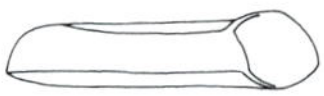

P. planorbis

P. carinatus

M: Ähnelt *P. planorbis*, Gehäuse aber etwas flacher. Kiel noch schärfer heraustretend, in der Mitte des Außenrandes. Nur 4½–5 Umgänge, schneller in der Breite zunehmend (letzter Umgang mehr als doppelt so breit wie der vorletzte). Färbung hell hornfarben, Körper grau. **Lr:** Mehr in größeren, klaren Gewässern als *P. planorbis*, aber öfters mit dieser Art zusammen. **V:** Nicht so häufig wie *P. planorbis*, vielerorts zurückgehend.

Anisus vortex

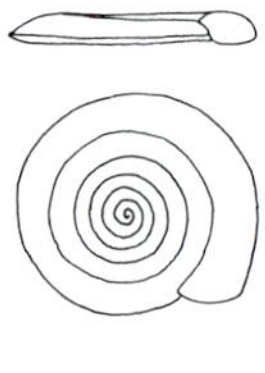

M: Kleiner und flacher als *Planorbis*, Gehäuse 9–10 mm breit und 1,2–1,4 mm hoch. 6½–7 Umgänge, die sehr langsam an Breite zunehmen. Außen an der Unterseite, ähnlich wie *P. planorbis*, scharf gekielt. Färbung hellbraun. Körper auffallend klein, Kopf und Fuß nur ⅓ so lang wie der Gehäusedurchmesser, schwärzlich gefärbt. **Lr:** In pflanzenreichen, stehenden und langsam fließenden Gewässern. **V:** Häufig.

Gyraulus albus

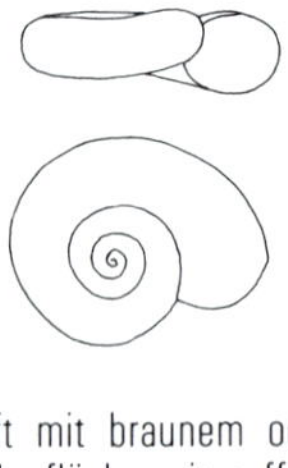

M: Kleine Art, Gehäusedurchmesser 4–7 mm, Höhe 1,3–1,8 mm. 4–4½ Umgänge, in der Breite schnell zunehmend. Färbung gelbgrau oder grünlich weiß, oft mit braunem oder schwärzlichem Belag. Oberfläche mit auffallender Gitterskulptur aus überkreuzenden Spirallinien und Zuwachsstreifen. Körper hellgrau gefärbt. **Lr:** In stehenden und langsam fließenden, meist pflanzenreichen Gewässern aller Art. **V:** Allgemein häufig.

Bathyomphalus contortus

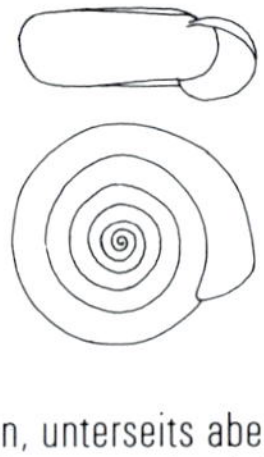

M: Kleine Art, Gehäuse dick scheibenförmig, 5–6 mm im Durchmesser, 1,7–2 mm hoch. 7–8 Umgänge, die auf der Oberseite in der Breite kaum zunehmen, unterseits aber schnell breiter werden, so daß unten ein tiefer, trichterförmiger Nabel entsteht. Mündung schmal mondförmig. Färbung rötlich braun, Körper schwärzlich. **Lr:** Pflanzenreiche, stehende und langsam fließende Gewässer. **V:** Allgemein verbreitet.

ca. 1,5fach, darunter ca. 3fach

ca. 3fach, darunter ca. 5fach

ca. 6fach

ca. 6fach

Lymnaea stagnalis Große Schlammschnecke

M: Gehäuse sehr groß, rechtsgewunden, 45–60 mm hoch und 20–30 mm breit. Gewinde spitz zulaufend. Letzter Umgang bauchig erweitert. Färbung hell- oder dunkelbraun, Körper grau. Kopf mit flachen, dreieckigen Fühlern, an ihrer Basis innen die Augen. **Lr**: Stehende und langsam fließende, pflanzenreiche Gewässer. **V**: Allgemein verbreitet und überall häufig. **A**: In besonderen Gewässertypen spezielle Gehäuseformen, z. B. haben Tiere aus größeren Seen ein kurzes Gewinde und einen stark erweiterten letzten Umgang.

Stagnicola palustris Sumpfschnecke

M: Gehäuse meist schlank, 20–27 mm hoch und 11–14 mm breit. Letzter Umgang nicht besonders erweitert. Färbung rötlich braun bis dunkelbraun, innen mit violettem Schimmer. Körper schwärzlich. **Lr**: Stehende und langsam fließende, meist kleinere Gewässer. **V**: Allgemein verbreitet. **A**: Sehr formenreiche Art, die oft in zwei Arten aufgeteilt wird: *S. corvus* (Mündung halbe Gehäusehöhe) und *S. turricula* (Mündung niedriger).

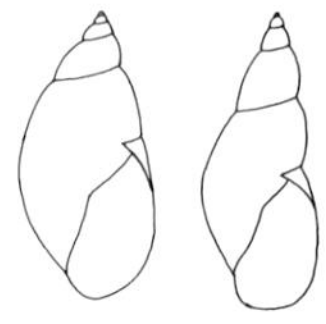

S. corvus S. turricula

Galba truncatula Leberegelschnecke

M: Gehäuse klein, länglich eiförmig, 7–8 mm hoch und 3,5–4 mm breit. Umgänge stufig gegeneinander abgesetzt. Färbung gelbbraun, Körper grau. **Lr**: Meist in kleinen und kleinsten, stehenden und langsam fließenden Gewässern. Oft in Wiesengräben und Überschwemmungsgewässern, auch in Quellrinnsalen. **Lw**: Die Schnecke verläßt gelegentlich das Wasser. Im Schlamm eingegraben übersteht sie ein längeres Trockenfallen ihrer Gewässer. **A**: Die Art ist Zwischenwirt des Großen Leberegels. Seine Larve dringt in die Schnecke ein und vermehrt sich in ihr.

Radix auricularia Ohr-Schlammschnecke

4

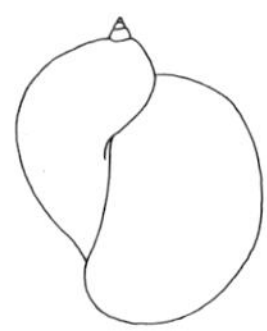

M: Gehäuse breit ohrförmig, mit kurzem Gewinde, das höchstens ⅙ der Gehäusehöhe einnimmt; 25–35 mm hoch und 25–30 mm breit. Färbung hell gelbbraun. Tier grau, mit dunkel geflecktem, durch das Gehäuse schimmerndem Mantel. **Lr**: Stehende und fließende, meist pflanzenreiche Gewässer. **V**: Allgemein verbreitet, aber nicht häufig. Gebietsweise zurückgehend.

Radix peregra

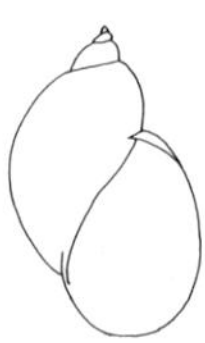

M: Gehäuse spitz eiförmig, 15–20 mm hoch und 12–13 mm breit. Mündung oben nicht spitz, etwas höher als das Gewinde darüber. Schale verhältnismäßig dickwandig, gelbbraun bis dunkelbraun. **Lr**: Kleinere stehende und langsam fließende Gewässer. **V**: Allgemein verbreitet. **Fo**: Die Eier werden (wie bei allen Arten dieser Doppelseite) in gallertigen Strängen auf Steinen oder Wasserpflanzen abgelegt.

Radix ovata

M: Gehäuse eiförmig, 20–25 mm hoch und 14–17 mm breit. Letzter Umgang meist etwas erweitert. Mündung deutlich höher als das Gewinde, oben spitz. Gehäuse dünnschalig, gelbbraun bis rötlich. **Lr**: In fast allen Gewässertypen, z. B. in Tümpeln, in Seen und selbst in Bergbächen. **V**: Überall sehr häufig. **A**: Gehäuseform in Abhängigkeit vom Lebensraum sehr variabel, oft kaum von der eher formstabilen *R. peregra* zu unterscheiden.

natürliche Größe, darunter ca. 6fach

ca. 2fach, darunter ca. 1,5fach

ca. 2,5fach

ca. 2fach

Succinea putris Bernsteinschnecke

Merkmale: Gehäuse spitz eiförmig, letzter Umgang deutlich erweitert; 16–22 mm hoch und 8–11 mm breit. Mündung eiförmig, oben zugespitzt. Gewinde über der Mündung höchstens halb so hoch wie diese. 3–3½, gelegentlich bis 4 Umgänge. Schale durchscheinend, zerbrechlich, grünlichgelb bis bernsteinfarben. Körper meist gelblichgrau gefärbt. Kopf mit 2 Paar Fühlern, das längere, hintere Paar an der Spitze mit Augen.

Lebensraum: Am Ufer stehender und fließender Gewässer aller Art, auch auf Feuchtwiesen und in Auwäldern.

Lebensweise: Lebt auf Pflanzen am Ufer, z. T. auch auf Wasserpflanzen. Der Körper ist meist so stark wasserhaltig, daß er nicht vollständig ins Gehäuse zurückgezogen werden kann. Bei stärkerer Trockenheit geht allerdings ein Großteil der Körperflüssigkeit verloren. Dann kann sich das Tier vollständig zurückziehen und mit erhärtendem Schleim an Pflanzen festkleben.

Ähnliche Arten: *Oxyloma elegans.* Gehäuse schmal schief-kegelförmig, 16–20 mm hoch und 8–9 mm breit. Mündung gut ⅔ der Gehäusehöhe. *Succinea oblonga.* Gehäuse breiter eiförmig, klein, bis 8 mm hoch und 5 mm breit. Mündung kaum höher als die Hälfte des Gehäuses. Daneben noch einige weitere, seltene Arten.

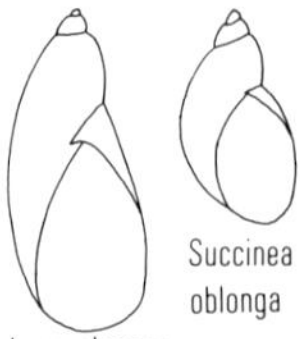

Allgemeines: Die Vertreter der Bernsteinschnecken sind von allen **Land-Lungenschnecken** (Stylommatophora) am stärksten an Gewässer gebunden. Von den **Süßwasser-Lungenschnecken** (Basommatophora) unterscheiden sie sich am deutlichsten durch die Position ihrer Augen: bei den Stylommatophora liegen sie an der Spitze, bei den Basommatophora innen an der Basis der Fühler. Die Vertreter der 3. Gruppe, die **Vorderkiemer** (Prosobranchia) (S. 134), haben einen festen Deckel zum Verschließen des Gehäuses; ihre Augen liegen außen an der Fühlerbasis.

Leucochloridium paradoxum

Merkmale: Gelegentlich findet man Bernsteinschnecken, deren Fühler merkwürdig verdickt erscheinen; in ihrem Innern befinden sich weiß-grün oder weiß-braun geringelte, lebhaft pulsierende Schläuche. Dabei handelt es sich um Entwicklungsstadien eines parasitischen Saugwurms, die sogenannten Sporocysten. Eine Sporocyste besteht aus mehreren solcher Schläuche, die über ein verzweigtes System von Wurzelfäden miteinander in Verbindung stehen. Diese Fäden umspinnen alle inneren Organe der Schnecke, besonders die Leber.

Lebensraum: An den Vorkommen der Bernsteinschnecke; vor allem in vogelreichen Gebieten.

Verbreitung: Überall verbreitet, aber meist nur in einzelnen Schnecken zu finden.

Fortpflanzung: *L. paradoxum* hat einen sehr komplizierten Entwicklungsgang. Der erwachsene Wurm lebt als Parasit im Darm verschiedener Vogelarten, vor allem von Singvögeln. Er produziert hartschalige Eier, die mit dem Vogelkot ausgeschieden werden. Der Kot fällt u. a. auch auf Blätter, die der Bernsteinschnecke als Nahrung dienen. Beim Fressen nimmt sie auch den Vogelkot auf und infiziert sich auf diesem Wege mit den Wurmeiern. Im Schneckendarm schlüpft die Larve des Saugwurms. Sie bohrt sich durch die Darmwand und gelangt in die Leber, wo sie sich zur reich verzweigten Sporocyste weiterentwickelt. Die Sporocystenschläuche können einzeln, aber auch zu maximal 7–8 entwickelt sein. Sie schieben sich abwechselnd ins Innere der Schneckenfühler. Durch die lebhaft pulsierenden Bewegungen werden Vögel auf die infizierte Schnecke aufmerksam. Sie picken auf die vermeintlich attraktive Beute, der Schnekkenfühler platzt, der Sporocystenschlauch gleitet heraus und wird verschlungen. Er enthält mehrere hundert Cercarien, weitere Entwicklungsstadien, die sich im Vogeldarm zum fertigen Wurm weiterentwickeln.

Allgemeines: Gehört als Saugwurm zu den Plattwürmern und damit in die Verwandtschaft der Strudelwürmer (S. 118 ff.).

Bernsteinschnecke mit 2 Sporocystenschläuchen

Anodonta cygnea Teichmuschel G

Merkmale: Schale sehr groß, länglich eiförmig, bis 20 cm lang und 12 cm hoch. Beide Schalenhälften oben durch ein horniges Band (Ligament) zusammengehalten. Dieses Scharnier (Schloß) besitzt bei *Anodonta* keine Zähne. 2 Schließmuskeln ziehen die Schalenhälften zusammen; bei ihrer Entspannung klaffen sie durch das etwas steife Ligament auseinander. Schale dünnwandig, grünlich braun bis dunkelbraun. Weichkörper ohne Kopf; zwischen den Schalenhälften kann aber ein kräftiger, muskulöser Fuß hervorgestreckt werden. Außerdem am Hinterende 2 spaltförmige Öffnungen: unten die langgezogene, am Rand mit Papillen besetzte Einströmöffnung, dicht darüber die mehr rundliche Ausströmöffnung.
Lebensraum: Stehende, seltener fließende Gewässer mit Schlammgrund.
Verbreitung: Überall verbreitet, häufig.
Nahrung: Kleine Planktonorganismen; werden mit dem Atemwasser eingestrudelt, an den Kiemenblättern ausgefiltert und zur Mundöffnung transportiert.

Unio crassus Flußmuschel 2 G

Merkmale: Schale elliptisch bis eiförmig, nicht ganz doppelt so lang wie hoch; Länge 5–7 cm, Höhe 3–3,5 cm. Vorder- und Hinterende fast gleichartig abgerundet. Wirbel kaum vorspringend, oft stark korrodiert, wie zerfressen wirkend. Dickschalig, Färbung schwarzbraun bis schwarz.
Lebensraum: Saubere, meist schmale, sandige Fließgewässer.
Verbreitung: Früher gebietsweise häufig, heute durch Gewässerverschmutzung stark zurückgegangen.
Fortpflanzung: Vermehrt sich (wie die anderen Arten dieser Doppelseite) durch parasitische Larven, die Glochidien. Diese bilden sich aus Eiern zwischen den Kiemenblättern der Muschel und werden durch die Ausströmöffnung ausgestoßen. Sie besitzen schon 2 Schalenklappen mit je einem langen Haken. Damit heften sie sich in der Haut von Fischen fest und leben eine Zeitlang vom Körpergewebe des Fisches. Dann lassen sie sich fallen und verwandeln sich in fertige, kleine Muscheln.

Unio pictorum Malermuschel 2 G

Merkmale: Schale schmal zungenförmig, mehr als doppelt so lang wie hoch; Länge 6–14 cm, Höhe 2,5–6 cm. Vorderende abgerundet, Hinterende zugespitzt, Ober- und Unterrand fast gerade und zueinander parallel. Schloß außer dem Ligament mit mehreren Zähnen: linke Schalenhälfte vor dem Wirbel mit 2 höckerförmigen Hauptzähnen und dahinter 2 langgezogenen, leistenförmigen Nebenzähnen; die andere Schalenhälfte mit je 1 Haupt- und Nebenzahn, jeweils zwischen die Zähne der Gegenseite passend. Schale dickwandig, grünlich gelb bis gelbbraun.
Lebensraum: Größere stehende und langsam fließende Gewässer, z. B. Baggerseen, Altwasser und Flüsse. Oft mit der Teichmuschel vergesellschaftet.
Verbreitung: In Mitteleuropa weit verbreitet, aber nicht häufig. Vorwiegend im Bereich der Flußtäler. Gebietsweise selten geworden.
Ähnliche Art: *Unio tumidus*. Schale etwa doppelt so lang wie hoch, vom Wirbel nach hinten keilförmig verschmälert.

Margaritifera margaritifera Fluß-Perlmuschel 1 G

Merkmale: Schale groß, eiförmig bis nierenförmig, 12–15 cm lang und 5,5–7 cm hoch. Wirbel immer stark korrodiert. Schloß nur mit Hauptzähnen. Schale sehr dickwandig, schwarzbraun bis schwarz.
Lebensraum: Sehr saubere, kalkarme Bäche.
Verbreitung: Früher z. T. in so dichten Beständen, daß die Muscheln in mehreren Schichten übereinander saßen. Heute fast ausgestorben. Zwar gibt es in wenigen Bächen noch Populationen von mehreren tausend Tieren (z. B. im Grenzgebiet zur Tschechoslowakei), doch findet man praktisch keine Jungmuscheln mehr. Fast alle Muscheln sind älter als 50 Jahre (ihr Lebensalter kann über 100 Jahre betragen). Der Grund hierfür liegt zum einen darin, daß die Glochidien sich nur an Bachforellen eines ganz bestimmten Alters entwickeln können, zum anderen darin, daß die Jungmuscheln noch wesentlich empfindlicher auf Verunreinigungen reagieren als die ausgewachsenen.

Dreissena polymorpha
Wandermuschel

Merkmale: Schale vorn dreieckig zugespitzt, hinten rund (ähnlich einer Miesmuschel), 25–40 mm lang, 13–18 mm hoch. Wirbel am Vorderende. Schale unten seitlich mit einem scharfen Knick, dadurch im Querschnitt 3kantig. Grundfärbung graugelb, mit braunen Zickzacklinien gezeichnet, mit zunehmendem Alter mehr schmutzig dunkelgrau. Heftet sich mit erhärtenden Sekretfäden aus einer Fußdrüse (Byssus) am Untergrund fest.
Lebensraum: Flüsse, Kanäle und Seen. An Steinen oder Holzstücken, auch an anderen Muscheln und Wasserfahrzeugen.
Verbreitung: Ursprünglich nur in der unteren Donau und in anderen Flüssen, die ins Schwarze Meer münden. Hat sich seit etwa 150 Jahren nach Westen ausgebreitet und ist heute in Mitteleuropa fast überall zu finden.
Fortpflanzung: Legt Eier ab, aus denen sich freischwimmende Larven (Veliger) entwickeln. Diese leben zunächst im Plankton und setzen sich später fest.

Sphaerium lacustre
Häubchenmuschel

Merkmale: Schale klein, rundlich, 8–10 mm lang und 7–8 mm hoch. Wirbel etwa in der Mitte, deutlich hervorragend und mit aufgesetztem Häubchen (Embryonalschale). Schloß mit beiderseits 2 Hauptzähnen, links mit 4, rechts mit 2 Nebenzähnen. Sehr dünnschalig, weißgrau bis gelblich gefärbt. Weichkörper mit langem, zungenförmigem Fuß und röhrenartig verlängerter Ein- und Ausströmöffnung.
Lebensraum: Gräben, Teiche, Tümpel, zuweilen langsam fließende Gewässer.
Verbreitung: Überall häufig.
Fortpflanzung: Betreibt wie alle *Sphaerium-* und *Pisidium*-Arten Brutpflege. Zwischen den Kiemen entwickeln sich die Eier zu fertigen Jungmuscheln. Diese haben bei der Geburt bereits ca. ⅙ der Länge des Muttertieres und sind schon bald selbst fortpflanzungsfähig. Junge Muscheln bringen 2–3, erwachsene bis 20 Jungtiere hervor. Die Tiere sind Zwitter, die übrigen Süßwassermuscheln dagegen getrenntgeschlechtig.

Sphaerium corneum Kugelmuschel

Merkmale: Etwas größer und noch rundlicher als die Häubchenmuschel, 10–14 mm lang und 7–10 mm hoch. Wirbel etwa in der Mitte, kaum über den Schalenumriß herausragend. Dünnschalig, Färbung graubraun bis gelbbraun.
Lebensraum: Stehende und langsam fließende Gewässer aller Art.
Verbreitung: Überall sehr häufig.
Lebensweise: Durch den langen zungenförmigen Fuß sehr beweglich, kann damit z. B. an Wasserpflanzen emporsteigen. Lebt aber normalerweise im Bodenschlamm.
Ähnliche Arten: *Sphaerium rivicola.* Deutlich größer (18–24 mm lang), Schale etwas länglicher und dickschaliger, Wirbel etwas mehr herausragend. In sauberen Flüssen, seltener in Seen. *Sphaerium solidum.* Deutlich dickschaliger, mit stärker vortretendem Wirbel, 9–11 mm lang und 6,5–8,5 mm hoch. Schalenoberfläche konzentrisch gerippt. In größeren, sandigen Flüssen. Beide Arten sehr selten und heute fast ausgestorben.

Pisidium amnicum 3
Große Erbsenmuschel

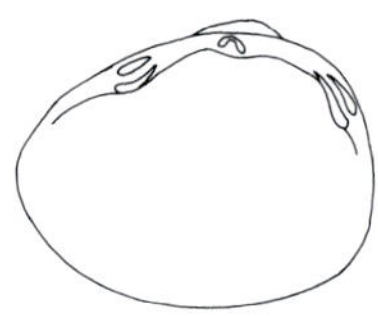
rechte Schalenhälfte

Merkmale: Schale eiförmig, 8–11 mm lang und 5–8 mm hoch. Wirbel deutlich zum Hinterende hin verschoben. Oberfläche konzentrisch, aber etwas unregelmäßig gerippt. Verhältnismäßig dickschalig, weißlich bis gelbbraun gefärbt. Am Hinterende ist nur die Ausströmöffnung zu einer kurzen Röhre verlängert, die Einströmöffnung ist von der Seite aus nicht sichtbar.
Lebensraum: Saubere, sandige Bäche und Flüsse, auch am Ufer von Seen.
Verbreitung: Allgemein verbreitet, aber überall zurückgehend.
Ähnliche Arten: In Mitteleuropa ca. 15 weitere *Pisidium*-Arten, die aber alle deutlich kleiner, meist unter 5 mm groß sind. Die kleinste Art, *Pisidium tenuilineatum,* erreicht sogar nicht einmal 2 mm Länge.

ca. 1,5fach

ca. 6fach

ca. 4fach

ca. 5fach

Pirata piraticus Piratenspinne

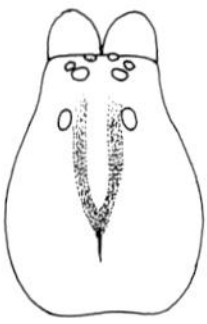
Vorderkörper

Merkmale: Im Erscheinungsbild und in der Lebensweise der Gerandeten Jagdspinne ähnlich, aber deutlich kleiner (5–8 mm). Augenstellung etwas anders: Das aus den hinteren 4 Augen gebildete Trapez ist (wie bei allen Wolfspinnen) so lang wie breit. Von den übrigen **Wolfspinnen** (Familie Lycosidae) unterscheiden sich die *Pirata*-Arten durch eine gabelförmige, dunkle Binde im hellen Längsband oben auf dem Vorderkörper. *P. piraticus* ist heller oder dunkler braun gefärbt, mit einem hellen Lanzettfleck auf dem Hinterkörper und dahinter paarig angeordneten, weißen Punkten. An den Körperseiten meist ein unscharf begrenztes, weißes Längsband.
Reifezeit: Mai bis Juli, einzelne ♀♀ noch im September.
Lebensraum: Ufer von stehenden und fließenden Gewässern aller Art.
Verbreitung: In Mitteleuropa überall häufig, an den Fundorten meist in großer Individuenzahl.
Fortpflanzung: Paarung im Frühjahr (Mai/Juni). Das ♂ führt dabei vor seiner Partnerin einen Balztanz auf. Dann steigt es von vorn auf das ♀, beugt sich seitlich an dessen Hinterkörper nach unten und führt einen seiner mit Sperma gefüllten Taster mit der Spitze in die weibliche Geschlechtsöffnung ein. Zur Eiablage webt das ♀ zunächst eine runde, weiße Gespinstplatte, auf der es etwa 100 Eier ablegt. Danach spinnt es über den Eiern eine zweite Gespinstplatte und fügt die Ränder der beiden scheibenförmigen Gewebe zusammen. So entsteht schließlich ein etwas abgeflachter, rundlicher Eikokon von ca. 3–4 mm Durchmesser. Diesen heftet das ♀ an seine Spinnwarzen und trägt ihn bis zum Schlüpfen der Jungen umher. Die geschlüpften Jungspinnen klettern auf den Hinterkörper der Mutter und lassen sich einige Tage tragen. Nach der nächsten Häutung werden sie selbständig.

Pirata piscatorius 3

Merkmale: Größer und kräftiger als *P. piraticus,* 8–12 mm lang. Färbung sehr dunkel, die gegabelte Mittelbinde auf dem Vorderkörper ist nur bei guter Beleuchtung erkennbar. Weiße Binden an den Körperseiten meist deutlich ausgebildet.
Reifezeit: Mai bis Juni; ♀♀ mit Eikokon auch noch im August.
Lebensraum: Am Ufer stehender und langsam fließender Gewässer; gern auf der Oberfläche dicht bewachsener, flacher Moorgewässer.
Verbreitung: Allgemein verbreitet, aber seltener als *P. piraticus.*
Lebensweise: Läuft weniger über die Wasseroberfläche als *P. piraticus,* sondern taucht bei Störungen ins Wasser hinab, indem sie an Wasserpflanzen nach unten klettert. Als einzige *Pirata*-Art webt sie in der Vegetation ein schlauchförmiges, an beiden Seiten offenes Gespinst. Der vordere Teil liegt mehr oder weniger waagerecht zwischen den Pflanzen; in seiner Öffnung lauert die Spinne auf vorbeikommende Beutetiere. Der hintere Teil des Gewebes ist nach unten umgebogen und reicht bis unter den Wasserspiegel hinab. Er stellt gewissermaßen den »Notausgang« dar, durch den die Spinne bei Gefahr ins Wasser flüchtet.
Ähnliche Arten: In Mitteleuropa 9 verschiedene *Pirata*-Arten. Eine sichere Artbestimmung ist nur nach mikroskopischer Untersuchung der Genitalorgane möglich. Die einzelnen Arten unterscheiden sich aber auch hinsichtlich ihrer Habitatwahl. Während *P. piraticus* und *P. piscatorius* eng an Gewässerufer gebunden sind, leben die meisten anderen Arten mehr auf Feuchtwiesen, z. T. an schattigen, kühlen Orten. Neben den Vertretern der Gattung *Pirata* kommen auch andere Lycosiden an Gewässerufern vor, so z. B. *Hygrolycosa rubrofasciata.* Die Art ist durch ihre markante Beinfärbung leicht kenntlich. Die Schenkel sind gelb, regelmäßig schwarz gefleckt, alle übrigen Beinglieder dunkel. Lebt vor allem in Erlenbruchwäldern.

Tetragnatha montana Streckerspinne

Merkmale: Körper schmal, Beine stark verlängert. Cheliceren sehr groß, innen mit 2 Reihen langer, spitzer Dornen. Körperlänge bis 10 mm. Oberseite silbern oder golden glänzend, mit einer dunkleren, blattförmigen Zeichnung. Sternum (Bauchplatte zwischen den Beinen) einfarbig schwarzbraun. Ruht in Tarnhaltung mit lang ausgestreckten Beinen.
Reifezeit: Mai bis September.
Lebensraum: Gewässerufer, Sträucher in Gewässernähe, meist an schattigen Stellen.
Verbreitung: Überall häufig.
Fortpflanzung: Bei der Paarung ergreift das ♂ mit seinen Cheliceren die des ♀. Dessen Giftklauen werden dabei durch genau passende Zähne festgehalten, so daß es nicht zum »Gattenmord« kommen kann.
Lebensweise: Die Art baut ein radienarmes Radnetz mit offener Nabe, d. h. einem »Loch« in der Mitte.
Ähnliche Art: *Tetragnatha extensa.* Sternum mit hellem Längsstreifen. Sehr häufig.

Araneus alsine 3

Merkmale: Eine der schönsten und markantesten Radnetzspinnen. Vorderkörper, Beine und Unterseite des Hinterkörpers rotbraun mit dunkelbraunen Zeichnungen. Oberseite des Hinterkörpers leuchtend orange mit zahlreichen gelbweißen Punkten. Körperlänge des ♂ 6–8 mm, des ♀ 11–15 mm.
Reifezeit: Juni bis Juli, ♀♀ vereinzelt noch im September.
Lebensraum: Feuchtwiesen, Grabenränder und feuchte Waldsäume mit Grasvegetation.
Verbreitung: In Mitteleuropa weit verbreitet. Gilt als selten, wurde aber sicher oft nur übersehen, da sie eine sehr versteckte Lebensweise führt (s. u.).
Lebensweise: *A. alsine* webt ihr Radnetz zwischen Gräsern, immer in unmittelbarer Bodennähe. Von der Nabe führt ein Signalfaden schräg aufwärts zu einem trockenen, tütenförmig zusammengerollten Blatt, das dicht neben dem Netz mit der Öffnung nach unten frei schwebend an Spinnfäden befestigt ist. Darin sitzt tagsüber die Spinne verborgen.

Nuctenea cornuta Schilf-Radspinne

Merkmale: Färbung unterschiedlich, Vorderkörper meist graubraun, ohne deutliche Zeichnungen. Hinterkörper oft mit sehr heller, fas weißer Grundfärbung. Oben an seinem Vorderende ein dunkler, weißlich umrandeter Keilfleck. Helle Umrandung nach hinten deutlic verbreitert. Übriger Hinterleib oben mit dunkle Blattzeichnung.
Reifezeit: Ganzjährig.
Lebensraum: An Gewässerufern.
Verbreitung: In Mitteleuropa sehr häufig un meist in hoher Individuendichte.
Lebensweise: *N. cornuta* baut ihr Radnetz unmittelbar am Ufer zwischen Gräsern und höheren Pflanzen. Neben dem Netz befindet sic ein kokonartiger, unten offener Schlupfwinkel in dem sich die Spinne tagsüber aufhält. Er is durch einen Signalfaden mit dem Netz verbunden.
Ähnliche Art: *Nuctenea sclopetaria.* Hinte den Augen mit deutlichem, nach vorn offenen »V« aus weißen Haaren. An Brücken u. a. Bauwerken neben Fließgewässern.

Hyposinga heri Glanzspinne 3

Merkmale: Körperlänge des ♂ ca. 3 mm, de ♀ um 5 mm. Vorderkörper rotbraun, im Kopfbereich schwarz. Hinterkörper beim ♀ obe mit zwei braunen bis schwarzen, meist mehrfach unterbrochenen Längsbinden, ansonste gelb bis leuchtend rot gefärbt. Beine rot ode braun. Ganzer Körper stark glänzend. ♂ weniger auffallend, oft ohne Rotfärbung.
Reifezeit: Mai bis August.
Lebensraum: Ufer stehender Gewässer, Röhrichte, Seggensümpfe.
Verbreitung: Ziemlich selten, aber an ihre Fundorten meist in größerer Anzahl.
Lebensweise: Die Spinne baut ihr kleine Radnetz in geringer Höhe, oft zwischen Seggenbulten über offenem Wasser. Tagsüber sit sie meist auf der Nabe.
Ähnliche Arten: *Singa hamata.* Ohne Rotfärbung, Hinterkörper oben weiß, mit 2 nahe beieinander liegenden, schwarzen Längsbänderr die in der Hinterleibsmitte durch einige weiß Querstriche unterbrochen sind. Außerder noch mehrere seltene *Singa*-Arten.

Theridiosoma gemmosum Zwergkreuzspinne

Merkmale: Winzige Radnetzspinne (ca. 2 mm) mit kugeligem Hinterkörper. Vorderkörper meistens hellbraun mit unregelmäßiger, schwarzer Zeichnung. Hinterkörper mit silbern oder golden glänzenden Perlmuttflecken und meist mit schwarzem Zeichnungsmuster.
Reifezeit: Ende April bis Juli.
Lebensraum: Schattige, dunkle Stellen an Ufern von Gewässern, besonders an Gräben und Tümpeln in Auwaldgebieten. Meist auf Gräsern, die im flachen Wasser stehen.
Verbreitung: In Mitteleuropa sehr selten, fast nur in Wärmegebieten.
Fortpflanzung: Eikokon ca. 3 mm im Durchmesser, braun, außen glatt und an einem mehrere Zentimeter langen Faden aufgehängt.
Lebensweise: Das Radnetz dieser Art hat gabelig verzweigte Speichen und einen aus der Netzmitte fast rechtwinklig abzweigenden Signalfaden. Dieser wird von der auf der Nabe lauernden Spinne zusammengerafft, so daß sich die Netzebene trichterförmig einsenkt.

Hypomma bituberculata

Merkmale: Körperlänge beim ♂ um 2,5 mm, beim ♀ etwa 3 mm. Beine und Vorderkörper gelb bis rot, Hinterkörper schwarz. In der Kopfregion des ♂ hinter den Augen ein hoch aufragender Scheitelhügel, oben mit zwei beulenförmigen Erhebungen, unten jederseits mit einer Längsfurche. ♀ ohne derartige Bildungen.
Reifezeit: Mai bis Juli.
Lebensraum: Am Ufer stehender und fließender Gewässer, auf Gräsern und Sträuchern.
Verbreitung: Überall häufig.
Fortpflanzung: Zur Einleitung der Paarung senkt das ♂ seinen Vorderkörper, und das ♀ verankert sich mit seinen Chelicerenklauen in den Längsfurchen seitlich am Scheitelhügel des ♂. Dann führt dieses, wie bei den Spinnen üblich, die Spitzen seiner mit Sperma gefüllten Taster (Pedipalpen) in die weibliche Geschlechtsöffnung (auf der Unterseite des Hinterkörpers) ein.
Ähnliche Arten: Zahlreiche weitere Zwergspinnen, die nur nach mikroskopischen Merkmalen zu unterscheiden sind.

Hydracarina Wassermilben

Merkmale: Außer der Wasserspinne sind Wassermilben die einzigen echten Wassertiere unter den Spinnentieren. Größe meist gering, kleinere Arten um 0,5 mm, große bis 4 mm lang. Oft leuchtend rot, daneben blaue, graue, gelbe und z.T. bunt gescheckte Formen. Körper kugelig bis eiförmig, oft mit Einschnürungen und vorspringenden Ecken; vorn mit 1–2 Augenpaaren. Mundwerkzeuge (Cheliceren und Taster) an einem besonderen, vom Körper abgegliederten Abschnitt zwischen der Basis der Vorderbeine. Rumpf mit 4 Beinpaaren, die oft lange Schwimmborsten tragen. Große Artenfülle, in diesem Rahmen nicht weiter nach Arten aufzutrennen.
Lebensraum: Stehende und fließende Gewässer aller Art.
Nahrung: Adulte Wassermilben sind Räuber, die sich in erster Linie von Kleinkrebsen und Insektenlarven, z.T. auch von anderen Milben ernähren. Larven parasitisch (s.u.).
Fortpflanzung: Paarungsverhalten artweise sehr verschieden. Meist setzt das ♂ Spermatophoren ab und überführt sie mit besonders umgestalteten Beinen (i. allg. 3. Beinpaar) in die weibliche Geschlechtsöffnung. Manchmal sind beide Partner dabei durch eine vom ♂ abgesonderte Kittmasse fest miteinander verbunden. Aus den später abgelegten Eiern schlüpfen 6beinige Larven, die Wasserinsekten aufsuchen und sich hier meist an den Beinen festheften. Sie verwandeln sich in ungegliederte, sackförmige Gebilde, die die Körperwand durchbohren und über ein Wurzelgewebe Blutflüssigkeit aufnehmen. Diese unbeweglichen Protonymphen wandeln sich in wieder frei bewegliche, 8beinige Deutonymphen, die nach einem weiteren Dauerstadium, der Tritonymphe, die adulten Milben ergeben. Nicht alle Milbenlarven parasitieren bei Wasserinsekten, es gibt auch solche, die schlüpfreife Insektenlarven aufsuchen, beim Schlüpfen der Imago auf diese übergehen und sich erst dort in Protonymphen umwandeln. Vermutlich bei der Eiablage gehen sie als Deutonymphen ins Wasser zurück.

ca. 10fach

ca. 10fach

Piona sp., ca. 20fach

Milbenlarven an einer
Ruderwanze, ca. 7fach

Limnadia lenticularis 3 G

Merkmale: Gehört wie die vorangegangenen Arten zu einer sehr urtümlichen Krebsgruppe, zu den **Conchostraca**. Bis etwa 15 mm groß, erscheint durch die den ganzen Körper einschließende Schale wie ein riesiger Muschelkrebs. Schale mit zahlreichen Zuwachsstreifen. Körper mit etwa 20 Beinpaaren. Schwimmt nur mit dem Ruderschlag der kräftigen 2. Antennen, 1. Antennen klein und stabförmig. In Mitteleuropa nur ♀♀.
Reifezeit: Mai bis Oktober.
Lebensraum: Sommerliche Überschwemmungsgewässer, oft zusammen mit *Triops cancriformis*.
Verbreitung: In Mitteleuropa selten, z. B. in der Oberrheinischen Tiefebene und im Donautal. Häufiger in Südosteuropa.
Nahrung: Strudelt durch die Blattbeine Plankton und Detritus herbei.
Fortpflanzung: Die hartschaligen, parthenogenetisch gebildeten Eier werden eine Zeitlang am Rücken im Brutraum getragen. Sie bleiben nach Austrocknung des Gewässers zurück.

Eucyclops serrulatus

Merkmale: Vertreter der **Ruderfußkrebse** (Copepoda). Körper ohne Schale. Kopf mit unpaarem Naupliusauge und 2 Antennenpaaren, von denen das 1. länger und kräftiger ist, außerdem mit 3 Paar Mundwerkzeugen. Rumpf mit 11 Segmenten, einem Paar Kieferfüße und 5 Paar Spaltbeinen, die der hüpfenden Fortbewegung dienen. Hinterkörper verschmälert, ohne Gliedmaßen, am Ende gegabelt und mit jederseits 2 kurzen und 2 langen, gefiederten Endborsten. Länge 1–1,5 mm.
Reifezeit: Ganzjährig.
Lebensraum: Stehende und langsam fließende Gewässer aller Art.
Verbreitung: Überall sehr häufig.
Fortpflanzung: Das ♀ trägt nach der Paarung die Eier in 2 Eisäckchen beidseitig an der Basis des Hinterkörpers. Aus diesen schlüpfen Larven mit zunächst nur 3 Segmenten (Nauplius). Sie vergrößern dann von Häutung zu Häutung ihre Segmentzahl.
Ähnliche Arten: Zahlreiche weitere Copepoden, nur mikroskopisch zu unterscheiden.

Daphnia pulex Gemeiner Wasserfloh

Merkmale: Bekanntester Vertreter der **Wasserflöhe** (Cladocera). ♀ 3–4 mm, ♂ höchstens 1,5 mm. Körper mit Ausnahme des Kopfes in eine durchscheinende, zweiklappige Schale eingehüllt, die nach unten in einen Dorn verlängert ist. 1. Antenne beim ♀ winzig, beim ♂ größer. 2. Antenne kräftig, mit langen Ruderborsten. Rumpf mit 5 Blattbeinpaaren.
Reifezeit: ♀♀ von März bis November, ♂♂ vorwiegend im Sommer und Herbst.
Lebensraum: Meist kleine, stehende Gewässer, aber auch in Seen.
Verbreitung: Überall häufig.
Fortpflanzung: ♀♀ erzeugen parthenogenetisch Subitaneier, die sich im Brutraum am Rücken zu fertigen Wasserflöhen entwickeln. Nach Paarung mit ♂♂ bilden die ♀♀ besondere Dauereier, die sogenannten Ephippien, die aus einem Teil ihrer Schale bestehen und 2 Eier enthalten. Sie werden mit dem Schalenteil abgestoßen und überwintern.
Ähnliche Arten: Zahlreiche Arten, die sich nur mikroskopisch unterscheiden lassen.

Cypria ophthalmica

Merkmale: Gehört zu den **Muschelkrebsen** (Ostracoda). Körper ganz von einer hellbraunen, zweiklappigen Schale eingeschlossen. Umriß oben rund, unten fast gerade. Schalenoberfläche mit unregelmäßigem, dunkelbraunem Muster. Am Vorderende ist ein dunkles Auge sichtbar. Bei der Fortbewegung werden die beiden mit langen Schwimmborsten versehenen Antennenpaare, manchmal auch weitere Gliedmaßen zwischen den Schalenhälften hervorgeschoben. Außer 3 Paar Mundwerkzeugen sind nur 2 Extremitätenpaare entwickelt. Körperlänge bis 0,7 mm. Meist nur ♀♀.
Reifezeit: Ganzjährig.
Lebensraum: Vor allem in schlammigen Tümpeln, meist am Bodengrund.
Verbreitung: Überall sehr häufig, oft in dichten Schwärmen.
Fortpflanzung: Durch Ablage parthenogenetisch erzeugter Eier. Aus ihnen schlüpfen Naupliuslarven mit zweiklappiger Schale.
Ähnliche Arten: Zahlreiche weitere, nur mikroskopisch bestimmbare Muschelkrebse.

ca. 5fach

ca. 8fach

ca. 30fach

ca. 20fach

Gammarus pulex Bachflohkrebs

Merkmale: Vertreter der **Flohkrebse** (Amphipoda). Kopf mit nierenförmigen Komplexaugen und 2 langen Antennenpaaren. Geißel der 2. Antenne beim ♂ auffallend verdickt und durch lange Beborstung bürstenartig. Körper seitlich zusammengedrückt, mit weit heruntergezogenen Seitenplatten der einzelnen Segmente. Am Vorderkörper 7 Paar Laufbeine (Peraeopoden), davon die 4 vorderen nach vorn, die 3 hinteren nach hinten gerichtet. 1. und 2. Beinpaar mit taschenmesserartigen Scheren. Extremitäten des Hinterkörpers (Pleopoden) als typische Spaltbeine entwickelt: vorn 3 Paar gefiederte Schwimmbeine, hinten 3 Paar stiftförmige Uropoden. Atmung durch Kiemenblättchen an der Innenseite der Peraeopoden. Körperlänge des ♂ bis 24 mm, ♀ um 15 mm. Weißlich oder gelblich gefärbt.
Reifezeit: Ganzjährig.
Lebensraum: In sandigen oder steinigen, nicht zu sauren Fließgewässern. Vor allem zwischen dichten Wasserpflanzen *(Elodea, Callitriche)*. Selten auch in Seen.
Verbreitung: Sehr häufig, mehr nördlich der Donau.
Fortpflanzung: Das ♂ ergreift das deutlich kleinere ♀ kurz vor einer Reifehäutung und hält sich tagelang auf seinem Rücken. Nach der Häutung wird es vom ♂ mit der Bauchseite nach oben gedreht. Dann befördert dieses mit seinen vorderen Pleopoden Sperma in den Brutraum des ♀, der sich innen zwischen dessen Peraeopoden befindet. In diesen durch Platten nach unten abgeschlossenen Raum legt anschließend das ♀ seine Eier ab. Im Brutraum entwickeln sich die Eier in 3–4 Wochen zu fertig ausgebildeten, kleinen Flohkrebsen. Ein ♀ bringt während seines etwa 1jährigen Lebens ca. 6–9 Bruten hervor, jeweils nach einer Reifehäutung. Insgesamt häutet sich ein *Gammarus* etwa 20mal.
Ähnliche Art: *Gammarus fossarum.* Innenast der 3. Uropoden etwa halb so lang wie der Außenast (bei *G. pulex* fast gleich lang). Antennengeißel beim ♂ nicht verdickt. In kalkreichen Quellbächen nicht selten.

Gammarus roeseli (= Carinogammarus roeseli)

Merkmale: Größe etwa wie *Gammarus pulex.* Von diesem leicht durch die oben scharf gekielten Segmente des Hinterkörpers zu unterscheiden. Diese Kiele sind nach hinten in deutliche, spitze Dornen verlängert. Färbung bräunlich bis gelblich, an den Seiten des Hinterkörpers mit roten Querstreifen.
Lebensraum: In stehenden und fließenden Gewässern, am häufigsten in Flüssen und breiteren Bächen. Auch in Baggerseen und Fischteichen. Offenbar weniger empfindlich gegenüber Verschmutzung der Gewässer.
Verbreitung: Überall häufig.
Nahrung: Pflanzlicher Detritus, Aas.
Lebensweise: Schwimmt durch Ruderschläge der gefiederten 3 vorderen Pleopodenpaare, zum Abstoßen vom Untergrund wird der Hinterkörper ruckartig gestreckt. Läuft am Boden, auf der Seite liegend, mit den 3 hinteren Peraeopoden der jeweils unten liegenden Körperseite; die übrigen Laufbeine werden angewinkelt.

Niphargus fontanus Höhlenflohkrebs

Merkmale: Ähnlich einem *Gammarus,* aber etwas schlanker, Augen fehlen. Uropoden sehr lang, besonders das letzte Paar. Färbung meist schneeweiß. Körperlänge bis etwa 15 mm.
Lebensraum: Verschiedene Vertreter der Gattung *Niphargus* im Grundwasser, in Brunnen, Quellen, Höhlenbächen und anderen Höhlengewässern, z. B. Sinterbecken. Die abgebildete Art vorzugsweise in stehenden Höhlengewässern. Andere Arten z. T. auch in oberirdischen Bächen, in denen *Gammarus* fehlt.
Verbreitung: Höhlen-Flohkrebse sind in entsprechenden Gewässern überall in Mitteleuropa zu finden.
Ähnliche Arten: In Mitteleuropa kommen zahlreiche *Niphargus*-Arten vor, die z. T. nur von einzelnen Fundorten bekannt sind. Die Unterscheidung der Arten ist äußerst schwierig und nur durch Spezialisten möglich. Zudem ist die Berechtigung des Artstatus bei vielen Arten zweifelhaft.

ca. 4fach

ca. 3fach

ca. 4fach

Asellus aquaticus Wasserassel

Merkmale: Vertreter der **Asseln** (Isopoda), einer Ordnung der Krebstiere. Kopf mit Komplexaugen und 2 Paar Antennen, von denen das 1. ziemlich kurz, das 2. etwa körperlang ist. Rückenplatten der Segmente nur schwach gewölbt. Vorderkörper mit 7 getrennten Segmenten und ebenso vielen stabförmigen Laufbeinpaaren. Hinterleibssegmente zu einer einheitlichen Platte, dem Pleotelson, verschmolzen, unten mit 5 Paar blattförmigen, kiementragenden Pleopoden und 1 Paar gegabelter, stiftförmiger Uropoden, die weit über das Hinterende hinausragen. Körperlänge des ♂ bis 12 mm, des ♀ nur bis 8 mm. Färbung grau mit helleren Flecken, manchmal weißlich.
Reifezeit: Ganzjährig.
Lebensraum: Stehende und fließende Gewässer aller Art, vorwiegend am Gewässerboden.
Verbreitung: Überall sehr häufig.
Nahrung: Abgestorbene Pflanzenteile (z. B. ins Wasser gefallene Blätter) und Detritus.
Fortpflanzung: Wie beim Bach-Flohkrebs findet die Paarung im Zusammenhang mit einer Häutung des ♀ statt. Das ♂ reitet tagelang auf dem deutlich kleineren ♀. Dann häutet dieses zunächst seinen hinteren Körperabschnitt. Dabei vergrößern sich seine Geschlechtsöffnungen um ein Mehrfaches. Jetzt schiebt das ♂ seinen Hinterkörper unter den des ♀ und überträgt mit den vorderen Pleopoden sein Sperma in die weiblichen Geschlechtsöffnungen. Etwa 10 Stunden später wird der vordere Abschnitt gehäutet. Dabei entfalten sich breite Platten, die unter dem Vorderkörper einen Brutraum abgrenzen und zugleich den Zugang zu den Geschlechtsöffnungen versperren. Wenig später legt das ♀ in den Brutraum bis über 100 Eier ab, die sich dort zu fertig ausgebildeten, kleinen Wasserasseln entwickeln. Ein ♀ kann sich etwa alle 3 Wochen paaren und Eier ablegen. Seine Lebensdauer beträgt etwa 1 Jahr.
Ähnliche Arten: *Asellus meridianus.* 2. Antenne nur etwa ⅔ so lang wie der Körper. Bisher nur westlich des Rheins nachgewiesen. Zur Unterscheidung von *Asellus cavaticus* s. u.

Asellus cavaticus Höhlenassel

Merkmale: Kleiner und schlanker als die Wasserassel. Körperlänge 5–8 mm, ♂ meist kleiner als das ♀. Färbung weißlich, durchscheinend. Dadurch sind innere Organe, z. B. der Darm, von außen zu erkennen. Kann durch anhaftende Schlammpartikel auch dunkler erscheinen. Pleotelson etwas länger als breit, mit runden Seiten, Endzipfel schwach entwickelt bis fehlend.

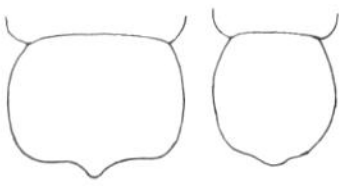

Lebensraum: Unterirdische Gewässer, z. B. im Grundwasser und in Höhlenbächen, oft zusammen mit Vertretern der Gattung *Niphargus.* In Quellbächen auch oberirdisch zu finden, dann aber höchstens wenige Meter vom Quellaustritt entfernt. Hält sich dort vor allem unter Steinen auf.
Verbreitung: In Süd- und Mitteldeutschland weit verbreitet, aber meist in geringer Individuenzahl. Wurde erstmals 1864 in der Falkensteiner Höhle auf der Schwäbischen Alb gefunden (»locus classicus« dieser Art). In neuerer Zeit wurden dort nur noch ganz vereinzelte Exemplare beobachtet.
Nahrung: Lebt vermutlich von Detritus und totem Holz, das immer wieder in unterirdische Gewässer eingeschwemmt wird.
Ähnliche Art: *Asellus aquaticus f. cavernicola.* Keine Art, sondern nur eine besondere Form der **Wasserassel,** die bei Lichtmangel entsteht. Unpigmentiert, Augen verkümmert, daher leicht mit der Höhlenassel zu verwechseln. Außer durch die Körpergröße (wie die typische Wasserassel) auch durch die Form des Pleotelsons von *A. cavaticus* zu unterscheiden. Dieses ist bei *A. aquaticus* breiter als lang, mit nur schwach gebogenen Seiten und hinten in einen deutlich abgesetzten, dreieckigen Zipfel ausgezogen. In Quellen und Höhlengewässern, z. B. in einigen jugoslawischen Höhlen sehr häufig (kommt auch in Süddeutschland vor).

ca. 5fach

ca. 10fach

Astacus astacus Flußkrebs oder Edelkrebs 1 G

Merkmale: Größter mitteleuropäischer Vertreter der **Zehnfüßigen Krebse** (Decapoda) im Süßwasser. ♂ bis 18, gelegentlich 25 cm lang, ♀ meist unter 15 cm. Vorderkörper mit einheitlicher Rückenplatte (Carapax) bedeckt. Komplexaugen gestielt, 2. Antenne fast körperlang. 5 Paar Schreitbeine, von denen das 1. besonders beim ♂ sehr kräftige Scheren trägt. Auch das 2. und 3. Beinpaar mit kleinen Scheren. Hinterkörper mit 5 (beim ♀ nur 4) Paar gespaltener Pleopoden und 1 Paar Uropoden. Diese ebenfalls gespaltenen, flachen Uropoden bilden zusammen mit einem endständigen Hinterleibsanhang, dem Telson, einen 5blättrigen Schwanzfächer. Färbung rotbraun, grau oder gelblich, Scheren auf der Unterseite rot.
Lebensraum: Saubere Fließgewässer und größere Seen; in Uferhöhlen und unter Steinen.
Verbreitung: Früher in Mitteleuropa weit verbreitet und vielerorts häufig. Heute durch Gewässerverschmutzung selten geworden.
Nahrung: Wasserpflanzen, Schnecken und andere Wassertiere, auch Aas.
Fortpflanzung: Paarung im Oktober und November. Dabei klebt das ♂ dem ♀ mit seinen vorderen Pleopoden schlauchförmige Spermatophoren außen an die Geschlechtsöffnung. Etwa 2–3 Wochen später legt das ♀ Eier ab. Dabei dreht es sich auf den Rücken und klappt den Hinterleib bauchwärts, so daß ein fast geschlossener Hohlraum entsteht. In diesen hinein preßt es einen zähen Schleim und zahlreiche Eier, während sich die Spermatophore auflöst und die Eier befruchtet. Der Schleim erhärtet im Wasser und befestigt die Eier an den Pleopoden. Ein halbes Jahr später schlüpfen aus den meist einigen hundert Eiern nur etwa 20 weitgehend fertig entwickelte Krebslarven (noch ohne Schwanzfächer), die sich nach einigen Wochen zu fertigen, kleinen Krebsen häuten.
Allgemeines: In der 2. Hälfte des 19. Jahrhunderts wurden die Krebsbestände durch die Krebspest, eine Pilzinfektion, über weite Strekken ausgelöscht.

Austropotamobius torrentium 2 G
Steinkrebs

Merkmale: Sehr ähnlich dem **Edelkrebs,** aber deutlich kleiner. Körperlänge bis 8 cm, in seltenen Fällen bis 12 cm. Färbung grau oder gelblich, Scheren auf der Unterseite weißlich.
Lebensraum: Saubere, kiesige oder steinige Bäche; unter Steinen.
Verbreitung: Im südlichen und mittleren Deutschland, nach Norden bis zur Mainlinie, z. T. noch etwas weiter nördlich. Gebietsweise nicht selten, aber überall durch Gewässerverschmutzung zurückgehend.
Lebensweise: Schwimmt (wie alle Flußkrebse) stoßweise rückwärts durch ruckartige Schläge des Schwanzfächers und Einklappen des Hinterkörpers.
Ähnliche Art: *Astacus leptodactylus* **(Sumpfkrebs).** Größe etwa wie der **Edelkrebs.** Scheren auffallend lang, mit sehr schmalen Fingern. Färbung blaß gelbgrau. In Mitteleuropa nicht heimisch, wird aber zu Ernährungszwecken aus Südosteuropa eingeführt.

Orconectes limosus
Amerikanischer Flußkrebs

Merkmale: Kleiner und schmächtiger als der Edelkrebs. Körperlänge bis 12 cm. Auffälligstes Merkmal sind rote Querbinden oben auf den Hinterleibsringen. ♂ mit einem Haken an der Basis des 3. Beinpaares, mit dem es sich bei der Paarung am ♀ festhält. ♀ zwischen 4. und 5. Beinpaar mit einer Tasche, in die das ♂ sein Sperma füllt.
Lebensraum: In Flüssen, Bächen und Seen. Stellt an die Sauberkeit der Gewässer weniger hohe Ansprüche.
Verbreitung: Wurde 1890 aus Nordamerika eingeführt und bei Berlin ausgesetzt. Hat sich über Flüsse und Kanalsysteme weit ausgebreitet. Heute um Berlin sehr häufig, außerdem im Mittellandkanal, im Rhein und seinen Nebenflüssen sowie in einigen weiteren Gewässersystemen.
Fortpflanzung: Paarungszeit im September und Oktober, Eiablage erst im Frühjahr. 5–6 Wochen später schlüpfen im Juni die Larven.
Allgemeines: Gegen die Krebspest immun.

Podura aquatica Schwarzer Wasser-Springschwanz

Merkmale: Ein etwas plumper, blauschwarzer Springschwanz mit 1–1,4 mm Körperlänge. Körper deutlich segmentiert; Thorax aus 3, Abdomen aus 6 Segmenten zusammengesetzt. Kopf mit 4gliedrigen, kurzen Fühlern. Mundwerkzeuge in Ruhelage in die Kopfkapsel zurückgezogen, von außen nicht sichtbar. Augen klein, aus jeweils 8 Einzelaugen (Ommatidien) bestehend. Bauchseite des 1. Abdominalsegments mit unpaarem zapfenförmigem Anhang, dem Ventraltubus. 4. Segment unterseits mit langer Sprunggabel (Furca). Diese besteht aus einem unpaaren Schaft (Manubrium) und 2 gabelzinkenartigen Fortsätzen (Dentes), die ihrerseits noch einen kurzen Endabschnitt (Mucro) besitzen. Letzterer ist in Anpassung an die Lebensweise auf dem Wasserspiegel lamellenartig verbreitert. Die Furca wird in Ruhelage unter dem Körper nach vorn eingeklappt; dabei wird sie von einem hakenförmigen Anhang unter dem 3. Segment, dem Retinaculum, festgehalten. In Ruhelage reicht sie nach vorn etwa bis zum mittleren Beinpaar.

Reifezeit: ganzjährig.

Lebensraum: Ufer stehender Gewässer.

Verbreitung: Allgemein verbreitet und überall häufig.

Lebensweise: Die Art tritt oft in so dichten Scharen auf, daß die Wasseroberfläche schwärzlich erscheint. Die Tiere sitzen vor allem auf im Wasser treibenden, abgestorbenen Pflanzenteilen. An ihren Aufenthaltsorten sind auch die weißen, nach der Häutung zurückbleibenden Chitinhüllen (Exuvien) in großer Zahl zu finden.

Nahrung: Verrottende Pflanzenreste.

Fortpflanzung: Die Samenübertragung geht indirekt, ohne Kopulation, vonstatten. Das ♂ betrillert zunächst ein ♀ mit den Fühlern und führt vor ihm auffallende Streckbewegungen aus. Anschließend setzt es vor der Partnerin 4 in einem Halbkreis angeordnete, gestielte Spermatophoren auf der Wasseroberfläche ab. Diese haben eine Höhe von 0,1 mm; sie werden vom ♀ aufgenommen, nachdem dieses vom ♂ dorthin dirigiert wurde.

Sminthurides aquaticus Kugelspringer

Merkmale: Kugelförmiger Springschwanz, ♂ 0,5 mm, ♀ 1 mm lang. Färbung weißlich, grünlich oder violett. Körper undeutlich gegliedert. Thorax mit dem Abdomen verschmolzen. Antennen 4gliedrig, deutlich länger als der Kopf, beim ♂ zu einem Klammerorgan umgewandelt: Das 2. Glied besitzt auf der Innenseite 2 borstentragende Höcker, das 3. Glied einen langen Stachel und einen etwas kürzeren Zapfen. Beim ♀ ist das 4. Antennenglied deutlich länger als beim ♂.

Reifezeit: Ganzjährig.

Lebensraum: Dicht bewachsene Tümpel und Teiche, vor allem solche mit dichten Teppichen der Kleinen Wasserlinse *(Lemna minor)*. Selbst auf winzigen Pfützen.

Verbreitung: Überall häufig.

Lebensweise: Hält sich meist auf Wasserlinsenteppichen auf. Kann mit der Sprunggabel weite Sprünge (bis ca. 20 cm) ausführen. Heftet sich manchmal mit dem Ventraltubus, der bei dieser Art besonders lang ist, an der Unterlage fest.

Nahrung: Vorwiegend grüne Pflanzen, besonders Wasserlinsenblätter.

Fortpflanzung: Vor der Spermaübergabe umgreift das ♂ mit seinen Klammerantennen beide Antennen des deutlich größeren ♀; die Partner stehen sich dabei Kopf an Kopf gegenüber. In dieser Haltung läßt sich das ♂ stundenlang, manchmal sogar tagelang, vom ♀ tragen. Schließlich läßt es sich wieder zum Wasserspiegel herab und zieht die Partnerin hinter sich her. Dann setzt es eine Spermatophore ab und zerrt das ♀ darüber. Die Eier werden in kleinen Vertiefungen auf der Oberfläche von Wasserlinsen abgelegt.

Fühler des ♂

Paarung

ca. 8fach

♀ ca. 30fach

Merkmale: Große Eintagsfliege mit 16–24 mm Körperlänge und 30–45 mm Flügelspannweite. Flügel mit dichtem Adernetz und einigen dunklen Flecken; Hinterflügel etwa halb so lang wie die Vorderflügel. Kopf und Thorax schwarz, Abdomen weißlich. Vordere Hinterleibssegmente mit schwacher, hintere mit deutlicher, kommaförmiger Zeichnung. Hinterende mit 3 beim ♂ sehr langen Schwanzfäden (30–40 mm), beim ♀ kürzer. Auch die Vorderbeine des ♂ stark verlängert (fast flügellang). **Larve** mit zylindrischem Körper, weißlich, oben mit der gleichen Zeichnung wie die Imago. Beine kurz und kräftig. Mandibeln sichelförmig, ihre Spitzen nach außen gebogen. Seitlich an den Hinterleibssegmenten zweizipflige, am Rand lang gefranste Tracheenkiemen, die über den Körper gelegt werden. Am Hinterende 3 kurze, bewimperte Schwanzfäden.

Flugzeit: Mai bis Juli, vereinzelt noch im September.

Lebensraum: Saubere Fließgewässer, seltener an Seen.

Verbreitung: Im Bergland verbreitet und häufig, in der norddeutschen Tiefebene seltener.

Nahrung: Imagines nehmen keine Nahrung auf, da die Mundwerkzeuge zurückgebildet sind.

Fortpflanzung: Die ♂♂ tanzen in der Abenddämmerung über dem Gewässer, indem sie in ständiger Wiederholung einen Steigflug ausführen und sich anschließend wieder absinken lassen. An günstigen Tagen (besonders Anfang Juni bei schwülem Wetter) können sich dabei dichte Schwärme bilden. Kommt ein ♀ hinzu, wird es sofort von einem der ♂♂ ergriffen und zur Paarung entführt. Sofort nach der Paarung fliegt das ♀ niedrig über dem Wasser und taucht mehrfach seinen Hinterleib kurz ein. Dabei werden die hervorquellenden Eier abgestreift. Die Lebensdauer der Imago beträgt etwa 2–4 Tage.

Lebensweise der Larve: Die schmale, zylindrisch geformte *Ephemera*-Larve gräbt mit ihren sichelförmigen Mandibeln und den kräftigen Beinen Gänge im Boden des Gewässers, meist an schlammigen oder feinsandigen, etwas ruhigeren Stellen. Sie ernährt sich offenbar von im Boden enthaltenen Detritusteilchen, die sie zusammen mit Schlammpartikeln aufnimmt. Unverdauliche Bestandteile werden wieder ausgeschieden. An günstigen Stellen kann man die Larven mit einem Sieb in großer Anzahl fangen. Ihre Entwicklung ist offenbar 2jährig.

Schlüpfvorgang: Kurz vor dem Schlüpfen der geflügelten Stadien werden die hinten am Thorax der Larve erkennbaren Flügelanlagen schwarz. Schließlich steigt sie zur Wasseroberfläche empor (durch eine Luftschicht, die sich unter der Haut gebildet hat, wird sie leichter als das Wasser) und häutet sich dort in eine geflügelte Eintagsfliege, die sich allerdings deutlich von der Imago unterscheidet. Sie hat milchig grau getönte Flügel, und die Schwanzfäden sind noch verhältnismäßig kurz. Es handelt sich hierbei um ein zusätzliches geflügeltes Stadium, die **Subimago,** eine einmalige Erscheinung unter den Insekten, die nur von den Eintagsfliegen bekannt ist. Die Subimago ist weniger flugtüchtig als die **Imago.** Etwa einen Tag nach dem Schlüpfen setzt sie sich auf einer Pflanze nieder und häutet sich dort innerhalb weniger Sekunden ein letztes Mal. Jetzt erst schlüpft die fertig entwickelte, fortpflanzungsfähige Eintagsfliege. Da ihre Flügel innerhalb bereits flächig ausgebildeter Flügel entstanden sind, haben sie von Anfang an die endgültige Größe, müssen also nicht erst durch Einpumpen von Blutflüssigkeit gestreckt werden.

E. danica

E. vulgata

E. glaucops

Ähnliche Arten: *Ephemera vulgata.* Hinterleib auch auf den vorderen Segmenten mit deutlicher, kommaförmiger Zeichnung. An langsam fließenden und stehenden Gewässern, mehr im Flachland. Seltener als *E. danica* und offenbar im Rückgang begriffen. *Ephemera glaucops.* Hinterleib bräunlich, mit sehr schmalen, strichförmigen Zeichnungen. Vor allem in Süddeutschland an Baggerseen, oft zusammen mit *E. vulgata.* Durch Kiesabbau anscheinend in Ausbreitung begriffen.

Larve

Subimago

Imaginalhäutung

♂

Merkmale: Kleine Eintagsfliege (Körperlänge 5,5–9 mm) mit nur 2 Schwanzfäden. Vorderflügel glasartig durchsichtig, relativ schmal, mit zahlreichen Längsadern, aber nur wenigen Queradern. Hinterflügel winzig (ca. 2 mm lang und 0,7 mm breit), mit 3 Längsadern. Körper dunkelbraun, Abdomen heller. ♂ mit verlängerten Vorderbeinen und sehr auffälligen Augen. Die Komplexaugen sind nämlich unterteilt in seitlich liegende, dunkelbraune »Normalaugen« und senkrecht nach oben gerichtete, hell rotbraune **»Turbanaugen«**. Diese haben ein viel gröberes Facettenmuster als die normalen Komplexaugen, dienen also offensichtlich dem Dämmerungssehen. Ihre Ausbildung steht sicher in Zusammenhang mit dem Paarungsverhalten. **Larve** schlank, gelblich bis grünlich, mit 3 lang behaarten Schwanzfäden, von denen der mittlere kürzer ist als die äußeren. Abdomen jederseits mit 7 einfachen, eiförmigen Kiemenblättchen. Länge 5–9 mm.

Flugzeit: Mai bis Oktober in 2 Generationen, manchmal sogar mitten im Winter.

Lebensraum: Fließende Gewässer aller Art, auch mäßig verunreinigte.

Verbreitung: Überall sehr häufig.

Lebensweise: Fliegt vor allem in der Dämmerung und sammelt sich oft an Lichtquellen.

Fortpflanzung: Die Paarung findet im Flug statt, meist in großer Höhe. Das ♀ kriecht zur Eiablage ins Wasser hinab und klebt die Eier in flachen Gelegen an Steine. Bestimmte, günstig liegende Steine sind oft großflächig mit den Eigelegen dieser Art überzogen. Die Lebensdauer der Imago beträgt 2 Tage.

Lebensweise der Larve: Die Larve kann durch schlängelnde Auf- und Abbewegungen des Hinterleibs recht flink schwimmen. Sie hält sich meist auf moosbewachsenen Steinen oder in flutenden Wasserpflanzen auf. Dabei richtet sie ihren Kopf stets gegen die Strömung. Als Nahrung dienen Algen und pflanzlicher Detritus.

Schlüpfvorgang: Ähnlich wie bei *Ephemera*. Die Subimago hat dunkelgrau getönte Flügel und als ♂ schon Turbanaugen. Sie häutet sich nach 1–1½ Tagen zur Imago.

Ähnliche Arten: Zahlreiche weitere Arten der Gattung *Baetis*, die nur nach mikroskopischen Merkmalen von *B. rhodani* zu unterscheiden sind. Bei den Larven einiger Arten Tendenz zur Rückbildung der mittleren Schwanzborste. Bei den *Cloeon*-Arten (s. folgende Doppelseite) fehlen die Hinterflügel völlig. Die Kiemenblättchen 1–6 ihrer Larven sind verdoppelt.

Allgemeines: Eintagsfliegen gehören zu den urtümlichsten Insekten. Ihre ältesten Vertreter sind aus dem Karbon bekannt. Sie besiedeln heute in großer Arten- und Individuenzahl alle denkbaren Süßgewässer. Von den ca. 2000 weltweit bekannten Arten kommen in Mitteleuropa etwa 70 vor. Die größte Artendichte herrscht in sauberen Fließgewässern. Hier lassen sich bei den Larven 3 verschiedene Typen der Anpassung an die Wasserströmung feststellen. 1. **Grabende Formen.** Hierzu gehört die *Ephemera*-Larve, die sich der Strömung entzieht, indem sie sich in den Boden eingräbt. 2. **Abgeflachte Formen.** Diese Gruppe umfaßt Vertreter verschiedener Verwandtschaftskreise. Alle zeichnen sich durch einen stark abgeflachten, stromlinienförmigen Körper aus, der es ihnen ermöglicht, sich selbst in starker Strömung noch frei auf den glatten Steinen zu bewegen. Am bekanntesten sind die *Ecdyonurus*-Arten und weitere Vertreter aus ihrer Familie. Erwähnenswert sind aber auch die sehr seltene *Oligoneuriella rhenana,* die ihre Mundwerkzeuge zu Anheftungsorganen umgebildet hat, und die in Mitteleuropa ausgestorbene *Prosopistoma foliaceum* mit ihrem schildförmigen Körper. 3. **Kriechende Formen.** In dieser Gruppe findet man meist kleinere Arten ohne auffallende Veränderungen der Körpergestalt, die sich mit ihren Fußkrallen in der flutenden Vegetation festhalten. Typische Vertreter sind die Arten der Gattungen *Baetis, Siphlonurus* und *Ephemerella.* Eine Übergangsform zwischen dem 2. und 3. Larventyp stellt schließlich die *Potamanthus*-Larve dar. Ihr Körper ist nicht besonders abgeflacht, aber die ausgebreiteten, lang gefransten Kiemenfäden bewirken eine Vergrößerung der Kontaktfläche mit dem Substrat, so daß sich diese Larve in Fließgewässern mit nicht zu starker Strömung ganz gut auf den Steinen halten kann.

♂

Turbanaugen ca. 20fach

Larve

Cloeon dipterum Fliegenhaft

Merkmale: Imago ähnlich den *Baetis*-Arten, aber ohne Hinterflügel. **Larve** wie die *Baetis*-Larve mit 7 Paar Kiemenblättern. Die vorderen 6 Paare sind aber verdoppelt und alle Blätter deutlich breiter. Länge 5–9 mm.
Lebensraum: Stehende, seltener langsam fließende Gewässer, auch an kleinsten Tümpeln.
Verbreitung: Überall häufig.
Fortpflanzung: Die ♂♂ tanzen in dichten Schwärmen, oft in größerer Entfernung vom Schlüpfort. Ein ♀, das über diesen Schwarm fliegt, wird sofort zur im Flug stattfindenden Paarung ergriffen. Danach begibt es sich nicht gleich zur Eiablage, sondern hält sich noch 1–2 Wochen versteckt. In dieser Zeit findet in seinem Körper die Embryonalentwicklung statt. Erst wenn diese kurz vor dem Abschluß steht, werden die schlüpfreifen Eier im Gewässer abgelegt. Falls das ♀ nicht zur Paarung kommt, kann es sogar (ohne Nahrungsaufnahme) mehrere Wochen leben.
Ähnliche Arten: Mehrere seltenere *Cloeon*-Arten.

Ephemerella ignita

Merkmale: Imago klein (Körperlänge 6–10 mm), mit 3 Schwanzfäden und dichter Flügeladerung. **Larve** untersetzter als die *Baetis*-Larve, mit kurzen, kräftigen Beinen. Schwanzfäden mit ganz kurzen Borsten besetzt. 5 Paar Kiemenblättchen, oben auf dem Hinterleib liegend; bedecken jeweils ein 2. Blättchen, das sich aus zahlreichen Lamellen zusammensetzt. 3.–9. Abdominalsegment mit Seitendornen. Länge 7–10 mm.
Flugzeit: Mai bis September.
Lebensraum: Fließgewässer aller Art, seltener in stehenden Gewässern.
Verbreitung: Überall häufig.
Fortpflanzung: Die Eier quellen aus dem Abdomen des ♀ als kugelige Masse hervor. Diese wird ins Wasser abgeworfen.
Ähnliche Arten: *Ephemerella mucronata.* Larve auffallend hell-dunkel gescheckt, dadurch sehr bunt wirkend. *Ephemerella major.* Larve deutlich kürzer und breiter, stark behaart. Meist mit Schlammteilchen bedeckt. Beide Arten in Bergbächen.

Siphlonurus sp.

Merkmale: Imago mittelgroß (Körperlänge 10–15 mm), mit 2 Schwanzfäden. Beim ♂ Augen andeutungsweise geteilt. **Larve** schlank, Kopf senkrecht gestellt. Kiemenblätter sehr breit, die beiden vorderen Paare verdoppelt. Abdominalsegmente mit flachen, nach hinten gerichteten Seitendornen. Hinterende mit 3 etwa gleich langen, lang behaarten Schwanzfäden. Länge 10–13 mm.
Flugzeit: Mai bis Juli.
Lebensraum: Saubere Fließgewässer.
Verbreitung: Allgemein verbreitet, vor allem im Bergland.
Schlüpfvorgang: Die Larve kommt zur Subimaginalhäutung aus dem Wasser heraus und klammert sich an Pflanzen oder Steinen fest. Die Häutung dauert gut 1 Minute. Die Subimago häutet sich nach 2–3 Tagen wieder.
Fortpflanzung: Der Hochzeitsflug findet nur an warmen, trockenen Tagen statt. Nach der im Flug vollzogenen Paarung wirft das ♀ seine Eier, ebenfalls fliegend, ins Gewässer ab. Lebensdauer der Imago 4–5 Tage.

Caenis sp.

Merkmale: Imago sehr klein (3–8 mm), weißlich, mit 3 Schwanzfäden, die beim ♂ die vierfache, beim ♀ nur die halbe Körperlänge erreichen. Hinterflügel fehlen. **Larve** mit einem großen, etwas eckigen Kiemenpaar oben auf dem Abdomen, das die folgenden, am Rand gefransten Kiemenblätter bedeckt. Hinterleibssegmente mit Seitendornen. Schwanzfäden kurz beborstet. Länge 4–7 mm.
Lebensraum: Stehende und fließende Gewässer aller Art.
Verbreitung: Überall häufig.
Schlüpfvorgang: Die Subimago häutet sich bereits nach kurzer Zeit wieder. Häufig findet die Imaginalhäutung im Verband eines Schwarmes statt, der sich dann auf allen möglichen Gegenständen, auch auf Kleidungsstücken und menschlicher Haut, niederläßt.
Fortpflanzung: ♂♂ und ♀♀ tanzen gemeinsam in dichten Schwärmen, die (bei Fließgewässern) flußaufwärts wandern. Die Tiere sterben noch am gleichen Tag, an dem sie aus der Larve geschlüpft sind.

Larve

Larve

Larve

Larve

Leptophlebia marginata 3

Merkmale: Imago dunkelbraun mit leicht bräunlich getönten Flügeln, 3 Schwanzfäden. Augen des ♂ geteilt. Körperlänge 6–12 mm. **Larve** mit 7 zweiästigen Kiemenpaaren. 1. Paar schmal gabelförmig, die folgenden an der Basis rundlich, mit fadenförmigem Spitzenteil. Am Hinterende 3 gleich lange, unbehaarte Schwanzfäden.

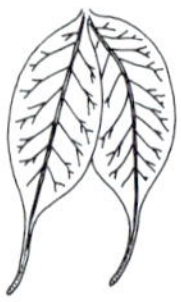

Tracheenkieme

Lebensraum: Stehende und langsam fließende, saubere Gewässer.
Verbreitung: Nur lückenhaft verbreitet, vor allem im Flachland.
Ähnliche Arten: *Leptophlebia vespertina*. Larve mit etwas schmäleren Kiemen, gehen von eiförmiger Basis allmählich in den schmalen Spitzenteil über. *Paraleptophlebia sp.* Alle Kiemenfäden schmal gabelförmig. *Habrophlebia sp.* Kiemen jeweils in ca. 10 schmale Fäden geteilt.

Potamanthus luteus 2

Merkmale: Imago auffallend gelb, mit braunem Längsband oben auf dem Abdomen. 3 Schwanzborsten. Körperlänge 10–13 mm. **Larve** ebenfalls gelb mit brauner Zeichnung. Abdomen mit 6 Kiemenpaaren. Diese sind gegabelt, fadenförmig und am Rand mit langen Fransen besetzt. Sie werden flach auf der Unterlage ausgebreitet. Länge wie die Imago.
Flugzeit: Juni bis September.
Lebensraum: Steinige Flüsse mit mäßiger Strömung.
Verbreitung: Früher in Mitteleuropa weit verbreitet, heute durch Gewässerverschmutzung selten geworden. In der älteren Literatur z. B. für den Oberrhein angegeben, wo die Art längst ausgerottet ist. Heute u. a. noch in Hochrhein, Kocher, Jagst und einigen Donau-Nebenflüssen.
Lebensweise der Larve: Lebt auf und unter Steinen. Nicht leicht zu finden, da sie meist mit Schlamm bedeckt ist und sich ruhig in Vertiefungen drückt, wenn man Steine aus dem Wasser nimmt.

Oligoneuriella rhenana
Rheinmücke 1

Merkmale: Imago weißlich, Körperlänge 9–15 mm. Flügel milchig, mit dicken Längsadern. **Larve** fast torpedoförmig. 7 Paar winzige, schuppenförmige Kiemenpaare am Abdomen mit darunter liegenden Kiemenbüscheln. Weitere Kiemenbüschel an den Maxillen. Unterlippe als Anheftungsorgan entwickelt.
Flugzeit: Juli/August bis Oktober.
Lebensraum: Saubere Fließgewässer.
Verbreitung: Früher am Rhein massenhaft (»Rheinmücke«), heute dort ausgestorben. Wenige Restpopulationen im Alpenvorland.
Schlüpfvorgang: Die Larve häutet sich in der Abenddämmerung an der Wasseroberfläche zur Subimago. Diese verwandelt sich wenige Minuten später fliegend (!) in die Imago.
Fortpflanzung: Zuerst schwärmen die ♂♂. Wenig später erscheinen die weiblichen Subimagines, die sich paaren, anschließend häuten und flußaufwärts fliegen. Schließlich sinken sie 3–4 Stunden nach dem Schlüpfen mit den Eiern sterbend ins Wasser.

Prosopistoma foliaceum
Schildhaft 0

Merkmale: Larve sehr klein (ca. 4 mm lang), fast kreisrund. Thorax und vordere Abdominalsegmente zu einem flachen Schild verschmolzen, hinten 4 freie Hinterleibssegmente mit 3 stummelförmigen, behaarten Schwanzfäden. Beine von oben nicht sichtbar. Atmung durch 5 unter dem Schild verborgene Kiemenpaare.
Lebensraum: Größere, steinige Fließgewässer mit guter Wasserqualität.
Verbreitung: Wurde zu Beginn des Jahrhunderts mehrfach im Rhein und seinen Nebenflüssen gefunden. Die letzten Funde liegen aber mehr als 50 Jahre zurück. Die Art ist offenbar in ganz Mitteleuropa ausgestorben. Das abgebildete Exemplar wurde im September 1979 bei Grosseto in der Toscana entdeckt (Erstnachweis für Italien).
Lebensweise der Larve: Lebt auf Steinen in starker Strömung, meist in größerer Wassertiefe. Kann sich wie ein Saugnapf festsetzen, so daß sie kaum vom Untergrund zu lösen ist. Kann auch schnell schwimmen.

Larve

Larve

Larve

Larve ca. 10fach

Merkmale: Große Steinfliege, ♂ mit 15–20 mm, ♀ mit 19–25 mm Körperlänge. Körper überwiegend schwarzbraun. Auf dem etwas helleren, unterseits gelben Kopf wird der Raum zwischen den 3 Ocellen (Stirnaugen) von einem rundlichen, schwarzen Fleck ausgefüllt. Der Kopf ist mit langen, vielgliedrigen Fühlern und verkümmerten, nicht funktionsfähigen Mundwerkzeugen ausgestattet. Thorax aus 3 etwa gleich großen Segmenten zusammengesetzt, die beiden hinteren mit großen, häutigen Flügeln. Hinterflügel etwas kürzer, aber deutlich breiter als die vorderen; in Ruhelage zusammengefaltet und unter den flach über dem Hinterleib liegenden Vorderflügeln verborgen. Beine seitwärts ausgebreitet, mit 3gliedrigen Tarsen. Die Fußglieder 1 und 2 sehr kurz, zusammen kürzer als das 3., krallentragende Glied. Hinterleib an der Spitze mit 2 langen, vielgliedrigen Schwanzfäden (Cerci), die sehr den Fühlern ähneln. Letztes (10.) Hinterleibssegment beim ♂ oben mit 2 hakenförmigen, nach innen und vorn gekrümmten Fortsätzen (hinter dem 10. liegen noch 2 unvollständige Segmente). ♀ am Hinterrand des 8. Bauchsegments mit 2 kurzen, dreieckigen Zipfeln. Die **Larve** ist bis auf die fehlenden Flügel der Imago ähnlich. Deutlich abgeflacht, Beine stark seitlich abgespreizt und am Hinterrand der Schenkel und Schienen mit dichten, weißlichen Haarsäumen besetzt. Färbung heller und bunter als bei der Imago. Kopf, Thorax und Abdomen mit deutlichen, gelben Flecken in der dunkelbraunen Grundfärbung. An den Thoraxseiten über den Beinwurzeln büschelige, weiße Tracheenkiemen.

Flugzeit: Mai bis August.

Lebensraum: An Bergbächen und Oberläufen von Flüssen mit starker Strömung und steinigem Grund. Sehr empfindlich gegen Gewässerverschmutzung.

Verbreitung: Typische Art der Mittelgebirge, gebietsweise nicht selten. In den Alpen nur bis auf 800 m. Im Flachland praktisch fehlend. In vielen Gegenden stark zurückgegangen.

Lebensweise: Die Imago sitzt träge auf der Ufervegetation, oft z. B. unter Pestwurzblättern, oder auf Steinen unmittelbar am Bachufer. Sie fliegt nur wenig; bei Störungen läßt sie sich meist fallen und versucht, flink davonzulaufen.

Nahrung: Die ausgewachsene Steinfliege nimmt keine Nahrung zu sich, sie trinkt nur etwas Wasser.

Lebensweise der Larve: Die Larve gehört zu den gefräßigsten Räubern in einem Bergbach. Sie ernährt sich fast ausschließlich von anderen Insektenlarven, besonders von Eintagsfliegen-, Köcherfliegen- und Zuckmückenlarven, nicht zuletzt auch von den Larven kleinerer Steinfliegenarten. Die Entwicklung wird während der kalten Wintermonate nicht unterbrochen, da der temperaturbedingte Entwicklungsnullpunkt ungewöhnlich tief, wenig über 0° C liegt. So tiefe Temperaturen werden in ihren Gewässern nicht erreicht. Die gesamte Entwicklung bis zur Imago dauert 3 Jahre.

Schlüpfvorgang: Das letzte Larvenstadium nimmt kurz vor der Imaginalhäutung keine Nahrung mehr auf. Unter der Haut bildet sich eine Luftschicht, und die Larve verläßt schließlich, meist während der Nacht, das Wasser, klettert an Uferpflanzen, Steinen oder Brükkenpfeilern empor und krallt sich dort fest. Dann platzt die Rückenhaut, und die fertige Steinfliege kommt in wenigen Minuten aus der Hülle hervor. Im Verlauf von etwa einer weiteren Viertelstunde werden die Flügel durch Einpumpen von Blutflüssigkeit gestreckt.

Ähnliche Arten: *Perla burmeisteriana.* Imago noch dunkler; Kopf nur mit einzelnen, hellen Flecken, sonst schwarzbraun, auch auf der Unterseite. Larve auch an der Abdomenspitze zwischen den Schwanzfäden mit Kiemenbüscheln (fehlen bei *P. marginata*), Färbung ähnlich. An größeren Flüssen, ersetzt *P. marginata* an den größeren Fließgewässern; durch Gewässerverschmutzung sehr selten geworden. *Perla maxima.* Imago mit gelbem Kopf. Larve überwiegend gelb gefärbt, Kiemen wie bei *P. burmeisteriana.* Nur an Bächen der Alpen. *Perla bipunctata.* Imago ähnlich wie *P. maxima* gefärbt, aber Ocellen mit breiten, dunklen Ringen. Larve ebenfalls hell, Schenkel mit deutlich abgesetztem, dunklem Fleck. Im Alpenvorland, ersetzt *P. maxima* in den größeren Alpenflüssen; sehr selten.

♀

Larve

Dinocras cephalotes

Merkmale: Große Steinfliegenart, Körperlänge des ♂ 13–18 mm, des ♀ 19–29 mm. Färbung dunkelbraun, wie bei *Perla marginata.* Kopf oben, vor allem im hinteren Teil, rotbraun, zwischen den Komplexaugen (in Höhe der hinteren Ocellen) mit einer winkelförmigen, nach vorn offenen, dunklen Zeichnung. ♀ normal geflügelt, ♂ stets mit verkürzten Flügeln, die die Hinterleibsspitze nicht erreichen. Flügelspitze ohne verdichtete Aderung (Unterschied zu *Perlodes*). 10. Segment des ♂ oben mit ähnlichen, hakenförmigen Fortsätzen wie das von *P. marginata,* die Haken sind aber nicht so weit nach vorn gebogen. ♀ auf dem 8. Bauchsegment mit einer hinten abgerundeten (also nicht 2spitzigen) Subgenitalklappe. **Larve** sehr dunkel gefärbt, deutlich abgeflacht und auffallend großköpfig. Kopf, Thorax und Abdomen nur mit feinen, hellen Linien und Punkten. Haarsäume an den Beinen dunkelgrau. Kiemenbüschel am Thorax (wie bei allen *Perla*-Arten) und zwischen den Schwanzfäden (wie bei *P. burmeisteriana, P. maxima* und *P. bipunctata*).

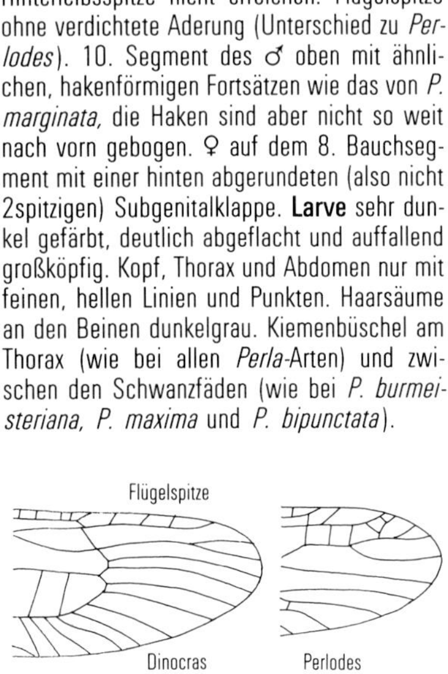

Flugzeit: Mai bis August.

Lebensraum: Bergbäche mit steinigem Grund und guter Wasserqualität. Kommt oft zusammen mit *P. marginata* vor, aber diese ist bei den untersten Vorkommen von *D. cephalotes* an der Obergrenze ihrer Verbreitung. *D. cephalotes* geht dafür bis in die Quellregion der Bäche hinauf, wo *P. marginata* fehlt. Wie fast alle Steinfliegen empfindlich gegen Gewässerverschmutzung.

Verbreitung: In den Mittelgebirgen und im Alpenvorland weit verbreitet, gebietsweise häufig. In den Alpen bis auf 1000 m. Aus dem Flachland nur alte Funde bekannt. Weniger stark gefährdet als *P. marginata,* da die von ihr bewohnten, schmaleren Bäche und Quellgebiete im allgemeinen weniger stark verunreinigt sind als die nach unten folgenden Bachabschnitte.

Fortpflanzung: Die ♂♂ schlüpfen vor den ♀♀. Sie sind erst nach einigen Tagen fortpflanzungsfähig. Die ♀♀ dagegen können sich schon kurz nach der Imaginalhäutung paaren. Beim Paarungsvorspiel trommelt das ♂ vor dem ♀ mit seinem Abdomen auf den Untergrund. Sitzen die Tiere auf einer geeigneten Unterlage (z. B. auf einem trockenen Blatt), entsteht dabei ein deutlich hörbares Geräusch. Das Trommelgeräusch dauert jeweils einige Sekunden und wird in kurzen Abständen wiederholt. Bei der Paarung besteigt das ♂ das ruhig dasitzende ♀ und krümmt seine Abdomenspitze seitlich am Hinterleib des ♀ vorbei so weit herunter, bis es seine oben liegenden Kopulationsorgane an die auf der Abdomenunterseite liegende weibliche Geschlechtsöffnung heranbringt. Die Paarung kann mehrfach wiederholt werden; für die Befruchtung aller Eier genügt aber bereits die erste Kopulation. Die ♂♂ unternehmen oft auch Paarungsversuche mit artfremden ♀♀. In solchen Fällen kommt es aber niemals zu einer erfolgreichen Vereinigung, da die artspezifisch geformten Organe beider Geschlechter nicht »zusammenpassen«. Die ♂♂ sterben wenige Tage nach der Paarung, die ♀♀ leben etwas länger (3–4 Wochen). Vor der Eiablage quellen die Eier aus der weiblichen Genitalöffnung hervor und sammeln sich hier zu einigen hundert in einem erbsengroßen Eipaket. Anschließend begibt sich das ♀ zum Gewässerufer und taucht seine Abdomenspitze ins Wasser ein. Um ein Verdriften der Eier zu vermeiden, sind sie mit besonderen Haftvorrichtungen ausgestattet.

Ähnliche Art: *Dinocras megacephala.* ♂ stets voll geflügelt, sonst äußerst ähnlich. ♀ nicht sicher vom *cephalotes*-♀ zu unterscheiden. Larve etwas stärker gelb gezeichnet, mit gelbem Rand des Halsschilds und zusammenhängender M-Linie vor der vorderen Ocelle; diese Linie ist bei der *cephalotes*-Larve dreigeteilt. In größeren Flüssen des Alpenvorlands, sehr selten und in der BRD möglicherweise schon ausgestorben.

♂

Larve

Paarung

Nemoura sp.

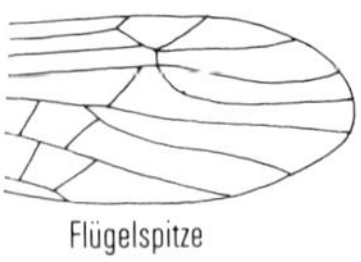

Flügelspitze

Merkmale: 6–9 mm große Steinfliege. Färbung dunkelbraun, kaum gezeichnet, Abdomen meist rötlich. Sehr kennzeichnend ist eine schräge, X-förmige Aderkreuzung nahe der Spitze im Vorderflügel, die durch mehrere schräglaufende Adern entsteht. 1. und 3. Fußglied etwa gleich lang, das 2. wesentlich kürzer. Schwanzfäden stark verkürzt, 1gliedrig, etwa so lang wie das 9. Segment und beim ♂ zu Kopulationszangen umgewandelt. **Larve** gedrungen, ihre Hinterbeine überragen, nach hinten gestreckt, deutlich die Abdomenspitze. Flügelscheiden schräg abgespreizt, die hinteren weiter als die vorderen, so daß die Spitzen einander genähert sind. Cerci so lang wie das Abdomen. 13 Arten, die sich nur nach den Genitalanhängen der ♂♂ sicher unterscheiden lassen.

Flugzeit: Mai bis September.

Lebensraum: Die meisten Arten nur an Bergbächen. *Nemoura cinerea,* die anspruchsloseste Art, gibt sich mit allen denkbaren Typen stehender und fließender Gewässer zufrieden; sie entwickelt sich z. B. in Quelltümpeln, Bergbächen, Gräben und Tümpeln, selbst in mäßig verschmutztem Wasser.

Verbreitung: Die meisten *Nemoura*-Arten nur in den Mittelgebirgen und in den Alpen; *N. cinerea* auch in den übrigen Gebieten überall sehr häufig.

Fortpflanzung: Vor der Eiablage quellen die Eier aus der Genitalöffnung hervor und werden dann ins Wasser abgestreift.

Ähnliche Arten: Gattung *Protonemura.* 10 Arten. Larven und Imagines mit 6 fingerförmigen Tracheenkiemen unter dem Prothorax. Gattung *Amphinemura.* 4 Arten. Larven mit 4 Kiemenbüscheln unter dem Prothorax, Imagines dort mit geschrumpften Rudimenten. *Nemurella picteti.* Cerci bei der Imago etwa doppelt so lang wie Segment 9, bei der Larve so lang wie der ganze Körper.

Leuctra sp.

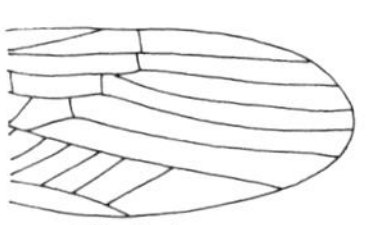

Flügelspitze

Merkmale: Kleinere, z. T. auch mittelgroße Steinfliegen; Körperlänge 5–14 mm. Färbung meist einheitlich schwarzbraun, ohne deutliche Zeichnungen. Flügel ohne die für *Nemoura* und ihre Verwandten typische X-förmige Aderfigur. Anders als bei *Nemoura* werden bei *Leuctra* die Flügel in Ruhelage zigarrenförmig eingerollt. Tarsen wie bei *Nemoura.* Abdomen der ♂♂ oben auf den hinteren 3–5 Segmenten mit weichhäutigen Stellen und artspezifisch geformten Auswüchsen. Schwanzfäden stark verkürzt und 1gliedrig, aber bei den ♂♂ nicht zu Zangen umgewandelt. **Larve** sehr schlank und langgestreckt; die Beine reichen, nach hinten gestreckt, vielfach nicht bis zur Abdomenspitze. Flügelscheiden nach hinten oder ganz leicht nach außen gerichtet, am Außenrand fast gerade. Vordere Flügelscheiden deutlich weiter voneinander entfernt als die hinteren. 23 schwer unterscheidbare Arten.

Flugzeit: April bis Oktober; artweise deutlich zeitversetzt, d. h. am gleichen Gewässer fliegen die Imagines verschiedener Arten zu unterschiedlichen Jahreszeiten.

Lebensraum: Die meisten Arten nur an Bergbächen, einige auch (oder nur) an Flüssen oder bewegten Seen.

Verbreitung: Mehrere Arten weit verbreitet und gebietsweise häufig, insbesondere einige Bergbacharten. Die Flußarten sind z. T. sehr selten geworden.

Nahrung: Anders als die großen Vertreter der Setipalpia haben die kleinen Filipalpia noch funktionsfähige Mandibeln. Bei allen näher untersuchten Arten dieser Unterordnung wurde außer der Aufnahme von Wasser auch das Verzehren von Algen und Flechten beobachtet.

Lebensweise der Larve: Die *Leuctra*-Larve ernährt sich, wie alle Filipalpier-Larven, ausschließlich von Pflanzen, z. B. von Algen und Blättern der Wasserpflanzen.

♀ mit Eipaket

Larve

Larve

Coenagrion puella Hufeisen-Azurjungfer

2. + 3. Segment ♂

Pronotum ♀

Merkmale: ♂ hellblau mit schwarzen Zeichnungen. Oben auf dem 2. Abdominalsegment ein etwas kantiges, schwarzes Hufeisen. ♀ grünlich, selten blau. Oberseite des Hinterleibs überwiegend schwarz. Hinterrand des Pronotums zweimal leicht eingebuchtet. **Larve** ähnlich der von *Enallagma,* aber mit schmäleren Kiemenblättchen und regelmäßig verteilten, dunklen Punkten auf dem Hinterkopf.

Flugzeit: Anfang Mai bis Ende August.

Lebensraum: Stehende Gewässer aller Art, seltener auch an Fließgewässern.

Verbreitung: Überall häufig, neben *Ischnura elegans* die häufigste Kleinlibelle.

Fortpflanzung: Eiablage wie bei *Platycnemis pennipes* mit steif aufrecht stehendem ♂. Die Eier werden in schwimmende, lebende und abgestorbene Pflanzenteile abgelegt.

Ähnliche Arten: 8 weitere, meist seltene *Coenagrion*-Arten, die sich als ♂ durch andere Hinterleibszeichnung, als ♀ durch anders geformten Pronotum-Hinterrand von *C. puella* unterscheiden.

Coenagrion pulchellum Fledermaus-Azurjungfer

2. + 3. Segment ♂

Pronotum ♀

Merkmale: ♂ kräftiger blau als das von *C. puella.* Hinterleib auffallend schlank, in der Mitte nur ½ mm breit. Zeichnung auf dem 2. Segment sehr variabel, meist in Form eines gestielten Pokals mit 2 oder 3 Spitzen, kann fast das ganze Segment ausfüllen oder, wie bei *C. puella,* bis auf ein »U« reduziert sein (soll an eine Fledermaus erinnern). ♀ viel kräftiger als das ♂, grünlich oder blau gefärbt. Abdomen oben meist nicht durchgehend geschwärzt. Pronotum hinten mit 2 tiefen Einschnitten und dadurch mit dreizipfligem Hinterrand. **Larve** nicht mit Sicherheit von der *puella*-Larve zu unterscheiden.

Flugzeit: Mai bis August.

Lebensraum: Pflanzenreiche, nicht zu kleine, stehende Gewässer.

Verbreitung: In Mitteleuropa allgemein verbreitet, aber seltener als *C. puella.*

Fortpflanzung: Die Eiablage erfolgt oft durch Fraßlöcher in Schwimmblättern hindurch auf die Blattunterseite.

Ähnliche Arten: S. bei *C. puella.*

Ischnura elegans Große Pechlibelle

Merkmale: ♂ mit blauer Grundfarbe. Hinterleib oben schwarz mit Ausnahme des 8. Segmentes; dieses leuchtend blau. Mittlerer Abschnitt des Abdomens unten gelblich. ♀ oft wie das ♂ gefärbt, auch gleich gezeichnet, vielfach aber mit violettem oder rosafarbenem Thorax. Manchmal unscheinbar olivbraun. **Larve** mit schmalen, zugespitzten Kiemenblättchen, deren Adern hell und dunkel gescheckt sind.

Flugzeit: Anfang Mai bis Ende September.

Lebensraum: Gewässer aller Art, fehlt nur an extremen Gewässertypen.

Verbreitung: Ebenso häufig wie *C. puella.*

Fortpflanzung: Im Gegensatz zu fast allen übrigen Kleinlibellen legen die ♀♀ der Großen Pechlibelle stets allein ihre Eier ab. Sie setzen sich dabei auf schwimmende Pflanzenteile. Die Eiablage erfolgt meist erst am Spätnachmittag, wenn die Belästigungen durch partnersuchende ♂♂ am geringsten sind.

Ähnliche Art: *Ischnura pumilio* **(Kleine Pechlibelle).** Beim ♂ ist nicht das 8., sondern das 9. und die hintere Hälfte des 8. Segmentes blau. Beim ♀ ist das Abdomen oben durchgehend schwarz. Anders als *I. elegans* stark spezialisiert, besiedelt vegetationsarme, flache Kleingewässer wie Wegpfützen und dgl.

♂, darunter ♂

♂

Anax imperator Große Königslibelle

(G)

Merkmale: Gehört mit 7–8 cm Körperlänge und 10–11 cm Flügelspannweite zu den größten Libellen Mitteleuropas. Als Vertreterin der **Großlibellen** (wie alle noch folgenden Arten) durch an der Basis verbreiterte Hinterflügel und sich oben in Kopfmitte berührende Augen ausgezeichnet. ♂ leuchtend blau mit einfarbig grünem Thorax. Oben auf dem Hinterleib mit einer gezackten, schwarzen Längsbinde. Vor den Augen auf der grünen Stirn ein hellblauer Querstreifen und dahinter ein kleines, schwarzes Fünfeck. ♀ etwas matter gefärbt, mehr blaugrün und mit einem braunen Längsband auf dem Abdomen. **Larve** zigarrenförmig, bis 55 mm lang. Am Hinterende (wie alle Großlibellenlarven) mit 5 spitzen Dornen, mit denen sie kräftig zustechen kann. Augen sehr groß, hinten am breitesten, dadurch größte Kopfbreite hinter der Mitte.

Flugzeit: Anfang Juni bis August.

Lebensraum: Pflanzenreiche, stehende Gewässer unterschiedlicher Größe. Fehlt aber an austrocknungsgefährdeten Gewässern.

Verbreitung: In Mitteleuropa häufig.

Fortpflanzung: Das ♀ legt die Eier ohne Begleitung durch das ♂ in schwimmende Pflanzenteile, meist frei sichtbar in der Gewässermitte. Die Larven schlüpfen wenige Wochen nach der Eiablage und überwintern in sehr unterschiedlichen Häutungsstadien, man findet 1 cm große Larven neben solchen im letzten Stadium. Trotzdem häutet sich oft die gesamte neue Population eines Gewässers beinahe am gleichen Tag zur fertigen Libelle. Entwicklung meist einjährig.

Lebensweise: *Anax imperator* ist eine der flugtüchtigsten Libellen. Nur selten einmal sieht man die ♂♂ absitzen. Meist fliegen sie ununterbrochen ihr Revier am Rande des Gewässers und über der offenen Wasserfläche ab und vertreiben alle anderen Arten. Mit ♂♂ der gleichen Art gibt es erbitterte Luftkämpfe. Die Beute (Fliegen, Mücken und andere Insekten) wird im Flug ergriffen und meist auch in der Luft verspeist.

Aeshna cyanea Blaugrüne Mosaikjungfer

(G)

Merkmale: Körpergröße wie bei der Königslibelle. Thorax schwarzbraun, oben mit 2 breiten, grünen Streifen (Antehumeralstreifen) und jederseits 2 breiten, ebenso gefärbten Seitenbinden. Beim ♀ ist auch das gesamte Abdomen schwarz-grün gescheckt, beim ♂ nur die Segmente 1–7, während 8–10 schwarz-blau gefleckt sind. Außerdem haben die Segmente 1–7 blaue Seitenflecke. **Larve** ähnlich der *Anax*-Larve, aber kleiner (unter 50 mm). Augen vorn stark vorquellend, dadurch breiteste Stelle des Kopfes vor der Mitte.

Flugzeit: Ab Mitte Juni (aber meist erst ab August am Gewässer) bis Oktober, in günstigen Jahren noch im November.

Lebensraum: Stehende Gewässer aller Art, Larven z.T. massenhaft in austrocknenden, kleinen Pfützen. Regelmäßig auch an Gartenteichen. Häufig weit von jedem Gewässer entfernt, z.B. auf Waldwegen.

Verbreitung: Überall häufig, häufigste Großlibelle in Mitteleuropa.

Fortpflanzung: Das ♀ legt seine Eier meist an Gewässerufern an versteckten Stellen in den Schlammboden oder in Holzstücke, seltener in Pflanzen ab. Die Eier überwintern. Larvenentwicklung manchmal in einem Sommer, meist aber in 2 Jahren.

Lebensweise: Die ♂♂ fliegen auf der Suche nach eierlegenden ♀♀ fortwährend die Gewässerufer ab. Dabei sind sie wenig furchtsam und nähern sich Beobachtern bis auf kürzeste Distanz. Dies hat zur irrigen Annahme einer Angriffslust und Gefährlichkeit der Libellen geführt. Trotz der oft unglaublichen Larvenzahlen in einem kleinen Tümpel sieht man immer nur einzelne ♂♂ am Ufer patrouillieren. Diese eigentlich überraschende Beobachtung erklärt sich dadurch, daß jedes einzelne ♂ immer nur für wenige Minuten am Gewässerufer erscheint, um danach einem anderen das Feld zu überlassen.

Ähnliche Arten: Mehrere weitere *Aeshna*-Arten, die aber einen anders gezeichneten Thorax und als ♂ stets ein einheitlich schwarz-blaues Abdomen besitzen.

♂, darunter ♂

Larven

♂

♂

Sympetrum vulgatum Gemeine Heidelibelle

G

Merkmale: Körperlänge 35–40 mm. Beine schwarz, außen gelb gestreift. Auf der Stirn vor den Augen eine schwarze Querbinde, die jederseits ein Stück an den Augen herabläuft. Hinterleib des ♂ leuchtend rot, hinten etwas verbreitert. ♀ mit braunem Hinterleib und rechtwinklig abstehender, kurz dreieckiger Legeröhre. **Larve** mit spitzen, schräg abstehenden Rückendornen auf dem Abdomen und langen Seitendornen an den Segmenten 8 und 9.

Flugzeit: Mitte Juli bis Oktober/November.

Lebensraum: An stehenden Gewässern aller Art, am häufigsten an pflanzenreichen Weihern und Tümpeln, oft auch an Fischteichen.

Verbreitung: Überall häufig.

Fortpflanzung: Nach der Paarung behält das ♂ den Zangengriff bei. Das Paar fliegt als »Tandem« zum Gewässer, und das ♀ wirft mit pendelnden Bewegungen seines Abdomens die Eier ans Ufer oder ins flache Wasser. Die Eier überwintern. Die Larven benötigen etwa 3 Monate für ihre Entwicklung.

Ähnliche Art: *Sympetrum striolatum* **(Große Heidelibelle).** Der dunkle Querstrich auf der Stirn endet beim Auge. ♀ mit schräg abstehender Legeröhre. Ebenfalls häufig, aber mehr im Süden.

Sympetrum sanguineum Blutrote Heidelibelle

G

M: Größe wie *S. vulgatum.* Beine ganz schwarz. ♂ mit grellrotem Abdomen und roter Stirn. ♀ ohne auffallende Legeröhre. **Larve** nicht sicher von der *vulgatum*-Larve zu unterscheiden. **Fl:** Ende Juni bis Oktober. **Lr:** An ähnlichen Gewässern wie *S. vulgatum,* oft zusammen mit dieser Art vorkommend, aber meist in geringerer Individuenzahl. **V:** Fast ebenso häufig wie *S. vulgatum.* **Fo:** Die Eier werden meist am Ufer neben dem Gewässer abgelegt. Nach der Überwinterung, wenn durch die Schneeschmelze der Wasserspiegel ansteigt, schlüpfen die Larven.

Sympetrum danae Schwarze Heidelibelle

G

M: Etwas kleiner als *S. vulgatum.* Ausgefärbtes ♂ fast einfarbig schwarz, vorher wie das ♀ gelbbraun gefärbt. ♀ durch die abstehende Legeröhre von anderen schwarzbeinigen Heidelibellen zu unterscheiden. **Larve** klein und zierlich, relativ langbeinig und mit kürzeren Dornen als die *vulgatum*-Larve. **Fl:** Mitte Juli bis Oktober/November. **Lr:** Pflanzenreiche, stehende Gewässer. Besonders an Moorweihern und in Sand- und Kiesgruben. **V:** Weit verbreitet und häufig, am zahlreichsten in der Norddeutschen Tiefebene. In den dortigen Mooren entwickelt sie sich oft in sehr großer Zahl.

Leucorrhinia dubia Kleine Moosjungfer

G

Merkmale: Körperlänge 3–4 cm. Wie bei allen Moosjungfern ist die Stirn leuchtend weiß. Thorax beim ♂ schwarz, vorn und an den Seiten dunkelbraun, zwischen den Flügeln blutrot gezeichnet. Hinterleib schwarz mit roten Zeichnungen. ♀ mit gelben Zeichnungen auf Thorax und Abdomen. **Larve** ähnlich einer *Sympetrum*-Larve, aber mit kürzeren Rücken- und Seitendornen am Hinterleib. Bauchseite mit deutlichen, dunklen Längsbinden.

Flugzeit: Anfang Mai bis Anfang August, eine der frühesten Großlibellen.

Lebensraum: Fast nur an sauren Moorgewässern mit Torfmoosvegetation.

Verbreitung: In den Moorgebieten Norddeutschlands häufig. Im mittleren Gebiet weitgehend aufs Bergland beschränkt. In Süddeutschland vor allem im Schwarzwald und in den Mooren des Alpenvorlands.

Fortpflanzung: Paarung stets in Gewässernähe. Das ♀ fliegt anschließend allein zur Eiablage, die im Flug stattfindet. Die Larven schlüpfen noch im gleichen Jahr. Entwicklung 2jährig.

Ähnliche Art: *Leucorrhinia rubicunda* **(Nordische Moosjungfer).** Die Flecke auf dem Abdomen sind bei beiden Geschlechtern ausgedehnter. Fliegt noch etwas früher.

♂ darunter ♂

♂

Larve, darunter ♂

Larve

Conocephalus dorsalis Kurzflüglige Schwertschrecke

Merkmale: Körperlänge 11–18 mm, Fühler etwa dreimal so lang. Grundfarbe hellgrün, in der Rückenmitte ein braunes Längsband vom Kopfgipfel bis zur Abdomenspitze. Kopf vorn oben spitz zulaufend. Vorderbeine unterhalb des Kniegelenks mit einem spaltförmigen Hörorgan. Flügel deutlich verkürzt, reichen beim ♂ fast bis zur Hinterleibsspitze, beim ♀ etwa bis zu dessen Mitte. Selten Flügel voll entwickelt, dann die Abdomenspitze weit überragend. ♀ mit 9 mm langer, gebogener Legeröhre. Cerci des ♂ mit einem spitzen Innenzahn, beide Innenzähne sich fast berührend.

Reifezeit: Mitte Juli bis Oktober.

Lebensraum: Feuchtwiesen, Gewässerufer.

Verbreitung: In Norddeutschland verbreitet, im Süden selten.

Nahrung: Pflanzen und kleine Insekten.

Gesang: Reibt beide Vorderflügel aneinander. Sehr leises Schwirren, dabei regelmäßiger Wechsel eines hohen mit einem deutlich tieferen, etwas stotternden Gesang, etwa wie: »rrrrr-ttttt-rrrrr-ttttt . . .«

Fortpflanzung: Bei der Paarung wird dem ♀ unter der Abdomenspitze eine schleimige, weißliche Spermatophore angeheftet, die es anschließend verzehrt. Die Spermien wandern unterdessen in die weibliche Geschlechtsöffnung ein. Zur Eiablage beißt das ♀ ein Loch in einen Binsenstengel und schiebt seine Legeröhre hinein. Die Eier überwintern. Die im Frühjahr schlüpfenden Larven ähneln bereits sehr den Imagines, haben aber noch keine Flügel. Auffällig ist ihre schwarze Rückenbinde.

Ähnliche Art: *Conocephalus discolor* **(Langflüglige Schwertschrecke).** Flügel überragen stets die Abdomenspitze. Legeröhre des ♀ gerade und fast körperlang. Innenzähne der Cerci des ♂ deutlich voneinander getrennt. Nicht so ausschließlich an Feuchtgebiete gebunden wie die andere Art, aber gelegentlich mit dieser zusammen vorkommend. Fehlt etwa nördlich der Mainlinie. Gesang etwas lauter (bis 2 m weit hörbar), aus gleichmäßigen Lautketten bestehend, die sich etwa als »zlizlizli . . .« umschreiben lassen.

Tetrix subulata Säbeldornschrecke

Merkmale: Sehr kleine Kurzfühlerschrecke; Körperlänge um 1 cm, aber durch den sehr langen Rückendorn (bis 12 mm) länger erscheinend. Rückendorn als Verlängerung des Halsschilds gerade nach hinten gerichtet, überragt meist weit die Abdomenspitze. Es kommen aber auch Individuen mit verkürztem Dorn vor. Oben ein fast gerader, kaum gekrümmter Rükkenkiel. Hinterflügel normal entwickelt, liegen zusammengefaltet unter dem Rückendorn und überragen diesen etwas nach hinten. Vorderflügel zu einer eiförmigen, ca. 2 mm langen Schuppe reduziert. Dennoch sehr flugtüchtig und daher schwer zu fangen. Färbung sehr variabel: grau, braun, gelblich oder manchmal fast schwarz mit sehr unterschiedlicher Zeichnung.

Reifezeit: Ganzjährig. Larven und Imagines überwintern.

Lebensraum: Schlammige Ufer, ausgetrocknete Gewässer, nur selten an ausgesprochen trockenen Orten.

Verbreitung: Weit verbreitet, in geeigneten Gegenden meist häufig.

Fortpflanzung: Balz bei dieser Art lautlos. (Lauterzeugende Organe wie Hörorgane fehlen den Dornschrecken.) ♂ wirbt mit Schaukelbewegungen des Körpers und Flügelschwirren um das ♀. Eier werden in kleinen Gruppen am Boden abgelegt.

Nahrung: Gräser und Moose.

Allgemeines: Kann, ins Wasser gefallen, recht gut und zielgerichtet schwimmen.

Ähnliche Arten: *Tetrix undulata;* Rückendorn kurz, die Abdomenspitze wenig überragend, oben deutlich gewölbt. Meist an trockeneren Stellen. *Tetrix ceperoi;* sehr seltene, etwas kleinere Art, die sich nur mikroskopisch sicher von *T. subulata* unterscheiden läßt. Kommt an ähnlichen Stellen wie diese vor, manchmal zusammen mit ihr, ist aber wärmebedürftiger. *Tetrix tuerki;* sehr seltene Art schlammiger Kiesbänke der Alpenflüsse. Mittelschenkel unten deutlich gewellt, Dorn meist kurz, Rückenkiel gerade. 2 weitere kurzdornige *Tetrix*-Arten nur an trockenen Stellen.

♀

♀

Mecostethus grossus Sumpfschrecke

Merkmale: Relativ große Feldheuschrecke. Körperlänge des ♂ 12–25 mm, des ♀ 26–39 mm, also sehr stark schwankend. Färbung oft sehr bunt, besonders beim ♀. Grundfarbe meist olivgrün mit schwarzen, gelben und manchmal weinroten Zeichnungen. Am Rand der Vorderflügel ein gelber Streifen. Hinterschenkel unten rot, Hinterschienen gelb mit schwarzen Dornen. Hinterknie schwarz.
Reifezeit: Mitte Juli bis Ende Oktober, oft noch im September zahlreiche Larven.
Lebensraum: Nasse Wiesen, Gewässerufer, Schwingrasen in Mooren.
Verbreitung: In Mitteleuropa seit verbreitet, aber durch Entwässerungsmaßnahmen inzwischen in vielen Gegenden sehr selten geworden. Am häufigsten im Norddeutschen Tiefland und in den Mooren des Alpenvorlands. An ihren Fundorten meist in großer Individuenzahl.
Nahrung: Vorwiegend Gräser.
Gesang: Sehr eigenartige, bei uns nur von dieser Art praktizierte Methode der Tonerzeugung. Die Hinterbeine werden leicht angehoben und dann die Schienen nach hinten weggeschleudert. Dabei kratzen deren Enddorne über die Flügelfläche und erzeugen gut hörbare, knipsende Töne. Die Knipslaute sind noch in mehr als 10 m Entfernung wahrzunehmen. Sie gehören zur typischen Klangkulisse einer Moorwiese.
Fortpflanzung: Die Eier werden in einem aus erhärtendem Sekret gebildeten Eipaket (Oothek) dicht unter oder über dem Erdboden in der dichten Vegetation abgelegt. Die Larven sind dunkelbraun, fast schwarz und ähneln den ausgewachsenen Heuschrecken nur wenig.
Ähnliche Art: *Parapleurus alliaceus* **(Lauchschrecke).** Weniger bunt, kleiner (♀ bis höchstens 32 mm). Körper meist hellgrün gefärbt mit jederseits einer schwarzen Längsbinde, die hinter dem Auge beginnt und sich über das Halsschild und den Flügel fortsetzt. Wärmeliebend, in Deutschland nur in klimatisch begünstigten Gebieten. An ähnlichen Orten wie die Sumpfschrecke, aber bisweilen auch an trokkenen Stellen.

Chorthippus montanus Sumpf-Grashüpfer

Merkmale: Körperlänge beim ♂ 13–16 mm, beim ♀ 17–21 mm. Grundfarbe grün oder braun, mit sehr veränderlicher Zeichnung. Oft grün mit braunem Längsband über Kopfoberseite, Halsschild und Hinterleib. Hinterknie immer schwarz gefärbt. Flügel verkürzt. Beim ♂ erreichen sie nicht ganz die Abdomenspitze, beim ♀ etwa dessen Mitte. Stigma (ein weißlicher oder bräunlicher Fleck mit verdichteter Aderung) im Vorderflügel des ♂ mindestens 2,5 mm von der Flügelspitze entfernt. Die Hinterflügel erreichen das Stigma fast oder ganz (im durchscheinenden Licht erkennbar, wenn man das Tier gegen den Himmel hält). Flügelspitze beim ♀ abgerundet. Gelegentlich auch voll geflügelte Individuen sowie alle Übergänge von kurzflügligen zu langflügligen Tieren.
Reifezeit: Juli bis Oktober.
Lebensraum: Feuchtwiesen, Schwingrasen.
Verbreitung: Weit verbreitet, aber nicht besonders häufig.
Nahrung: Vorwiegend Gräser.
Gesang: Die Hinterschenkel werden über die Flügel gerieben. Dabei entstehen kratzende Töne, von denen etwa 10 zu einem 2–3 s dauernden Vers aneinandergereiht werden. Nach ca. 5 s Pause folgt der nächste Vers.
Ähnliche Art: *Chorthippus parallelus* **(Gemeiner Grashüpfer).** Sieht dem Sumpf-Grashüpfer so ähnlich, daß beide früher für nur eine Art gehalten wurden. Erst durch das Studium der Gesänge wurde klar, daß es sich um 2 Arten handelt. Stigma beim ♂ höchstens 1,5 mm von der Flügelspitze entfernt, wird von den Hinterflügeln bei weitem nicht erreicht. Flügel des ♀ zugespitzt. Gesang wie bei *C. montanus* aus gleichartigen Folgen kratzender Töne; diese sind aber etwas härter und werden zu nur 1 s dauernden Versen mit ca. 3 s Abstand aneinandergereiht. Anspruchsloseste und häufigste heimische Heuschrecke. Kommt auf feuchten wie auf extrem trockenen Wiesen vor. Fehlt nur in ausgesprochen nassem Gelände, das vom Sumpfgrashüpfer besiedelt wird. Beide Arten können auch nebeneinander vorkommen.

♀

♂

Ranatra linearis Stabwanze

Merkmale: Auffallend große, stabförmige Wasserwanze mit langem Atemrohr. Körperlänge 3–4 cm, Atemrohr fast gleichlang. Kopf klein, mit kugeligen Augen und kurzem, kräftigem Saugrüssel. Vorderbeine zu ganz ähnlichen (nur sehr viel dünneren) Fangbeinen entwickelt wie bei der bekannten **Gottesanbeterin** *(Mantis religiosa)*. Die Coxa (das normalerweise fast kugelige Hüftglied) ist stark verlängert, die sichelförmige Tibia (Schiene) kann klappmesserartig gegen den Femur (Schenkel) geschlagen werden; der Tarsus (Fuß) ist stark zurückgebildet, so daß das Vorderbein nicht mehr zum Laufen dienen kann. Die übrigen 4 Beine sind lang und sehr dünn. Färbung gelblich, rotbraun oder schwarzbraun.

Reifezeit: August bis Juni, überwintert als Imago im Gewässer.

Lebensraum: Meist größere, stehende Gewässer wie Weiher und Teiche, vor allem solche mit einem Schilf- oder Binsenröhricht.

Verbreitung: In Mitteleuropa überall verbreitet und meist häufiger als allgemein angenommen, da sie leicht übersehen wird.

Lebensweise: Die Stabwanze lauert fast unbeweglich mit leicht erhobenen, geöffneten Fangbeinen im Röhricht oder an Wasserpflanzen. Sie schlägt blitzschnell zu, sobald sich eine Beute weit genug nähert. Manchmal sieht man sie sogar mit rudernden Bewegungen ihrer 4 Laufbeine durchs Wasser schwimmen. Dabei kommt sie allerdings nur mühsam voran. Im Wasserkescher spreizt sie die 4 hinteren Beine steif vom Körper ab und legt die Fangbeine ganz gerade nach vorn. Dann ist sie im Gewirr der auch noch im Kescher befindlichen Schilfstengel fast nicht zu erkennen.

Nahrung: Insektenlarven, Kaulquappen, kleine Fische.

Fortpflanzung: Die Eier werden in regelmäßigen Reihen in schwimmende, abgestorbene Binsenstücke, Schilfstengel oder Seerosenblätter gelegt. Das Ei selbst liegt dabei im Pflanzengewebe, während zwei schräg abstehende, offenbar der Atmung dienende Fäden über die Wasseroberfläche hinausragen.

Nepa rubra Wasserskorpion

Merkmale: Breiter, flacher Körper, am Hinterende mit langem Atemrohr. Körperlänge 17–22 mm, Atemrohr etwa 10 mm. Kopf dreieckig, in einen Ausschnitt des Halsschilds eingefügt. Vorderbeine wie bei der Stabwanze zu Fangbeinen umgebildet. Die Coxa ist aber kaum verlängert, der Femur deutlich verbreitert und auf der Unterseite rinnenartig ausgehöhlt. Die Fangbeine werden in der Ebene des flachen Körpers getragen, auch die 4 übrigen Beine werden meist flach abgespreizt. Färbung dunkelbraun bis rötlich, Rücken unter den Flügeln auffallend rot. Die Flügel sind zwar voll entwickelt, aber anscheinend ist der Wasserskorpion, im Gegensatz zur Stabwanze, flugunfähig. Vermutlich sind die Flugmuskeln zurückgebildet.

Reifezeit: August bis Juli, überwintert als Imago im Gewässer.

Lebensraum: Stehende und fließende Gewässer aller Art, in letzteren besonders im Winter anzutreffen. Am häufigsten in flachen Kleingewässern.

Verbreitung: In Mitteleuropa weit verbreitet und überall häufig.

Lebensweise: Der Wasserskorpion hält sich meist im Flachwasserbereich auf und lauert hier auf Beutetiere. Dabei streckt er seine Atemröhre zur Wasseroberfläche empor. Er wagt sich aber auch ins offene Wasser hinaus. Durch eine Luftblase unter den Flügeln ist er leichter als Wasser und schwimmt daher direkt unter der Wasseroberfläche. Er kommt allerdings nur langsam voran, da Schwimmborsten fehlen.

Fortpflanzung: Die Eier ähneln denen der Stabwanze; sie besitzen aber 7, zuweilen auch 6 oder 8 Fäden. Wie bei *Ranatra* werden sie so in Pflanzenteile an der Wasseroberfläche abgelegt, daß die Eier untergetaucht sind, die Fäden aber in die Luft ragen. Die Larven erinnern zunächst an Bettwanzen; von Häutung zu Häutung verlängert sich ihr zunächst kaum sichtbares Atemrohr, bis sie nach der 5. Häutung im Spätsommer oder Herbst ausgewachsen sind.

Kleines Bild: Eigelege in Schwimmblatt

Corixa punctata Ruderwanze

M: Körper etwas abgeflacht. Rüssel kurz und breit, unbeweglich. Vordertarsen 1gliedrig, schaufelförmig. Körper gelblich, auf der Oberseite schwarzbraun marmoriert. Halsschild mit dunklen Querlinien, Flügel mit unregelmäßigem Netzmuster. Körperlänge 13–15 mm. **R**: Juli bis Mai, überwintert adult. **Lr**: Stehende und langsam fließende Gewässer aller Art. **V**: Überall häufig. **Lw**: Lebt von Algen und Detritus. Kann blitzschnell die Wasseroberfläche durchstoßen und sofort davonfliegen. ♂♂ zirpen laut, indem sie ihre bedornten Vorderschenkel über die Kopfkante streichen. **Ä**: Zahlreiche kleinere Arten.

Aphelocheirus aestivalis Grundwanze ❸

M: Kurz und breit gebaut, abgeflacht. Beine dünn, hinteres Paar mit Schwimmhaaren. Flügel reduziert, selten voll entwickelt. Färbung grünlich bis bräunlich. Körperlänge 9–10 mm. **Lr**: Am Boden sauberer, sandiger Fließgewässer. **V**: Überall selten. **Lw**: Kriecht meist träge am Grund umher, kann aber auch gut schwimmen. Kommt niemals zum Atmen an die Wasseroberfläche. Körper dicht mit feinsten Härchen besetzt, die eine feine Luftschicht festhalten. Scheint sich vorwiegend von kleinen Muscheln zu ernähren, die sie mit ihrem langen Rüssel aussaugt.

Notonecta glauca Rückenschwimmer

M: Schwimmt meist mit dem Rücken nach unten, da am Bauch ein Luftvorrat gespeichert wird. Flügel dachförmig, rotbraun. Hinterbeine mit langen Schwimmhaaren. Körperlänge 15–16 mm. **R**: Juli bis Mai, überwintert adult. **Lr**: Stehende und langsam fließende Gewässer. **V**: Häufig. **Lw**: Hängt oft unter dem Wasserspiegel, gegen den er sich mit den vorderen Beinpaaren und der Hinterleibsspitze abstützt. Fängt vor allem auf die Wasseroberfläche gefallene Insekten, deren Bewegungen er durch seinen Erschütterungssinn wahrnimmt. Erbeutet auch Wassertiere.

Ilyocoris cimicoides (= Naucoris cimicoides) Schwimmwanze

M: Körper kurz und breit, käferähnlich. Vorderbeine zu kurzen, kräftigen Fangbeinen entwickelt. Hinterbeine mit langen Schwimmhaaren. Färbung grünlich bis bräunlich, ohne auffallende Zeichnungen. Körperlänge um 15 mm. **R**: Juli bis Mai, überwintert adult. **Lr**: Stehende und langsam fließende, pflanzenreiche Gewässer. **V**: Allgemein verbreitet, häufig. **Lw**: Ernährt sich räuberisch von Wassertieren, ihr Stich ist auch für den Menschen sehr schmerzhaft. ♂♂ können zirpen, vermutlich mit dem Hinterleib. Eiablage mit Legebohrer in Pflanzen.

Plea leachi Zwergrückenschwimmer

M: Sehr klein (2–3 mm). Auffallend hochgewölbt. Flügel dachförmig. Schwimmt stets mit dem Rücken nach unten, da auf der Bauchseite durch die Behaarung eine Luftblase festgehalten wird. **R**: Ganzjährig. **Lr**: Meist kleinere stehende Gewässer. **V**: In Mitteleuropa wohl überall verbreitet, aber aufgrund der geringen Größe sicher vielfach übersehen. **Lw**: Schwimmt oft in dichten Schwärmen. Lebt von kleinen Wassertieren, z. B. Wasserflöhen. Beide Geschlechter können zirpen, indem sie die vorderen Thoraxsegmente gegeneinander bewegen. Eiablage im Frühjahr in Wasserpflanzen. Offenbar 2jährig.

Notonecta obliqua

M: Gleicht in Gestalt und Größe *N. glauca*, Flügel aber samtschwarz mit 2 gelben Längsstreifen. **Lr**: Vorzugsweise in sauren Moorgewässern. **V**: Vor allem im nördlichen Deutschland, in Süddeutschland selten. **Lw**: Ernährt sich wie *N. glauca*. Sein Stich ist, wie bei allen Rückenschwimmern, sehr schmerzhaft (»Wasserbiene«). Rückenschwimmer können gut fliegen. Sie kriechen hierzu an Land oder starten vom Wasserspiegel aus. **Fo**: Nach der Paarung im Frühjahr werden die Eier in Pflanzen eingestochen. Die Larven entwickeln sich im Frühsommer in 5 Stadien. Sie schwimmen wie die Ausgewachsenen.

Gerris sp. Wasserläufer

M: Körper schlank, Mittleres Beinpaar deutlich mehr als körperlang. Vorderbeine kurz. Läuft mit den flach ausgebreiteten Mittel- und Hinterbeinen sehr schnell über die Wasseroberfläche; die Vorderbeine werden angewinkelt. Flügel oft zurückgebildet. 10 schwer unterscheidbare Arten. Länge, je nach Art, 6–20 mm. **Lr**: Stehende und langsam fließende Gewässer. **V**: Sehr häufig. **Lw**: Fängt ins Wasser gefallene Insekten, deren Bewegungen er wahrnimmt, und ergreift sie mit dem vorderen Beinpaar. **Fo**: Die Eier werden unter Wasser abgelegt. Die Larven führen die gleiche Lebensweise.

Microvelia reticulata

M: Winzig (2–2,5 mm); untersetzt und kurzbeinig. Fühler viergliedrig, letztes Glied am längsten. Flügel meist fehlend. Färbung schwarz, Oberseite mit weißen Haarflecken. Halsschild-Vorderrand mit weißer, in der Mitte unterbrochener Binde. **Lr**: Stehende Gewässer. **V**: Ziemlich häufig, oft in dichten Scharen. **Fo**: Vor der Paarung führt das ♀ auf der Wasserfläche eine Art Tanz auf, der das ♂ offensichtlich stimuliert. Die Eier werden an schwimmende Pflanzenteile abgelegt. **Ä**: 2 weitere, seltene *Microvelia*-Arten. Außerdem 2 *Hebrus*-Arten. Haben 5gliedrige Fühler, bei denen das letzte Glied das kleinste ist.

Hydrometra stagnorum Teichläufer

M: Körper stabartig schlank, Beine sehr dünn. Kopf stark verlängert, vor den Augen etwa doppelt so lang wie dahinter. Fast immer ungeflügelt. Färbung schwarzbraun bis schwarz. Körperlänge 9–12 mm. **Lr**: Stehende und langsam fließende Gewässer. **V**: Allgemein verbreitet, meist häufig. **Lw**: Läuft auf den dünnen Beinen wie auf Stelzen über die Wasseroberfläche, hält sich aber meist am Ufer unter Steinen auf. **Fo**: Die fast 2 mm langen, schön skulpturierten Eier werden einzeln meist am Ufer abgelegt. **Ä**: *Hydrometra gracilenta*. Etwas kleiner, noch zierlicher. Kopf vor den Augen nur 1,5mal so lang wie dahinter.

Velia caprai Bachläufer

M: Deutlich untersetzter und kurzbeiniger als die *Gerris*-Arten. Flügel fast immer zurückgebildet. Abdomen mit breiten, aufgebogenen Rändern, die auffällig rot-schwarz gefleckt sind. Unterseite silbrig weiß behaart, auch auf der Oberseite weiße Haarflecke. Körperlänge 6–7 mm. **Lr**: Fließgewässer, meist am Ufer. **V**: Allgemein verbreitet und meist häufig. **Lw**: Lauert am Ufer und stürzt sich von dort aus blitzschnell auf vorbeischwimmende Beute. Sehr kälteresistent, oft sogar im Winter aktiv. **Fo**: Paarung im Frühjahr. Die Eier werden in der Ufervegetation abgelegt.

Mesovelia furcata Hüftwasserläufer

M: Erinnert in Größe (3–3,5 mm), Färbung und Körperform an eine Blattlaus. Körper grün, mit variabler, dunkler Zeichnung, beim ♀ plump, beim ♂ schlanker. Beine verhältnismäßig lang und dünn. Flügel meist fehlend. **Lr**: Stehende Gewässer mit **Teich**- oder **Seerosen** *(Nuphar, Nymphaea)*, seltener an anderen Schwimmblattpflanzen. **V**: Gilt als selten, ist aber bei gezielter Suche fast überall zu finden. **Lw**: Meist scharenweise auf Seerosenblättern, die nur kurzfristig, z. B. zum Beutefang, verlassen werden. **Fo**: 3 Generationen im Jahr. Überwinterung als Ei. 4 Larvenstadien.

Saldula saltatoria Springwanze

Vorderflügel

M: Körper abgeflacht, mit ovalem Umriß. Kopf mit stark vorquellenden Augen. Färbung dunkelbraun, auf den Flügeln mit gelblichem Muster. Länge 3,5–4,5 mm. **Lr**: Schlammige Ufer von Gewässern. **V**: Überall verbreitet. **Lw**: Läuft sehr flink am Ufersaum, kann gut springen. Ernährt sich wohl vorzugsweise von Springschwänzen. **Fo**: Paarung im Frühjahr, Eier werden im Erdboden abgelegt. **Ä**: Zahlreiche weitere Arten.

Merkmale: Düster schwarzbraun gefärbter Netzflügler mit 23–35 mm Flügelspannweite. Flügel breit, mit deutlich vortretendem, grobmaschigem Adernetz, in Ruhelage dachförmig über dem Hinterleib zusammengelegt. Kopf mit kräftigen Mandibeln und fadenförmigen Fühlern von etwa halber Flügellänge. Hinterleib kurz und gedrungen, sehr weichhäutig. **Larve** etwa 2 cm lang, großköpfig, mit auffallend kräftigen, stark bezahnten Mandibeln. Hinterleib an den Seiten der ersten 7 Segmente mit langen Tracheenkiemen. Diese sehen aus wie Beine, sind deutlich gegliedert und lang behaart. Der Hinterleib läuft am Ende in einen behaarten, ungegliederten Schwanzfaden aus. In Mitteleuropa 3 Arten der Gattung *Sialis,* die nur durch mikroskopische Untersuchung der Genitalorgane sicher zu unterscheiden sind.

Flugzeit: Mai bis Juni, z.T. bis August.

Lebensraum: Artweise verschieden (daher lassen sich die Arten nach dem Habitat leichter unterscheiden). *Sialis lutaria* vorwiegend an stehenden, seltener langsam fließenden Gewässern. *Sialis fuliginosa* fast nur an schnellfließenden Bächen. *Sialis nigripes* ausschließlich an Fließgewässern, vorwiegend an Flüssen.

Verbreitung: *S. lutaria* ist überall sehr häufig. *S. fuliginosa* kommt vorwiegend im Bergland, seltener in der Ebene vor. *S. nigripes* ist überall selten.

Lebensweise: Die Imagines sind tagaktiv, fliegen aber nur wenig. Meist sitzen sie träge in der Ufervegetation.

Nahrung: Trotz der gut entwickelten Mundwerkzeuge scheinen die Imagines kaum Nahrung aufzunehmen. Gelegentlich sieht man sie auf Blüten, wo sie offenbar Nektar zu sich nehmen.

Fortpflanzung: Vor der Paarung läuft das ♂ hinter dem ♀ her, offenbar durch Duftorgane auf den Flügeln des ♀ geleitet. Dann schiebt es von hinten seinen Kopf unter die Flügel des ♀, wobei dieses stehenbleibt, sofern es paarungswillig ist. Dann drängt sich das ♂ mit seinem Kopf unter den Hinterleib des ♀ und hält sich hier mit den Beinen fest. Schließlich krümmt es seinen Hinterleib so weit nach oben und nach vorn, bis es die weibliche Abdomenspitze erreicht und hier die Samen in einer Spermatophore absetzen kann. Später löst sich die Wand der Spermatophore auf, und die Samen dringen in die weibliche Geschlechtsöffnung ein. Die schmalen, schwärzlichen Eier werden in einer dichten Schicht auf der Oberseite von Blättern am Ufer abgelegt. Sie stehen aufrecht und sind oben mit einer kurzen, fadenförmigen Spitze versehen. Ein einzelnes Gelege umfaßt meist mehrere hundert Eier. Oft sind die Uferpflanzen, vor allem das Schilf, dicht mit *Sialis*-Gelegen überzogen. Die nach einigen Tagen schlüpfenden Larven lassen sich ins Wasser fallen.

Lebensweise der Larve: Die Larve lebt am Grund des Gewässers im Bodenschlamm, oft in großer Wassertiefe. Sie ernährt sich räuberisch von Würmern, Insektenlarven und anderen Wassertieren. Meist kriecht sie langsam umher, kann aber durch schlängelnde Auf- und Abbewegungen des Hinterleibs mit Unterstützung der Kiemenanhänge recht flink ruckartig schwimmen. Ihre Entwicklung dauert 2 Jahre. Nach der 2. Überwinterung verläßt sie im Frühjahr das Gewässer. Dabei öffnen sich ihre Stigmen, so daß sie atmosphärische Luft atmen kann. Die Larve entfernt sich bis zu 5 m vom Ufer und gräbt sich in lockeres Erdreich ein. Dort erfolgt wenig später die Verpuppung. Die Puppe hat frei abstehende Fühler, Beine und Flügelscheiden. Sie ist recht beweglich und liegt meist auf der Seite. Die Puppenruhe dauert etwa 14 Tage.

Allgemeines: Die Schlammfliegen sind Vertreter einer sehr altertümlichen, artenarmen Insektenordnung, der **Megaloptera.** In den Tropen gibt es sehr große Vertreter mit z.T. 15 cm Flügelspannweite. Früher wurden die Schlammfliegen zusammen mit den **Kamelhalsfliegen** und **Haften** zur Ordnung der **Netzflügler** (Neuroptera) zusammengefaßt. Heute sind alle 3 Gruppen eigene Ordnungen; der Begriff **Netzflügler** findet Anwendung als Bezeichnung für die Überordnung Neuropteroidea. Die **Hafte** oder **Netzflügler** im engeren Sinne (Ordnung Planipennia) werden auf der folgenden Doppelseite vorgestellt. Die **Kamelhalsfliegen** (Ordnung Raphidioptera) sind ausschließlich Landtiere.

Imago

Eigelege

Larve

Osmylus fulvicephalus (= O. chrysops) Bachhaft

3

Merkmale: Ziemlich großer Netzflügler, Flügelspannweite ca. 4–5 cm. Flügel glashell, mit dichtem, schwarz-weiß gescheckteem Adernetz und zahlreichen, schwarzen Flecken unterschiedlicher Größe. Körper schwarzbraun, Kopf leuchtend gelbrot. **Larve** schwärzlich, schlank und zum Hinterende allmählich verschmälert. Auf den einzelnen Segmenten mit feinen, steifen Borsten. Länge bis ca. 2 cm. Mundwerkzeuge zu 2 spitzen und leicht nach außen gebogenen Saugzangen umgebildet. Jedes dieser Saugrohre besteht aus 2 miteinander verfalzten Röhren (Mandibel und Maxille). Die Larve läuft recht flink auf ihren 3 Beinpaaren, sie kann sich außerdem mit paarigen, aus der Abdomenspitze ausstülpbaren Haftlappen an der Unterlage festhalten.

Flugzeit: Ende Mai bis Ende Juli.

Lebensraum: Schattige Ufer an sauberen Bächen, besonders an Bergbächen.

Verbreitung: In Mitteleuropa allgemein verbreitet, im Süden häufiger als im Norden. Vielerorts zurückgehend.

Fortpflanzung: Das ♂ stülpt zur Anlockung eines ♀ am 8. Adominalsegment eine Duftdrüse aus. Die Eier werden in Gewässernähe unter Blättern abgelegt.

Lebensweise der Larve: Die Larve lebt dicht am Bachufer unter Steinen oder Baumwurzeln. Oft halten sich mehrere Larven dicht nebeneinander unter dem gleichen Stein auf. Bisher ist nicht sicher bekannt, wo die Larve ihre Beute fängt. Wahrscheinlich taucht sie ins flache Wasser ein und erbeutet dort Insektenlarven und kleine Würmer, die sie zum Verzehren an Land zieht. Man kann sie jedenfalls leicht mit Zuckmückenlarven füttern. Sobald sie auf eine derartige, weichhäutige Larve stößt, sticht sie ihre beiden Saugrohre in deren Körper. Die anfängliche Gegenwehr der Mückenlarve erlischt schon nach Sekunden, wohl durch die Giftwirkung des Verdauungssekretes. Beim Freßvorgang werden Mandibel und Maxille gegeneinander bewegt. Nach der Überwinterung spinnt die Larve im Moos einen Kokon, in dem sie sich im Mai verpuppt.

Sisyra fuscata Schwammfliege

Merkmale: Sehr kleiner, dunkler Netzflügler, Körperlänge 4–4,5 mm, Flügelspannweite 11–13 mm. Flügel dunkelbraun, behaart und mit stark vortretendem Adernetz. **Larve** grünlich, mit haardünnen, geraden Saugrohren. Auf der Unterseite des Hinterleibs 7 Paar beinartig gegliederte, stabförmige Tracheenkiemen, die rhythmisch hin- und hergeschwungen werden. Länge 5–6 mm.

Flugzeit: April bis September, vermutlich in 2 Generationen.

Lebensraum: Stehende und langsam fließende Gewässer mit Vorkommen von Süßwasserschwämmen *(Ephydatia, Spongilla)*, besonders an Flüssen, Altwassern und Fischteichen.

Verbreitung: In Mitteleuropa weit verbreitet, vor allem in den Flußauen.

Lebensweise: Die Imago ist dämmerungsaktiv und fliegt nur wenig.

Fortpflanzung: Die Eier werden über dem Wasser an Zweigen oder Blättern abgelegt und mit einem Gespinst überzogen.

Lebensweise der Larve: Lebt auf der Oberfläche von Süßwasserschwämmen. Auf 5 cm großen Schwämmen kann man manchmal 10 und mehr von ihnen finden. Bei der Fortbewegung auf der (durch die Skelettnadeln) sehr unebenen Schwammoberfläche helfen z.T. auch die langen Antennen mit, indem sie als stelzenartige »zusätzliche Beine« dienen. Zur Nahrungsaufnahme werden von Zeit zu Zeit die dünnen Saugrohre in den Schwammkörper hineingestoßen. Gelegentlich saugt die Larve auch an Moostierchen *(Plumatella)*. Dabei wird manchmal nur eines der Saugrohre in die Chitinröhren der Moostierchen hineingeschoben. Vor der Verpuppung verläßt die Larve das Wasser. Sie kriecht an Baumwurzeln oder ins Wasser hängenden Zweigen empor und spinnt in einer Rindenritze einen ovalen, weißen Kokon, in dem sie auch überwintert. Im Frühjahr verpuppt sie sich.

Ähnliche Arten: 3 weitere, seltene *Sisyra*-Arten, bei denen die Flügel oder die Fühler gefleckt sind.

Imago

Larve mit Beute

Imago ca. 6fach

Larve auf Süßwasserschwamm, ca. 10fach

Limnephilus flavicornis Gemeine Köcherfliege

Merkmale: Imago nachtfalterähnlich, Körperlänge 10–14 mm, Flügelspannweite 26–37 mm. Färbung gelbbraun, Thorax oben schwärzlich, Abdomen grünlich. Vorderflügel fester und viel schmäler als die Hinterflügel, am Ende schief abgeschnitten; farblos und glänzend, in der hinteren (bei zusammengelegten Flügeln der oberen) Hälfte mit unregelmäßigen, schwarzbraunen Flecken. Fühler etwa flügellang. Körper gelb behaart. Beine mit schwarzen Dornen. **Larve** zylindrisch, raupenähnlich. Kopfkapsel stark chitinisiert, hellbraun mit schwarzbrauner, gabelförmiger Zeichnung und dunklen Punkten. Pronotum ähnlich gefärbt, vorn mit dunkler Querbinde. Die übrigen Thoraxsegmente oben mit schwarzbraunen Chitinplatten. Abdomen weichhäutig, weißlich, mit 8 Reihen fadenförmiger Tracheenkiemenbüschel. 1. Abdominalsegment oben und seitlich mit 3 spitzen Höckern. Außer den 3 Paar Laufbeinen am Thorax 2 hakenförmige »Nachschieber« am Hinterleibsende.

Flugzeit: Mai bis Oktober, am häufigsten im Juni und Juli.

Lebensraum: Stehende und langsam fließende, pflanzenreiche Gewässer aller Art.

Verbreitung: Überall sehr häufig.

Lebensweise: Die adulte Köcherfliege ist dämmerungs- und nachtaktiv. Tagsüber ruht sie in der Vegetation. Sie nimmt vermutlich kaum Nahrung auf; die verkümmerten Mundwerkzeuge sind höchstens zur Aufnahme von Flüssigkeiten geeignet.

Fortpflanzung: Die kugeligen, gelbgrünen Eier werden am Gewässerufer in etwa 1 cm großen Gallerteklumpen abgelegt.

Lebensweise der Larve: Die Larve besitzt Spinndrüsen, die in den Mundteilen ausmünden. Sie sammelt pflanzliche, tierische oder unbelebte Teile ihrer Umgebung und baut aus ihnen einen in der Mitte röhrenförmigen Köcher. Dieser ist hinten geschlossen und wird mit den hakenförmigen Nachschiebern festgehalten. Während viele andere Köcherfliegenlarven immer die gleichen Baumaterialien verwenden, ist die Larve von *L. flavicornis* wenig wählerisch. Mal baut sie ihren Köcher aus Holzstücken, mal verwendet sie Wasserlinsen (wie auf der fotografischen Abbildung), ein anderes Mal kleine Wasserschnecken (z. B. *Gyraulus* oder *Bathyomphalus*). In letzterem Fall kann es sich auch um lebende Schnecken handeln, die sich dann nicht mehr befreien können. Im Aquarium kann man sie sogar dazu bringen, Glasperlen zu verarbeiten. Die einzelnen Köcher erhalten durch das unterschiedliche Baumaterial ein sehr verschiedenes Aussehen. Auch werden die verschiedenen Materialien z. T. auf unterschiedliche Weise aneinandergefügt. Wasserlinsen werden z. B. senkrecht von der Röhre abstehend wie Blätter eines Buches übereinander befestigt, Tellerschnecken dagegen mehr oder weniger flach festgesponnen. Die einzelnen Köcher bestehen im allgemeinen nur aus einem Materialtyp; Köcher eines Gewässers ähneln sich meistens. Die *Limnephilus*-Larve ernährt sich von verschiedenen Wasserpflanzen und zieht sich bei Gefahr in ihren sicheren Köcher zurück. Vor der Verpuppung spinnt sie ihn in der Nähe des Wasserspiegels fest.

Schlüpfvorgang: Im Gegensatz zu fast allen übrigen Insektenpuppen wird die *Limnephilus*-Puppe (wie alle Köcherfliegenpuppen) kurz vor dem Schlüpfen der Imago sehr beweglich. Sie öffnet mit ihren kräftigen Mandibeln das Gespinst, mit dem ihr Köcher an der Unterlage befestigt ist, zwängt sich aus dem Kokon hervor und kriecht an Pflanzen aus dem Wasser heraus. Dicht über dem Wasserspiegel krallt sie sich fest und häutet sich zur fertigen Köcherfliege.

Ähnliche Arten: In Mitteleuropa kommen etwa 30 verschiedene *Limnephilus*-Arten vor. Einige von ihnen sind weit verbreitet und häufig. Alle sind durch die am Ende schräg abgestutzten Flügel gekennzeichnet. Eine sichere Artunterscheidung ist nur nach mikroskopischer Untersuchung der männlichen oder weiblichen Hinterleibsanhänge möglich.

Imago

Eigelege

Larve mit Wasserlinsenköcher

Glyphotaelius pellucidus

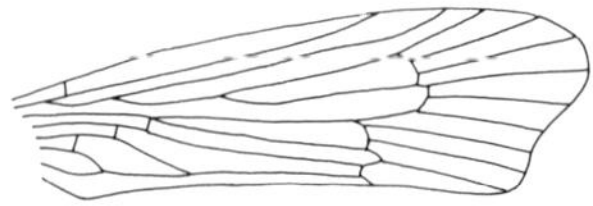

Flügelgeäder

Merkmale: Körperlänge 11–16 mm, Flügelspannweite 28–38 mm. Flügel am Ende leicht bogenförmig ausgeschnitten. Färbung bräunlich, Flügel weißlich, mit zahlreichen zusammenfließenden, braunen Flecken und durchscheinenden Stellen, am Endrand abwechselnd hell und dunkel gefleckt. **Larve** sehr ähnlich der *Limnephilus*-Larve, aber Kopf dunkler und weniger kontrastreich gezeichnet. Sehr charakteristisch ist der Köcher. Er besteht aus 2 Schichten dachziegelartig übereinander liegender, runder und ovaler Blattstücke und kann bis 6 cm lang und 3 cm breit werden. Ringsum sind die Blätter zusammengesponnen, in der Mitte liegt zwischen ihnen eine Röhre, in der sich die Larve aufhält. Die obere Blattschicht ist an der Röhrenmündung verlängert, so daß der Kopf der Larve von oben stets verborgen bleibt. Die Blattstücke werden von der Larve aus dem Fallaub am Gewässergrund mit den Mandibeln herausgeschnitten.

Flugzeit: Mai bis August.

Lebensraum: Schattige Tümpel, vor allem Waldtümpel mit viel Fallaub.

Verbreitung: Allgemein verbreitet, nicht selten.

Fortpflanzung: Die Eier werden in gallertigen, länglichen Klumpen abgelegt.

Ähnliche Art: *Nemotaulius punctatolineatus* (= *Glyphotaelius punctatolineatus*). Gleicht *G. pellucidus* in der Flügelform, ist aber deutlich größer (Körperlänge 19–21 mm, Flügelspannweite 52–58 mm). In pflanzenreichen Teichen und Weihern. Die Larve baut ähnliche Köcher wie die von *G. pellucidus* vorwiegend aus den Schwimmblättern des **Schwimmenden Laichkrauts** *(Potamogeton natans)*. Seltene Art.

Anabolia nervosa

Merkmale: Die Imago ist ohne mikroskopische Untersuchung schwer von anderen Köcherfliegen zu unterscheiden. Körper und Flügel sind braun, ohne auffallende Zeichnungen; die Spitze des Vorderflügels ist abgerundet. Die **Larve** dagegen ist sehr auffällig und leicht zu erkennen. Sie ähnelt der *Limnephilus*-Larve, ihr Kopf ist aber gelblich mit sparsamer, dunkler Zeichnung. Zwischen den Augen befindet sich ein dunkles Muster, das an einen Pilz erinnert. Der Köcher besteht aus einem ca. 30 mm langen, aus kleinen Steinchen zusammengefügten Rohr, an dem seitlich bis 70 mm lange Zweige in Längsrichtung festgesponnen sind. Durch die Holzteile wird der Köcher sehr sperrig und kann daher nicht von Fischen verschlungen werden.

Flugzeit: August bis November.

Lebensraum: Vorwiegend Fließgewässer mit Sandgrund, auch stehende Gewässer.

Verbreitung: Allgemein verbreitet.

Ähnliche Arten: Die Larven der Gattung *Halesus* bauen z.T. ähnliche Köcher.

Phryganea grandis

Merkmale: Größte heimische Köcherfliege; Körperlänge 15–21 mm, Flügelspannweite 40–60 mm. Flügel grau mit braunen und weißen Flecken, beim ♀ mit einem schwarzbraunen Längsstreifen. **Larve** mit gelbem, schwarz gestreiftem Kopf, nur das Pronotum hornig, übriger Thorax wie das Abdomen weichhäutig. Köcher röhrenförmig, bis 7 cm lang. Besteht aus lauter gleichlangen, ca. 8–10 mm messenden Stengelstücken von Wasserpflanzen, die zu einem Spiralband zusammengefügt sind. Die Jungraupen bauen konisch verschmälerte, haarig wirkende Köcher aus Moosen oder Armleuchteralgen *(Chara)*.

Flugzeit: April bis August.

Lebensraum: Stehende, seltener langsam fließende, pflanzenreiche Gewässer. Am häufigsten in Moorgebieten.

Verbreitung: Weit verbreitet, meist häufig.

Lebensweise der Larve: Die Larve ist flinker als andere Köcherfliegenlarven. Sie ernährt sich vorwiegend räuberisch, z.B. von anderen Insektenlarven, auch Köcherfliegenlarven.

Larve

Larve

Larve

Potamophylax sp. (= Stenophylax sp.)

M: Larve ähnlich einer *Limnephilus*-Larve, aber mit einzeln stehenden Kiemenfäden. Kopf mit kleinen, dunklen Punkten auf hellem Grund. Länge bis 25 mm. Köcher dick röhrenförmig, ganz leicht gekrümmt, auf der Unterseite etwas flacher gewölbt als auf der Oberseite. Baumaterial kleine Steinchen. Oberfläche uneben. 5 schwer unterscheidbare Arten. **Lr**: Steinige, meist schnellfließende Bäche und Flüsse, eine Art auch in Seen. **V**: Überall verbreitet. **Lw**: Die Larve von *P. nigricornis* wechselt im Lauf ihrer Entwicklung zweimal das Baumaterial: zuerst Steinchen, dann Blattstücke, schließlich wieder Steinchen.

Sericostoma personatum

M: Larve schlanker als eine *Limnephilus*-Larve, bis 12 mm lang. Kopf und Pronotum dunkel rotbraun, kaum gezeichnet. Mesonotum nur ganz schwach chitinisiert, blaß gelblich. Metanotum weichhäutig. Kiemenfäden kurz, jeweils zu 2–3 gruppiert. Nachschieber kurz und hakenförmig. Köcher röhrenförmig, deutlich gebogen und nach hinten leicht verjüngt. Vorder- und Hinterende ganz gerade abgeschnitten. Sehr glatt und regelmäßig aus feinsten Sandkörnchen zusammengesponnen. **Lr**: Schnellfließende, saubere Bäche. **V**: Allgemein verbreitet, meist häufig. **Ä**: *Sericostoma flavicorne*. Sehr ähnlich, aber seltener.

Goera pilosa

M: Larve untersetzt, zylindrisch, bis 14 mm lang. Pronotom ganz hornig, Mesonotum mit 2 Paar großer Chitinplatten. Metanotum mit 3 Paar sehr kleiner Chitinschildchen, sonst weichhäutig. Abdomen mit Büscheln feiner Kiemenfäden, die jeweils zu 3–4 zusammenstehen. Nachschieber hakenförmig. Köcher eine Röhre aus Sandkörnchen, die zu beiden Seiten durch große, flache Steinchen flügelförmig verbreitert ist. **Lr**: Langsam fließende Bäche und Seen. **V**: Überall verbreitet. **Ä**: Gattung *Silo*. 3 Arten. Mesonotum mit 3, Metanotum mit 4 Paar Chitinschildchen. Gehäuse etwas weniger verbreitert.

Molanna angustata

M: Larve schlank, etwas abgeflacht, bis 17 mm lang. Pronotum hornig, Mesonotum nur schwach chitinisiert, Metanotum ganz häutig. Beine sehr ungleich, Hinterbeine stark verlängert. Abdomen mit kleinen Kiemenbüscheln. Nachschieber verhältnismäßig lang. Köcher flach schildförmig, bis 26 mm lang. Ganz aus feinen Sandkörnchen gebaut, mit einer mittleren Röhre und weit ausladenden Seitenflügeln. Mündung der Röhre überdacht, von oben nicht sichtbar. **Lr**: Uferzonen sandiger Seen mit grasartiger Vegetation. **V**: In geeigneten Gewässern nicht selten. **Ä**: 2 weitere, sehr seltene Arten der Gattung *Molanna*.

Thremma gallicum

1

Merkmale: Larve auffallend kurz und breit, bis 6 mm lang. Pronotum hornig, Mesonotum mit 3 Paar deutlich getrennten, großen Chitinplatten. Metanotum mit 2 Paar sehr kleinen Schildchen. Abdomen vorn deutlich breiter als der übrige Körper, nach hinten stark verschmälert und dadurch fast dreieckig wirkend. Kiemenfäden sehr fein, zu zweit zusammenstehend. Nachschieber winzig. Köcher an das schildförmige *Molanna*-Gehäuse erinnernd, aber deutlich höher. Gleicht in der Form fast der Schale der Flußnapfschnecke *(Ancylus)*. Ganz aus feinen Sandkörnchen gebaut, mit einer nach hinten stark verjüngten Röhre, die auch von der Oberseite als schmal dreieckiger Rückenkiel sichtbar ist. Bis 7 mm lang, 5 mm breit und 2,5 mm hoch.

Lebensraum: Sehr saubere, schnellfließende Bergbäche.

Verbreitung: Nur von wenigen Bächen in der Umgebung der Hornisgrinde (nördlicher Schwarzwald) bekannt. Sehr empfindlich gegen Verunreinigungen und daher heute akut vom Aussterben bedroht.

Lebensweise der Larve: Dank der strömungsgünstigen Form ihres Gehäuses kann sich die *Thremma*-Larve selbst in starker Strömung frei auf den Steinen bewegen.

Larve von oben

Larve umgedreht

Elophila nymphaeata (= Nymphula nymphaeata) Laichkraut-Zünsler

Merkmale: Gehört wie alle mitteleuropäischen Wasserschmetterlinge zur Familie der **Zünsler** (Pyralidae), der artenreichsten Kleinschmetterlingsfamilie. *E. nymphaeata* ist mit etwa 20–30 mm Flügelspannweite unser größter Falter, der sich im Wasser entwickelt. Die weißen Flügel tragen ein auffallendes, aber schwer zu beschreibendes Muster aus braunen Binden und Schleifen. **Raupe** grünlich, Kopf und Halsschild etwas dunkler als der Körper, bis 20 mm lang. Am Hinterleib mit 4 Paar stummelförmigen Bauchfüßen und 1 Paar Nachschiebern.

Flugzeit: Juni bis August.

Lebensraum: Stehende, pflanzenreiche Gewässer; vorzugsweise an Tümpeln und Weihern mit Schwimmblattvegetation.

Verbreitung: In Mitteleuropa allgemein verbreitet und überall häufig.

Lebensweise: Die Falter sind dämmerungs- und nachtaktiv. Tagsüber ruhen sie meist kopfabwärts, den Rücken nach unten gekehrt mit schräg abgespreizten Flügeln in der Vegetation. Sie sind leicht aufzustöbern und fliehen bei der geringsten Erschütterung, lassen sich aber ganz in der Nähe in ihrer typischen Ruhehaltung nieder. Gegen Abend tanzen sie oft in dichten Schwärmen über dem Gewässer.

Fortpflanzung: Die Paarung findet auf Wasserpflanzen oder am Ufer statt. Die Vorderkörper der Partner weisen dabei in entgegengesetzte Richtungen. Zur Eiablage setzt sich das ♀ auf Schwimmblätter, vorzugsweise solche des **Schwimmenden Laichkrauts** *(Potamogeton natans)*, krümmt seinen Hinterleib um den Blattrand und klebt die gelblichen Eier in flachen Häufchen auf die Blattunterseite.

Lebensweise der Larve: Die Raupe ist ein echtes Wassertier. Außer am Laichkraut frißt sie auch an **Teich-** und **Seerosen** *(Nuphar, Nymphaea)*, **Froschbiß** *(Hydrocharis)* und weiteren Wasserpflanzen. Nach dem Schlüpfen miniert sie zunächst in einem Blatt. Später schneidet sie am Rand ein ovales Stück heraus und spinnt es unter dem von ihr befressenen Blatt fest. Vielfach baut sie auch aus zwei gleichgroßen Blattstücken ein flaches, transportables Gehäuse. Dieses wird oft erneuert und kann gegen Ende der Raupenzeit 4 cm lang werden; innen ist es mit einem dichten Gespinst überzogen. Die Raupe hat während der beiden ersten Häutungsstadien geschlossene Stigmen und eine benetzte Körperoberfläche; in dieser Phase betreibt sie Hautatmung. Im dritten Stadium aber öffnen sich die Stigmen, und die Haut wird durch eine wachsartige Schicht wasserabstoßend. Während das Raupengehäuse der ersten Stadien mit Wasser gefüllt war, enthält es jetzt eine Luftblase. Sobald die Raupe ihren Vorderkörper herausstreckt, ist sie von einer silbern glänzenden Luftschicht überzogen. Von Zeit zu Zeit streckt sie ihren Vorderkörper auch über die Wasseroberfläche hinaus und erneuert dabei offensichtlich ihre Lufthülle. Nach der Überwinterung spinnt sie in der Regel im Mai oder Juni ihr Gehäuse an einem Pflanzenstengel fest, meist 5–10 cm unter dem Wasserspiegel. Kurz darauf verpuppt sie sich.

Schlüpfvorgang: Kurz vor dem Schlüpfen des Falters bildet sich unter der Puppenhaut eine feine Luftschicht (die Luftblase im Gehäuse ist zu diesem Zeitpunkt nicht mehr vorhanden). Von dieser Luft umgeben, erhält der schlüpfende Schmetterling einen starken Auftrieb, der ihn wie einen Korken an die Wasseroberfläche schießen läßt, sobald er die Puppenhülle verläßt. Er verliert dabei einige feine Schuppen, die ihn vor Benetzung schützen. Oben angekommen, ist er völlig trocken, läuft über den Wasserspiegel zum Ufer und entfaltet dort seine zunächst noch lappig herabhängenden Flügel.

Ähnliche Arten: *Nymphula stagnata.* Etwas kleiner (18–24 mm Flügelspannweite). Dunkle Flügelzeichnung klarer und weniger ausgedehnt. Vorderflügel parallel zum Außenrand mit einer durchgehenden, weißen Binde, die bei *E. nymphaeata* stets durch dunkle Striche unterbrochen ist. Raupe vorzugsweise an **Igelkolben** *(Sparganium)*. *Paraponyx stratiotatum.* Größe wie *N. stagnata.* Ohne deutliche Bindenzeichnung. Vorderflügel beim ♂ blaß gelblich, beim ♀ bräunlich, nahe der Flügelmitte mit einem weißen, dunkel umrandeten Punkt. Raupe besonders an **Krebsschere** *(Stratiotes)*, mit fadenförmigen, in dichten Büscheln angeordneten Tracheenkiemen.

Larve

Cataclysta lemnata Wasserlinsen-Zünsler

Merkmale: ♂ 15–20 mm, ♀ 20–25 mm Flügelspannweite. Vorderflügel des ♂ weiß, mit kaum angedeuteter, dunkler Zeichnung. ♀ mit braunen, verwaschen gezeichneten Vorderflügeln. Hinterflügel bei ♂ und ♀ weiß, mit dunklen Flecken und Binden. Sehr markant ist eine schwarze, gelb umrandete Saumbinde, die mehrere silbern glänzende Punkte einschließt.
Raupe grau, mit hellbraunem Kopf und schwärzlichem Halsschild, bis etwa 15 mm lang.
Flugzeit: Juni bis September, vermutlich 2 Generationen im Jahr.
Lebensraum: Stehende Gewässer mit dichtem Wasserlinsenteppich, auch an winzigen Tümpeln.
Verbreitung: Weit verbreitet und meist nicht selten, vor allem in den Flußauen.
Lebensweise der Larve: Ernährt sich vorzugsweise von **Wasserlinsen** *(Lemna minor, L. trisulca* und *Spirodela polyrhiza)*. Wie die Raupe des Laichkraut-Zünslers ist sie in den ersten beiden Stadien benetzt, danach von Luft umgeben. Die benetzte Jungraupe lebt zunächst frei zwischen den Wasserlinsen. Später bewohnt sie ein etwas unregelmäßig geformtes Gehäuse, das aus Wasserlinsen zusammengesponnen ist. Oft nimmt sie auch ein hohles, trockenes Halmstück und kleidet es innen mit einem weißen Gespinst aus. Da das Gehäuse der älteren Raupe luftgefüllt und dadurch leichter als Wasser ist, schwimmt es stets unmittelbar unter dem Wasserspiegel im Wasserlinsenteppich. Im Winter friert die Raupe mit ihrem Köcher im Eis ein, ohne Schaden zu nehmen. Manche Raupen überwintern aber auch in abgestorbenen Schilfstengeln. Die Verpuppung erfolgt in einem großen, blasenförmigen Gespinst zwischen den Wasserlinsen, das an die Luftglocken der Wasserspinnen erinnert. Raupen, die in einem Halmstück leben, spinnen dieses unmittelbar an der Wasseroberfläche rechtwinklig abstehend an einem Pflanzenstengel fest. Beim Schlüpfen des Falters liegt der Puppenköcher (durch Sinken des Wasserspiegels) meist außerhalb des Wassers.

Acentria ephemerella (= Acentropus niveus)

Merkmale: Sehr kleiner Wasserschmetterling. ♂ mit gut 1 cm Flügelspannweite. Flügel weiß, ohne Zeichnungen. Fühler etwa körperlang. Mundwerkzeuge zurückgebildet. Das deutlich größere ♀ tritt in 2 Formen auf. Die seltene geflügelte Form hat fast 2 cm Flügelspannweite, die Fühler sind viel kürzer als beim ♂. Die ungeflügelte Form ist in den meisten Gegenden wesentlich häufiger. Ihre Flügel sind bis auf winzige Reste zurückgebildet.
Raupe grünlich oder gelblich, mit grün durchschimmerndem Darm, bis ca. 1 cm lang.
Flugzeit: Mai bis September, vermutlich 2 Generationen im Jahr.
Lebensraum: Teiche und Seen, vor allem solche mit dichten Beständen der **Wasserpest** *(Elodea canadensis)*.
Verbreitung: Ziemlich selten, aber an den Fundorten meist in großer Zahl.
Lebensweise: Das ♂ und das geflügelte ♀ leben außerhalb des Wassers. Tagsüber sitzen sie unbeweglich in unmittelbarer Wassernähe an dunklen, feuchten Stellen. Erst mit Einbruch der Dämmerung werden sie lebhaft. Das ungeflügelte ♀ dagegen ist ein echtes Wassertier. Es ist von einer dünnen Luftschicht überzogen und kriecht an Wasserpflanzen umher oder schwimmt dicht unter dem Wasserspiegel. Hierfür ist es an den hinteren beiden Beinpaaren mit Schwimmborsten ausgestattet.
Fortpflanzung: Zur Paarung schwimmt das geflügelte ♀ auf der Wasseroberfläche, das ungeflügelte streckt seinen Hinterleib aus dem Wasser heraus. Unmittelbar nach der Paarung legt es die Eier an Wasserpflanzen ab. Kurz darauf stirbt es. Seine Lebensdauer beträgt 1–2, im Höchstfall 3 Tage.
Lebensweise der Larve: Die Raupe ernährt sich von verschiedenen Wasserpflanzen, besonders von **Wasserpest** *(Elodea)*, **Laichkräutern** *(Potamogeton)* und **Hornblatt** *(Ceratophyllum)*. Sie lebt in bis zu 3 m Wassertiefe und baut ein unregelmäßig zusammengesponnenes Gehäuse am Stengel der Futterpflanze. Manche Raupen kriechen frei auf den Pflanzen umher und bauen transportable Köcher.

Larve

Larve

Merkmale: Kleine, dunkle Wespe mit 5–8 mm Körperlänge und 9–12 mm Flügelspannweite. Körper schlank, 1. Hinterleibssegment stielförmig verschmälert. Schildchen (eine dreieckige Platte oben auf dem Thorax zwischen dem Flügelansatz) nach hinten in einen deutlichen Dorn verlängert. Fühler beim ♂ mehr, beim ♀ weniger als halbe Körperlänge. ♀ mit kurzem Legebohrer (ca. 1 mm), der kurz vor der Hinterleibsspitze zwischen den Bauchsegmenten herausragt. Flügel mit 3 grauen Querbinden, Körper schwarz gefärbt.

Flugzeit: April bis Juni, vereinzelt auch später.

Lebensraum: Schnellfließende, saubere, meist schattig gelegene Bäche.

Verbreitung: In Süddeutschland weit verbreitet und vielerorts häufig, im Bergland wie in den Flußauen. An den Fundorten im allgemeinen in großer Individuenzahl. In Norddeutschland anscheinend selten.

Fortpflanzung: Die Wespe parasitiert als Larve an Köcherfliegenlarven. Sie bildet im Frühjahr manchmal dichte Schwärme, die sich am Bachufer auf Steinen sammeln. Das ♀ taucht nach der Paarung ins Wasser hinab, indem es an Steinen oder Pflanzen nach unten kriecht. Unter Wasser ist es von einer feinen Luftschicht umgeben. Die Wespe sucht hier nach Steinköchern von Köcherfliegenlarven, besonders solchen von *Goera, Silo* und nahen Verwandten. Zur Eiablage wählt sie nur Köcher aus, die im Innern bereits eine Puppe oder eine verpuppungsreife Larve enthalten. Mit ihrem Legebohrer legt sie ein Ei ins Innere des Steinköchers. Die Wespenlarve saugt an ihrer Wirtslarve oder -puppe und zehrt sie schließlich vollkommen auf. Dann beginnt sie, sich zur Verpuppung einzuspinnen. Zunächst aber spinnt sie ein festes Seidenband, das seitlich am Köcher heraustritt. Dieses Band ist braun, etwa 1 mm breit und 1–5 cm lang. Im Innern schließt es einen feinen Luftfilm ein, der sich im Wespenkokon fortsetzt. Über dieses Band findet ein ständiger Gasaustausch mit der im Wasser gelösten Luft statt, so daß die später aus der Puppe schlüpfende Wespe mit Atemluft versorgt wird. Die Schlüpfzeit der Wespe liegt etwa im September. Sie bleibt aber noch den ganzen Winter hindurch im lufterfüllten Kokon und verläßt diesen erst im kommenden Frühjahr. Das von der Wespenlarve hergestellte Gespinstband macht die parasitierten *Silo*-Köcher leicht kenntlich, man bezeichnet solche Gehäuse auch als »agriotypisiert«. Da die Köcher dieser Köcherfliege oft in großer Zahl am gleichen Stein festgesponnen sind, findet man vielfach auch »agriotypisierte« Köcher in großer Zahl nebeneinander. 20 oder gar 50 an einem Stein sind durchaus keine Seltenheit.

Allgemeines: *Agriotypus armatus* wird heute meist zu den **Schlupfwespen** (Familie Ichneumonidae) gerechnet. Vielfach wird sie auch in eine eigene Familie Agriotypidae gestellt, da sie sich in einigen Merkmalen von den übrigen Schlupfwespen unterscheidet.

Verwandte Arten: Außer *Agriotypus* leben noch einige weitere, ausnahmslos winzige Wespen im Wasser. Die bekannteste von ihnen ist die **Erzwespe** *Prestwichia aquatica.* Sie ist unter 1 mm groß und hat außer einer normal geflügelten auch eine ungeflügelte und eine stummelflüglige ♀-Form. Sie kriecht an Wasserpflanzen umher oder schwimmt, mit den Beinen rudernd, durchs Wasser. Sie hält sich auch oft außerhalb des Wassers auf, kann aber mindestens 5 Tage ununterbrochen untergetaucht leben. Die Larvalentwicklung findet in Eiern von Wasserkäfern oder Wasserwanzen statt. Dabei können mehrere Dutzend Wespen aus einem einzigen Ei schlüpfen.

Prestwichia aquatica

Eine weitere bemerkenswerte Art ist die **Zwergwespe** *Polynema natans,* die, ebenfalls nur knapp 1 mm groß, mit Ruderschlägen ihrer lang bewimperten Flügel elegant durchs Wasser schwimmt. Auch die Paarung findet im Wasser statt. Sie entwickelt sich in Libellen- und Wasserwanzeneiern.

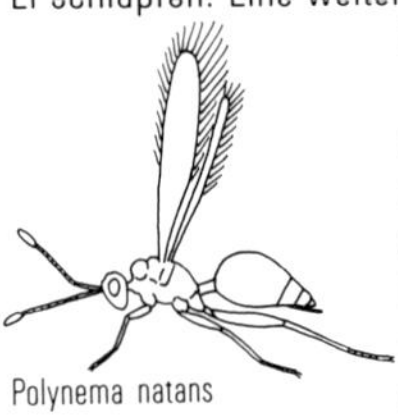

Polynema natans

♀

Silo-Köcher mit Gespinstband

Dytiscus marginalis Gelbrandkäfer

Merkmale: Körperlänge 27–35 mm. Stromlinienförmiger Körperbau: Kopf, Thorax, Flügeldecken und Abdomen gehen fast nahtlos ineinander über und sind seitlich scharf gekielt. Hinterbeine mit langen Schwimmborsten, Vorderbeine des ♂ mit großen, runden Haftscheiben. Diese werden von den ersten 3 Fußgliedern gebildet, die auf ihrer Unterseite 2 große und ca. 150 kleine, kreisrunde Saugnäpfe tragen. Körperoberfläche glatt und glänzend, beim ♀ auf den Flügeldecken jederseits etwa 10 tiefe Furchen. Färbung schwarzbraun mit grünlichem Schimmer. Halsschild ringsum mit breitem, gelbem Rand, Flügeldecken seitlich gelb gerandet. Unterseite rötlich gelb.
Reifezeit: Ganzjährig (mehrjährige Art).
Lebensraum: Stehende Gewässer aller Art, vorwiegend Kleingewässer, seltener auch in Fließgewässern.
Verbreitung: Überall häufig.
Nahrung: Larven verschiedener Wasserinsekten, Amphibienlarven, häufig auch Aas.
Fortpflanzung: Die Paarung findet meistens im Herbst statt. Dabei hält sich das ♂ mit seinen Saugnäpfen am glatten Halsschild, mit dem mittleren Beinpaar an den gefurchten Flügeldecken des ♀ fest. Die Samenmasse wird bei der Übergabe von einem leuchtendweißen Kittsekret umgeben, an dem ein verpaartes ♀ leicht kenntlich ist. Erst nach der Überwinterung schreitet es zur Eiablage. Hierzu schlitzt es mit seinem messerartigen Legebohrer ein Blatt seitlich auf und schiebt ein Ei in den Spalt. Meist liegen mehrere derartige »Eilogen« übereinander in einem Blatt. Die Eier sind auffallend groß, 6,5–7,5 mm lang bei ca. 1,2 mm Breite.
Ähnliche Arten: 6 weitere, meist seltene *Dytiscus*-Arten in Mitteleuropa. *D. latissimus* **(Breitrand)** ist noch größer (36–44 mm), seine Flügeldecken sind über den gelben Rand hinaus verbreitert. *D. semisulcatus* hat einen schwarzen Bauch. *D. dimidiatus* ist am Halsschild nur seitlich gelb gerandet. Die übrigen 3 Arten haben nadelförmig zugespitzte Fortsätze an den Hinterhüften.

Dytiscus marginalis, Larve

Merkmale: Körperlänge bis 6 cm. Kopf nach vorn verbreitert, mit dolchförmigen, innen ausgehöhlten Mandibeln. Seitlich hinter den Mundwerkzeugen jederseits 6 Punktaugen. Alle Beine mit Schwimmhaaren. Hinterleibsende stark verschmälert; letztes Segment röhrenförmig verlängert und an seiner Spitze mit 2 Stigmen (Atemöffnungen).
Lebensweise: Die Larve des Gelbrandkäfers heftet sich meist mit ihrer Abdomenspitze an die Wasseroberfläche, kann aber auch mit Ruderbewegungen der Beine oder durch peitschende Schläge mit dem Abdomen durchs Wasser schwimmen.
Nahrung: Frißt nur lebende Beute, z. B. Insektenlarven, Kaulquappen und kleine Fische. Gegen Artgenossen ausgesprochen unverträglich. Von mehreren Larven auf engem Raum bleibt immer nur eine übrig. Die Beute wird mit den Mandibeln ergriffen und durch ein ausgeschiedenes Verdauungssekret aufgelöst, so daß sie durch den Saugkanal in den Mandibeln aufgenommen werden kann.

Cybister lateralimarginalis Gaukler ❶

Merkmale: Ähnelt dem Gelbrandkäfer. Sein Körper ist aber noch breiter und flacher, die größte Breite liegt deutlich hinter der Mitte (bei *Dytiscus* etwa in der Mitte). Halsschild nur seitlich gelb gerandet. Schienen der Hinterbeine auffallend kurz, kaum länger als breit. **Larve** schlanker als die *Dytiscus*-Larve, bis 8 cm lang. Kopf verhältnismäßig klein, mit kurzen, kräftigen Mandibeln.
Lebensraum: Saubere, pflanzenreiche Weiher und Seen.
Verbreitung: Sehr zerstreut in Mitteleuropa, in der letzten Zeit stark zurückgegangen.
Lebensweise: Durch seinen sehr breiten, flachen Körper und die großflächigen Schwimmbeine ist der Gaukler der beste Schwimmer unter den Schwimmkäfern.
Nahrung: Scheint Wasserschnecken und Kaulquappen zu bevorzugen.
Lebensweise der Larve: Kein so guter Schwimmer wie die *Dytiscus*-Larve, hält sich zum Luftholen an Wasserpflanzen fest.

♂

♀

Larve mit Beute

♂

Acilius sulcatus Furchenschwimmer

Merkmale: Kleiner als der Gelbrandkäfer (15–18 mm), Körper auffallend breit und flach. Grundfärbung gelb, Kopf und Halsschild kontrastreich schwarz gezeichnet. Stirn dicht hintereinander mit 2 schwarzen Winkelflecken, die zwischen sich ein gelbes »V« einschließen. Halsschild mit einem Trapez aus breiten, schwarzen Streifen. Flügeldecken auf gelbem Grund dicht schwarz marmoriert und dadurch braun erscheinend, beim ♀ jederseits mit 4 breiten, dicht behaarten Längsfurchen. ♂ mit

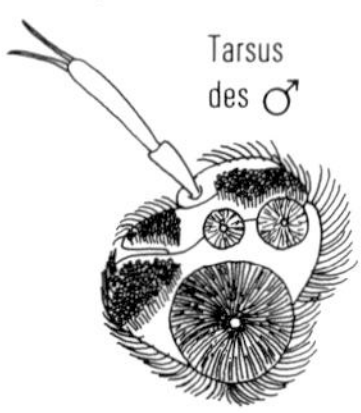

runden Haftscheiben an den Vorderbeinen, diese unterseits mit 1 großen und 2 kleineren Saugnäpfen. Unterseite des Körpers überwiegend dunkel, Hinterbeine gelbrot mit schwarzem Fleck an der Schenkelbasis. **Larve** durch den sehr schmalen Kopf und den in der Mitte bucklig wirkenden Körper sofort zu erkennen. Mandibeln kurz und dolchförmig. Alle Beine mit sehr langen Schwimmhaaren.

Lebensraum: Stehende Gewässer aller Art.

Verbreitung: Überall häufig.

Fortpflanzung: Das ♀ kommt zur Eiablage aus dem Wasser heraus. Die Eier werden in kleinen Häufchen vorzugsweise an feuchte Holzstücke geklebt. Unter günstig liegenden Rindenstükken findet man manchmal zahlreiche Gelege nebeneinander.

Lebensweise der Larve: Die Larve ist der beste Schwimmer unter allen Wasserkäferlarven. Meist sieht man sie scheinbar schwerelos in horizontaler Haltung durchs Wasser gleiten. Sie kann sich aber auch sprunghaft vorwärts bewegen, indem sie ruckartig ihr Abdomen nach unten gegen Kopf und Thorax schlägt. Ihre Nahrung besteht vorwiegend aus Mückenlarven und -puppen sowie verschiedenen Kleinkrebsen (Wasserflöhe, Muschelkrebse). Zur Verpuppung verläßt sie (wie alle Schwimmkäferlarven) das Wasser und fertigt sich am Ufer eine Erdhöhle, deren Wände durch eine Kittsubstanz verfestigt werden.

Acilius canaliculatus

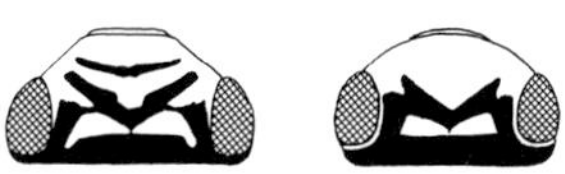

A. sulcatus A. canaliculatus

Merkmale: Sehr ähnlich *A. sulcatus*, aber etwas kleiner (13,5–16 mm lang). Zeichnung wie bei diesem, jedoch auf der Stirn nur ein dunkler Winkelfleck. Die Bauchfärbung ist überwiegend hell, die Hinterbeine sind einfarbig gelbrot.

Lebensraum: Kleinere stehende Gewässer, scheint Moorgewässer zu bevorzugen. Kommt aber z. B. auch in Kiesgrubentümpeln vor. Oft mit *A. sulcatus* vergesellschaftet.

Verbreitung: In Mitteleuropa weit verbreitet, etwas seltener als *A. sulcatus*.

Nahrung: Wasserlebende Insektenlarven, Würmer, auch Aas.

Allgemeines: Wie alle Schwimmkäfer sehr flugtüchtig. Kann daher neu entstandene Gewässer schnell besiedeln und bei deren Austrocknung in andere Gebiete ausweichen.

Graphoderus zonatus (2)

Merkmale: Weniger breit als der Furchenschwimmer, etwas kleiner (14–16 mm lang). Grundfärbung gelb mit kontrastreicher, schwarzer Zeichnung. Halsschild mit schwarzen Querbinden kurz vor dem Vorder- und Hinterrand. Vordere Querbinde außen erweitert, hintere außen verschmälert. Flügeldecken bei beiden Geschlechtern glatt, fein schwarz marmoriert. ♂ mit runden Haftscheiben an den Vordertarsen, diese unterseits mit etwa 30 Saugnäpfen unterschiedlicher Größe. Auch der Tarsus des Mittelbeins unten mit zahlreichen, kleinen Saugnäpfen.

Lebensraum: Flache, stehende Gewässer, auch solche, die regelmäßig austrocknen. Vorwiegend in Moorgewässern.

Verbreitung: Lückenhaft verbreitet, vor allem in Norddeutschland, selten.

Ähnliche Arten: *Graphoderus cinereus.* Querbinden auf dem Halsschild berühren den Vorder- und Hinterrand. Häufiger als *G. zonatus.* Daneben noch 2 weitere, sehr seltene Arten der Gattung *Graphoderus.*

Larve

♀

♂

♂

Colymbetes fuscus Teichschwimmer

Merkmale: Körper verhältnismäßig schmal, 16–17 mm lang. Grundfärbung gelblich, mit schwarzen und braunen Zeichnungen. Kopf braun. Halsschild in der Mitte mit unscharf begrenztem, schwarzbraunem Fleck. Flügeldekken mit einem dichten Netz feiner, schwarzer Querriefen. Beine gelbbraun. Die ersten 3 Glieder der Vorder- und Mitteltarsen beim ♂ verbreitert, unterseits je mit ca. 20 kleinen Saugnäpfen.
Reifezeit: Juli bis Mai, überwintert adult im Gewässer.
Lebensraum: Stehende Kleingewässer, oft z. B. in Kiesgrubentümpeln.
Verbreitung: Allgemein verbreitet und häufig.
Fortpflanzung: Die braunen Eier werden zeitig im Frühjahr reihenweise auf Wasserpflanzen abgelegt.
Ähnliche Arten: *Colymbetes paykulli.* Beine schwarz. *Colymbetes striatus.* Halsschild mit scharf begrenztem, dunklem Querfleck. Beide Arten selten, nur in Norddeutschland.

Platambus maculatus

Merkmale: Kleinerer Schwimmkäfer, 7–8,5 mm lang. Sehr auffallend gezeichnet. Grundfarbe gelblich. Kopf rotbraun, zwischen den Augen mit einer brillenartigen, schwarzen Zeichnung. Halsschild mit schwarzer Vorder- und Hinterrandbinde, unmittelbar hinter ersterer mit einer weißen Querbinde. Flügeldecken mit geschwungenen, schwarzen Längsbinden und Flecken, die mehr oder weniger zusammenfließen. Die Ausdehnung dieses Musters variiert stark; es kommen Tiere mit weitgehend geschwärzten Flügeldecken vor, aber auch solche, bei denen die Gelbfärbung überwiegt. Beine und Unterseite rotbraun. Beim ♂ Vorder- und Mitteltarsen etwas erweitert, aber unterseits ohne Saugnäpfe.
Lebensraum: Einer der wenigen Schwimmkäfer, die typisch für Fließgewässer sind. Am häufigsten in Wiesenbächen, auch in schnellfließenden Bergbächen und in der Uferzone größerer Seen.
Verbreitung: In Mitteleuropa überall verbreitet und meist häufig.

Rhantus pulverosus

Merkmale: Kleinere Art, 10,5–12,5 mm lang. Grundfärbung gelblich. Halsschild in der Mitte mit dunklem Querfleck, außerdem oft mit 2 elliptischen Seitenflecken und je einer Querbinde am Vorder- und Hinterrand. Flügeldecken dicht schwarz punktiert. Körperunterseite ganz schwarz.
Lebensraum: Stehende Kleingewässer, auch solche, die regelmäßig austrocknen.
Verbreitung: Überall verbreitet.
Ähnliche Arten: 7 weitere, z. T. sehr ähnliche *Rhantus*-Arten, von denen aber keine eine einheitlich schwarze Bauchseite hat. Gattung *Ilybius.* 10 Arten von 8–14 mm Größe. Hinterschenkel unten vor der Spitze mit einem dichten Büschel kurzer Borsten (fehlt bei *Rhantus*). Klauen der Hintertarsen ungleich lang. Gattung *Agabus.* 27 schwer unterscheidbare Arten von 6–12 mm Größe. Ebenfalls mit Borstenbüschel am Ende des Hinterschenkels, aber Klauen der Hintertarsen gleichlang. In jedem Gewässer normalerweise wenigstens 1 Vertreter einer dieser 3 Gattungen.

Hyphydrus ovatus Kugelschwimmer

Merkmale: Körper fast kugelig, klein, 4,5–5 mm lang. Färbung einheitlich rostrot. Flügeldecken hinten mit kurzem Vorsprung, an dem unter Wasser ständig eine Luftblase haftet. **Larve** ebenfalls recht auffällig. Breit gebaut, nach vorn und hinten deutlich verschmälert. Kopf klein, mit einem langen, schmalen Stirnhorn. Färbung dunkelbraun, Vorderbrust, 1. und 2. sowie 7. und 8. Abdominalsegment gelblich bis fast weiß.
Lebensraum: Stehende Gewässer aller Art.
Verbreitung: Überall häufig.
Lebensweise: Der Käfer führt den Großteil seines Luftvorrats offenbar nicht, wie die anderen Schwimmkäfer, unter den Flügeldecken, sondern in der Luftblase an seiner Hinterleibspitze mit sich. Die Blase wechselt immer wieder ihre Größe, von Zeit zu Zeit wird sie eingesogen und wieder ausgedehnt.
Verwandte Arten: In Deutschland gibt es noch etwa 70 weitere **Schwimmkäfer** (Familie Dytiscidae) mit Körpergrößen von 2–5 mm. Die meisten sind schwer zu bestimmen.

Hygrobia tarda Schlammschwimmer

➊

Merkmale: 8–11 mm großer Wasserkäfer, der einem Schwimmkäfer ähnelt. Kopf aber deutlich vorgestreckt, nicht, wie bei den Dytisciden, in das Halsschild zurückgezogen. Körper auffallend hochgewölbt, Grundfärbung gelbbraun. Auf der Oberseite beider Flügeldecken ein zusammenhängender, schwarzer Fleck. **Larve** untersetzt, am Hinterende mit 3 etwa gleichlangen, behaarten Schwanzfäden. An der Unterseite des Thorax und der vorderen Abdominalsegmente mit Kiemenfäden.

Reifezeit: August bis Mai, überwintert adult im Gewässer (wohl auch an Land).

Lebensraum: Flache, schlammige Gewässer, oft in Sandgruben. Besiedelt auch neu entstandene, vegetationsarme Kleingewässer.

Verbreitung: In Mitteleuropa sehr selten. Aktuelle Funde zur Zeit nur aus dem Rheinland und aus dem Raum Bremen bekannt. Kann vielleicht in der Norddeutschen Tiefebene noch an weiteren Orten nachgewiesen werden.

Lebensweise: Der Käfer kann ziemlich schnell schwimmen. Er schlägt aber nicht, wie die Schwimmkäfer, beide Hinterbeine gleichzeitig zurück, sondern bewegt sie abwechselnd. Bei Beunruhigung (z. B. beim Ergreifen) kann er recht laute Zirptöne von sich geben. Als Lauterzeugungsorgane wirken die innen gerieften Flügeldecken, gegen die die Abdomenspitze bewegt wird. Der Käfer hält sich meist am schlammigen Gewässergrund auf. Zur Erneuerung seines unter den Flügeldecken gespeicherten Luftvorrats bringt er, wie die Schwimmkäfer, seine Abdomenspitze an die Wasseroberfläche.

Nahrung: Nicht sicher bekannt. Nimmt im Aquarium *Tubifex*-Würmer als Nahrung an.

Fortpflanzung: Eiablage im Frühjahr. Die gelblichen Eier werden mit einer Kittsubstanz reihenweise auf Wasserpflanzen abgelegt. Die Larven leben am Gewässergrund und in der Vegetation, sie lassen sich ebenfalls mit *Tubifex* füttern. Die Verpuppung erfolgt an Land in einer Erdhöhle.

Allgemeines: Einziger Vertreter der Familie Hygrobiidae.

Haliplus sp. Wassertreter

Merkmale: Sehr kleine Wasserkäfer, meist 2–3 mm groß. Körper eiförmig, nach hinten zugespitzt. Halsschild trapezförmig. Kopf klein, vorgestreckt. Färbung meist gelblich, mit schwacher, dunkler Fleckenzeichnung auf den Flügeldecken. In Mitteleuropa etwa 20 verschiedene Arten, die sehr schwer zu unterscheiden sind. **Larve** sehr schmal und langgestreckt, mit röhrenförmig verlängertem, letztem Abdominalsegment, bis ca. 8 mm lang. Alle Segmente mit Ausnahme des letzten oben mit dunklen, am Hinterrand gezackten Chitinplatten.

Lebensraum: Stehende und langsam fließende Gewässer aller Art.

Verbreitung: Mehrere Arten weit verbreitet und überall häufig.

Lebensweise: Wie *Hygrobia* schwimmen die *Haliplus*-Arten mit abwechselnden Bewegungen der Hinterbeine, z. T. auch der übrigen Beine. Meist kriechen sie an Wasserpflanzen umher. Zur Erneuerung der unter den Flügeldecken gespeicherten Atemluft bringen sie wie die Schwimmkäfer ihre Abdomenspitze an die Wasseroberfläche.

Nahrung: Die meisten Arten leben vorwiegend von Algen. Manche nehmen in unterschiedlichem Umfang auch tierische Nahrung zu sich, z. B. Insekteneier, Kleinkrebse, Würmer und sogar Süßwasserpolypen.

Fortpflanzung: Die Eier werden in Algenzellen oder anderen Wasserpflanzen abgelegt. Die Larven stechen mit ihren spitzen Mandibeln Algenfäden an und saugen sie aus. Sie atmen über mikroskopisch kleine, schlauchförmige Tracheenkiemen, die fast über den ganzen Körper verteilt sind. Zur Verpuppung verlassen sie das Gewässer und stellen am Ufer eine Erdhöhle her.

Ähnliche Arten: Die Wassertreter (Familie Haliplidae) sind in Mitteleuropa noch durch 2 weitere Arten vertreten. *Brychius elevatus* ist an seinem rechteckigen Halsschild zu erkennen. Bei der anderen Art, *Peltodytes caesus*, hat das Halsschild vorn einen deutlichen Quereindruck.

Larve

Larven

Gyrinus substriatus Gemeiner Taumelkäfer

Merkmale: Körper ausgesprochen stromlinienförmig, 5–7 mm lang. Kopf mit 2 Paar Komplexaugen, eines auf der Kopfoberseite, das andere auf der Unterseite. Zwischen beiden Augen kurze, stummelförmige Fühler. Vorderbeine ziemlich lang. Mittel- und Hinterbeine zu sehr kurzen, kräftigen Rudern umgewandelt. Schienen kurz und flach, Fußglieder nach innen stark verbreitert, legen sich fächerförmig übereinander. Am Rand der Schiene und des 4. Fußglieds abgeplattete, steife Schwimmborsten. Körperoberfläche mit regelmäßigen Punktreihen. Färbung schwarz mit bläulichem Schimmer, Beine gelb.

Lebensraum: Stehende und fließende Gewässer, am häufigsten auf vegetationsarmen Gräben und größeren Tümpeln mit freien Wasserflächen.

Verbreitung: Überall häufig.

Lebensweise: Schwimmt meist auf der Wasseroberfläche. Das obere Augenpaar beobachtet dabei über, das untere unter dem Wasserspiegel. Die Fühler liegen auf der Wasseroberfläche und registrieren alle Wellenbewegungen, auch solche, die von Gegenständen im Wasser zurücklaufen. Dadurch kann der Käfer Hindernisse erkennen und ihnen blitzschnell ausweichen. Seine Hinterbeine werden mit der erstaunlichen Schlagfrequenz von 50–60 in der Sekunde bewegt, der Käfer kommt damit bis 24 cm pro Sekunde voran. Bei Störungen taucht er häufig ins Wasser hinab und führt dabei an seiner Abdomenspitze eine Luftblase mit. Auch unter Wasser ist er ausgesprochen schnell.

Nahrung: Ins Wasser gefallene, lebende Insekten, die durch ihr Strampeln Wellen erzeugen. Jagt auch unter Wasser.

Fortpflanzung: Paarung, Eiablage und Larvalentwicklung im Frühjahr und Frühsommer. Jungkäfer ab Ende August.

Ähnliche Arten: 10 weitere, z. T. sehr ähnliche *Gyrinus*-Arten, die meisten seltener als *G. substriatus. Aulonogyrus concinnus.* Halsschild und Flügeldecken mit gelbem Rand. Nur in Norddeutschland, sehr selten.

Orectochilus villosus Bach-Taumelkäfer

Merkmale: Schlanker als *Gyrinus substriatus,* Körper nach vorn spitz zulaufend, 5,5–6,5 mm lang. Augen wie bei *Gyrinus.* Oberseite dicht und fein behaart. Flügeldecken dicht punktiert, ohne Punktstreifen. Färbung schwarz mit grünlichem Schimmer. Unterseite und Beine rostrot. **Larve** sehr schlank, bis 12 mm lang, weißlich. Abdominalsegmente 1–8 mit einem, 9 mit 2 Tracheenkiemenpaaren. Gleicht weitgehend der (abgebildeten) *Gyrinus*-Larve.

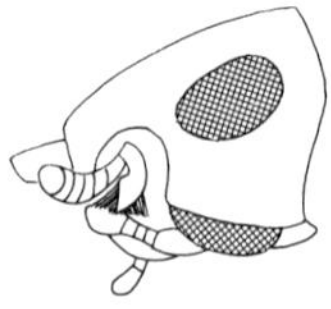
Kopf in Seitenansicht

Gyrinus-Larve

Lebensraum: Kleine, meist schattig gelegene Fließgewässer, gern unterhalb von Wehren; auch an Seen mit Brandungsufer.

Verbreitung: Weit verbreitet, aber nicht häufig. Sicher oft übersehen.

Lebensweise: Hält sich meist dort auf, wo ins Wasser ragende Erlenwurzeln oder herabhängende Uferpflanzen Schlupfwinkel bieten. Vorwiegend dämmerungsaktiv; bei Sonnenschein in seinen Verstecken, aber bei trübem Wetter auch tagsüber zu beobachten. Schwimmt mehr in Spirallinien, während der mit ihm oft vergesellschaftete *Gyrinus* sich vorwiegend in Kreisbahnen bewegt.

Fortpflanzung: Paarung im Sommer, meist am Ufer. Zur Eiablage taucht das ♀ ins Wasser hinab und klebt die Eier reihenweise an Unterwassermoose.

Lebensweise der Larve: Die Larve lebt ständig untergetaucht, überwiegend am Gewässergrund. Sie ernährt sich von Würmern und Insektenlarven. Durch Auf- und Abkrümmen ihres Körpers kann sie wie ein Egel durchs Wasser schwimmen. Ihre gefiederten Tracheenkiemen unterstützen die Schwimmbewegung. Im Herbst verläßt sie das Wasser und überwintert an Land. Dort findet vermutlich auch die Verpuppung statt.

Hydrophilus caraboides
Stachelwasserkäfer oder Kleiner Kolbenwasserkäfer

Merkmale: Plumper Wasserkäfer mit 14–19 mm Körperlänge. Rücken stark gewölbt, Bauchseite flach. Fühler kurz, am Ende keulenförmig verbreitert, meist unter dem Kopf verborgen. Maxillarpalpen (Kiefertaster) sehr lang, fühlerartig vorgestreckt. Vorderbrust unten mit einem spitzen, nach hinten gerichteten Dorn. Mittel- und Hinterbeine mit Schwimmhaaren. Ganzer Körper schwarz mit leichtem, olivgrünem Schimmer, nur Taster und Fühlerbasis gelblich. **Larve** grünlichbraun, untersetzt, bis ca. 30 mm lang. Kopf mit sichelförmigen Mandibeln, diese innen mit 2 spitzen Zähnen. An den Hinterleibsseiten 7 Paar fadenförmige, behaarte Tracheenkiemen. Am Hinterende ein Stigmenpaar, das unter Wasser durch seitliche Klappen verschlossen wird.

Reifezeit: August bis Juni, überwintert adult, wohl vorwiegend an Land.

Lebensraum: Stehende, pflanzenreiche Gewässer mit schwankendem Wasserstand, besonders Überschwemmungsgewässer.

Verbreitung: Allgemein verbreitet, aber vielerorts schon selten geworden.

Lebensweise: Der Käfer hält sich vorzugsweise in der Unterwasservegetation auf. Als Vertreter der **Wasserkäfer** i. e. S. (Familie Hydrophilidae) schwimmt er bei weitem nicht so gut wie ein Schwimmkäfer. Er bewegt dabei die hinteren und mittleren Beine beider Körperseiten abwechselnd. Seinen Luftvorrat trägt er vor allem auf der Bauchseite als deutlich sichtbare Luftblase mit sich. Zwischen dem Hinterrand des Auges und dem Halsschild zieht außerdem eine mit Luft überzogene Rinne zur Kopfoberseite. Zur Erneuerung der Atemluft legt sich der Käfer flach unter die Wasseroberfläche. Dann hebt er eine Kopfseite zum Wasserspiegel empor und legt die rinnenartig ausgehöhlte Fühlerkeule so auf die Furche hinter dem Auge, daß ein geschlossenes Rohr entsteht. Dadurch tritt die Luftblase auf der Bauchseite mit der Außenluft in Verbindung.

Nahrung: Vorwiegend Algen und andere Wasserpflanzen, gelegentlich wohl auch Aas.

Fortpflanzung: Nach der Paarung stellt das ♀ im Mai oder Juni einen höchst kunstvollen Eikokon her. Es überzieht zunächst ein im Wasser schwimmendes, abgestorbenes Blatt einseitig mit Gespinst und biegt es dadurch zu einer Röhre. Diese wird mit Luft gefüllt und innen weiter ausgesponnen. Dann folgt die Ablage von etwa 50 Eiern ins Ende des lufterfüllten Hohlraums; der verbleibende Raum wird locker mit Gespinst ausgefüllt. Als letztes wird ein dünner, etwa 1–2 cm aufragender, innen hohler Mast gesponnen. Der fertige Eikokon schwimmt wie ein Korken auf dem Wasser. Durch den hohen Mast ist auch bei starker Wasserbewegung stets die Luftversorgung der Eier gesichert. Das auffallende, weiße Gespinst wird durch das braune Blatt wirksam getarnt.

Lebensweise der Larve: Die Larve kriecht zwischen Wasserpflanzen umher und streckt dabei fast ständig das Hinterleibsende zur Wasseroberfläche empor. Dabei werden die Klappen über den Stigmen geöffnet, so daß die Larve atmosphärische Luft einatmen kann. Die Tracheenkiemen an den Abdomenseiten scheinen für die Atmung nur von untergeordneter Bedeutung zu sein. Die Larve kann auch durch schlängelnde Auf- und Abbewegungen ihres Körpers schwimmen. Im Gegensatz zur Imago ernährt sie sich von lebenden Tieren. Junglarven erbeuten vorwiegend Kleinkrebse, ältere fressen vor allem Jugendstadien anderer Wasserinsekten. Die Beute wird, wie bei den Schwimmkäferlarven, durch Verdauungssäfte vor dem Mund verflüssigt. Da aber die Mandibeln keinen Saugkanal besitzen, würde die Nahrung im Wasser zerfließen. Die *Hydrophilus*-Larve umgeht diese Schwierigkeit recht einfach: Sie streckt ihren Kopf während des Freßvorgangs über die Wasseroberfläche empor und zerknetet das Beutetier mit den Mandibeln zu einer breiartigen Masse, die durch die Mundöffnung aufgesogen wird. Ein recht ungewöhnliches Bild ergibt sich, wenn zahlreiche Larven gleichzeitig ihre Köpfe aus dem Wasser herausstrecken. Zur Verpuppung gräbt die Larve am Ufer eine Erdhöhle.

Ähnliche Art: *Hydrophilus flavipes.* Etwas kleiner (13–16 mm), mit gelben Beinen. Südosteuropäische Art, in Mitteleuropa sehr selten, möglicherweise schon ausgestorben.

Imago

Eikokon

Larve bei der Nahrungsaufnahme

Hydrous aterrimus Tiefschwarzer Kolbenwasserkäfer ② Ⓖ

Merkmale: Sehr großer Wasserkäfer, Körperlänge 32–43 mm. Fühler und Palpen wie beim Stachelwasserkäfer. Hinterbrust mit langem, spitzem, gerade nach hinten gerichtetem Dorn. Bauchsegmente des Hinterleibs leicht dachförmig, aber nicht gekielt. Vorderbeine des ♂ mit lappenförmig verbreitertem 5. Fußglied, dieses unterseits mit Dornen besetzt (die Abbildung zeigt das noch etwas stärker erweiterte Fußglied von *H. piceus*).

Hydrous piceus
Tarsus des ♂

Reifezeit: Ganzjährig (mehrjährige Art).
Lebensraum: Pflanzenreiche, stehende Gewässer, vorwiegend Tümpel und Überschwemmungsgewässer.
Verbreitung: Nur sporadisch stark zurückgegangen.
Lebensweise: Hält sich wie *Hydrophilus* im Gewirr der Wasserpflanzen auf und schwimmt wenig. Die Vorgänge bei der Atmung sind ebenfalls die gleichen.
Nahrung: Wasserpflanzen und Algen.
Fortpflanzung: Die Paarung findet wohl vorzugsweise im Frühjahr im flachen Wasser statt. Das ♂ hält sich dabei mit den verbreiterten Vordertarsen an den Flügeldecken des ♀ fest. Dieses spinnt später einen ganz ähnlichen Kokon wie das *Hydrophilus*-♀. Der *Hydrous*-Kokon ist aber etwas größer (ca. 2 cm lang mit einem bis 3 cm hohen Mast). Er wird meist nicht unter einem freischwimmenden Blatt hergestellt, sondern im dichten Pflanzengewirr verankert. Ein ♀ kann nacheinander mehrere Kokons bauen. Jeder enthält ca. 50 Eier.
Ähnliche Art: *Hydrous piceus* (Großer Kolbenwasserkäfer). Noch etwas größer (34–50 mm), mit leichtem Grünschimmer. Bauchsegmente des Hinterleibs unten scharf gekielt. Früher häufig, heute sehr selten geworden.
Allgemeines: Wegen ihrer Größe und des spitzen Dorns an den Hinterhüften wurden die Käfer früher für gefährliche Fischräuber gehalten und als »Karpfenstecher« verfolgt.

Hydrous sp., Larve

Merkmale: Sehr große, plumpe Käferlarve, bis 7 cm lang. Körper weich, dunkelgrau, Kopf rotbraun. Mandibeln kurz und sehr kräftig, deutlich verschieden gestaltet: linke Mandibel mit einem einfachen Seitenzahn kurz vor der Spitze, rechte mit zweispitzigem Mittelzahn.
Lebensweise: Hält sich meist im flachen Wasser zwischen dichter Vegetation auf. Wenn man sie in die Hand nimmt, wirft sie sofort ihren Kopf auf den Rücken und beißt sehr schmerzhaft zu. Sie ernährt sich von tierischer Beute, vor allem von Wasserschnecken. Wie bei *Hydrophilus* wird die Nahrung vor dem Mund verflüssigt. Die Junglarve hebt hierzu ihren Kopf über die Wasseroberfläche empor. Die ältere Larve aber schiebt ihren Kopf tief in die Windungen des Schneckenhauses und verhindert so ein Zerfließen des Nahrungsbreies. Sie erreicht auch die hintersten Umgänge, indem sie das Gehäuse von der Mündung her mit ihren kräftigen Mandibeln aufbricht. Die Verpuppung findet im Sommer am Ufer in einer Erdhöhle statt.

Hydrobius fuscipes

Merkmale: Kleinerer Wasserkäfer mit 6–9 mm Körperlänge. Flügeldecken mit jeweils 10 feinen Längsfurchen. Färbung schwarz mit Bronzeschimmer. Beine rotbraun. **Larve** weichhäutig, grau, mit kurzen, gezähnten Mandibeln. Bis 15 mm lang.
Lebensraum: Kleine, stark verwachsene, stehende Gewässer, besonders in schattigen Waldpfützen.
Verbreitung: Überall sehr häufig.
Fortpflanzung: Das ♀ baut etwa 4 mm große, kapselförmige Eikokons dicht unter der Wasseroberfläche. Sie enthalten etwa 15–20 Eier. Die Larve lebt in Höhe des Wasserspiegels in der Vegetation. Sie ernährt sich vor allem von Kleinkrebsen.
Ähnliche Arten: *Limnoxenus niger.* Etwas größer (8–10 mm). Flügeldecken ungefurcht. Sehr selten. Alle übrigen Hydrophiliden sind kleiner und oft grau oder braun gefärbt. Die einzelnen Arten sind schwer zu unterscheiden. Von den etwa 60 heimischen Hydrophiliden lebt nur die Hälfte im Wasser.

♀

Larve, eine Schnecke fressend

Elmis maugetii Klauenkäfer

Merkmale: Gedrungener Körperbau, sehr klein, Körperlänge 1,5–2,5 mm. Halsschild mit 2 tiefen Längsfurchen, die hinten durch einen Quereindruck verbunden sind. Flügeldekken mit regelmäßigen Punktreihen. Klauenglied aller Füße auffallend lang, mit sehr kräftigen Klauen. Färbung schwarz mit Bronzeglanz, Beine gelbbraun. **Larve** asselförmig, stark abgeflacht, 3–4 mm lang. Kopf klein, in einer Aussparung der Vorderbrust. Abdomen nach hinten deutlich verschmälert; letztes Segment röhrenförmig, mit vorstreckbaren Kiemenbüscheln.
Reifezeit: Ganzjährig (Entwicklung 2jährig).
Lebensraum: Saubere Fließgewässer, vor allem Bergbäche.
Verbreitung: Im Bergland weit verbreitet und häufig, im Flachland seltener.
Lebensweise: Der Käfer lebt ständig untergetaucht auf Wassermoosen. Seine Unterseite ist dicht mit anliegenden Borsten besetzt, die eine feine Luftschicht festhalten.
Lebensweise der Larve: Kriecht träge auf Steinen umher und weidet den Algenbewuchs ab. Zur Verpuppung verläßt sie das Wasser.
Ähnliche Arten: 5 weitere, meist seltenere *Elmis*-Arten, außerdem einige verwandte, z. T. ähnliche Gattungen mit etwa 30 Arten.

Helodes sp.

M: Unauffällige, behaarte Käfer mit 4–6 mm Körperlänge. Körper oval, gelbbraun gefärbt. **Larve** breit und flach, asselförmig, Länge ca. 10 mm. Kopf mit fadenförmigen Fühlern von etwa ⅓ Körperlänge. Abdomen nach hinten allmählich verschmälert. 9 schwer unterscheidbare Arten. **Lr**: Kleine, schattige Fließgewässer, vor allem kühle Quellrinnsale. **V**: Im Bergland häufig. **Lw**: Käfer in der Ufervegetation, Larven in ganz flachem Wasser unter Falllaub, Holzstücken oder Steinen. Ernähren sich vom Bodenmulm, aus dem sie verwertbare Detrituspartikel herausfiltern. Auch im Winter regelmäßig zu finden.

Scirtes hemisphaericus

M: Kleiner, fast halbkugelig hochgewölbter, schwarzbrauner Käfer mit 3–3,5 mm Körperlänge. Hinterbeine mit stark verdickten Schenkeln. **Larve** ähnlich der *Helodes*-Larve (gehört wie diese zur Familie Helodidae), mit schlankerem Körper und längeren Fühlern. **R**: Juli bis August. **Lr**: Kleine, dicht bewachsene Tümpel. **V**: Weit verbreitet, häufig. **Lw**: Käfer in der Ufervegetation und auf emersen Wasserpflanzen. Sehr flugtüchtig, kann außerdem mit seinen kräftigen Hinterbeinen weite Sprünge ausführen. Larve in flachem Wasser zwischen verrottenden Pflanzenteilen, wie der Käfer oft in sehr hoher Individuendichte.

Eubrychius velutus

M: 2–3 mm großer, im Wasser lebender Rüsselkäfer. Körper schwarz, Fühler und Beine gelbbraun. Körperoberfläche dicht mit gelben und schwarzen Schuppen bedeckt. **Lr**: Stehende Gewässer mit reichen Beständen von **Tausendblatt** *(Myriophyllum)*. **V**: Anscheinend nicht selten. **Lw**: Der Käfer lebt ständig untergetaucht; unter der Beschuppung wird eine feine Luftschicht festgehalten. Klettert zwischen den *Myriophyllum*-Pflanzen umher und ernährt sich von den Blättern. Kann auch, mit allen Beinen strampelnd, schwimmen, allerdings recht unbeholfen. Die weißlichen Larven entwickeln sich auf der gleichen Pflanze.

Donacia sp. Schilfkäfer

M: Metallisch glänzende, schlanke Blattkäfer von 5–13 mm Körperlänge, durch den vorgestreckten Kopf und die körperlangen Fühler bockkäferähnlich. Hinterschenkel oft kräftig und innen bedornt. 21 Arten, die schwer zu unterscheiden sind. **Lr**: Vorwiegend stehende Gewässer. **V**: Überall häufig. **Lw**: Die einzelnen Arten sind meist auf ganz bestimmte Pflanzen spezialisiert (z. B. *Typha, Sparganium, Iris*). Die Larven leben unter Wasser an den Wurzeln (hier auch die Verpuppung), die Käfer meist an den gleichen Pflanzen, aber über dem Wasserspiegel. Zur Eiablage steigt das ♀ wieder ins Wasser hinab.

Larve

darüber: Larve

Galerucella nymphaeae Seerosen-Blattkäfer

Merkmale: Relativ schlanker Blattkäfer mit 6–8 mm Körperlänge. Grundfärbung gelbbraun, Unterseite größtenteils schwarz. Kopf, Halsschild und Flügeldecken mit schwarzen Flecken von meist geringer Ausdehnung. Die schwarze Zeichnung kann aber auch, wie bei dem abgebildeten Exemplar, sehr ausgedehnt sein, so daß oberseits nur der vordere Teil des Kopfes, einige Streifen auf dem Halsschild und die Seitenränder der Flügeldecken hell bleiben.

Reifezeit: Während des ganzen Sommers in mehreren Generationen. Ruht im Winter adult in hohlen Pflanzenstengeln.

Lebensraum: Stehende und langsam fließende Gewässer mit **See-** oder **Teichrosen** *(Nymphaea, Nuphar)*.

Verbreitung: Allgemein verbreitet, fast überall häufig.

Lebensweise: Die Entwicklung findet auf See- oder Teichrosenblättern statt. Sie dienen den Käfern wie den Larven als Nahrung. Die gelben Eier werden auf der Blattoberseite in kleinen Häufchen abgelegt. Die schwarzen Larven fressen Gänge in die Blätter, lassen aber die Blattunterseite unbeschädigt. Später findet man hier auch die beweglichen, schwarzen Puppen.

Elaphrus cupreus Kupferner Uferläufer

Merkmale: Kleiner Laufkäfer mit 7–9 mm Körperlänge. Augen groß, stark vorquellend, dadurch an einen Sandlaufkäfer *(Cicindela)* erinnernd. Flügeldecken mit zahlreichen genabelten, leuchtendblauen Gruben in 4 Längsreihen; Körper sonst schwarzbraun, kupferglänzend. Tarsen blauschillernd. Unterseite der Vorderbrust unbehaart.

Reifezeit: Von Juni/Juli bis zur gleichen Zeit des folgenden Jahres, überwintert adult im Boden eingegraben.

Lebensraum: Vorwiegend an schattigen Ufern stehender Gewässer.

Verbreitung: Überall nicht selten.

Lebensweise: Der Käfer läuft sehr flink an schlammigen Ufern umher. Er jagt hier mit Hilfe seiner leistungsfähigen Augen nach kleineren Tieren, z. B. Würmern und weichhäutigen Insekten.

Fortpflanzung: Die Eier werden am Ufer in kleinen Gruben abgelegt. Die schlanken Larven leben an den gleichen Orten wie die Käfer, sind aber nachtaktiv.

Ähnliche Arten: *Elaphrus riparius.* Etwas kleiner (5–7 mm), Körper grün, Vorderbrust abstehend behaart. Mehr auf sonnigen Schlammflächen. Etwas häufiger als *E. cupreus.* Daneben noch 3 weitere, seltene *Elaphrus*-Arten.

Omophron limbatum Grüngestreifter Grundkäfer 3

Merkmale: Kleiner, rundlicher Laufkäfer, der in seiner Körperform an einen Schwimmkäfer erinnert. Körperlänge 5–6 mm. Körperumriß geschlossen, Kopf in eine Aussparung des Halsschilds zurückgezogen, mit schmalen, spitzen Mandibeln. Beine und Fühler lang und dünn. Grundfärbung strohgelb, oberseits mit metallisch glänzenden, grünen Flecken in einem recht konstanten Muster. Ein vorn V-förmig ausgeschnittener Fleck verbindet die Augen. Ein weiterer, nach vorn in einen Zipfel verlängerter liegt hinten auf dem Halsschild. Die Flügeldecken tragen 3 gezackte, durch einen Längsstreifen verbundene Querbinden.

Lebensraum: Vor allem an feinsandigen Flußufern, auch auf Kiesbänken. In letzter Zeit auch an Sandgrubengewässern.

Verbreitung: Weit verbreitet, aber nur von wenigen Fundorten bekannt. Sicher vielerorts nur übersehen.

Lebensweise: Der Käfer ist dämmerungs- und nachtaktiv. Tagsüber lebt er eingegraben, abends kommt er hervor und jagt nach kleinen Bodentieren. Manchmal läßt er sich durch festes Auftreten oder Begießen mit Wasser aus seinem Versteck treiben.

Merkmale: Mit 55–65 mm Flügelspannweite und 27–40 mm Körperlänge größter heimischer Zweiflügler. Kopf schnauzenartig vorgezogen, mit großen, halbkugeligen Augen. Fühler fadenförmig, 13gliedrig. Mundwerkzeuge verkümmert, aber mit sehr langen Tastern. Färbung hellbraun, grau bereift. Thorax an den Seiten mit schwärzlichen Streifen. Abdomen in der Mitte mit einer unscharf begrenzten, grauen Längsbinde und großen, schwarzbraunen Seitenflecken. ♀ mit spitzer, brauner Legeröhre. Beine sehr lang und dünn, gelbbraun, mit schwärzlichen Knien. Flügel glasartig durchsichtig oder etwas milchig, am Vorderrand mit 3 großen, scharf begrenzten, braunen Flecken, die fast den gesamten Vorderrand einnehmen. Der mittlere dieser Flecke ist 3eckig. Hinterrand der Flügel mit mehreren weniger scharf begrenzten, grauen Flecken. **Larve** etwa 50 mm lang, weißlich oder hellgrau gefärbt. Körper walzenförmig, derbhäutig, mit 12 Segmenten. Kopfkapsel unvollständig, schwarzbraun glänzend, mit beißenden Mundwerkzeugen. Am Hinterende 2 augenartige Atemöffnungen (Stigmen) in einer von 6 Fortsätzen umgebenen Schale. Diese Fortsätze sind fingerförmig, am Ende gerundet und seitlich mit feinen Haarsäumen besetzt. Bei Larven anderer *Tipula*-Arten, die sich am Land entwickeln, sind diese Fortsätze z.T. untereinander verschieden und ohne Haarsäume. Sie bilden oft mit den Stigmen eine Art fratzenartiges Gesicht, das auch als »Teufelsfratze« bezeichnet wird (s. Abbildung rechts unten).

Flugzeit: Mai bis Juli.

Lebensraum: Am Ufer von langsam fließenden, schlammigen Bächen und Quellrinnsalen.

Verbreitung: In Mitteleuropa weit verbreitet und gebietsweise ziemlich häufig, besonders in den Mittelgebirgen.

Lebensweise: Die Imago fliegt vor allem in der Abenddämmerung, an schattigen Stellen auch tagsüber. Durch ihre fleckige Flügelzeichnung ist sie ausgezeichnet getarnt. Die langen Beine brechen sehr leicht ab; sie besitzen vorbereitete Abbruchstellen und ermöglichen auf diese Weise in vielen Fällen eine Flucht vor Verfolgern.

Nahrung: Die Mundwerkzeuge erlauben nur die Aufnahme flüssiger Nahrung. Außer Wasser wird an Blüten frei zugänglicher Nektar aufgenommen.

Fortpflanzung: Bei der Paarung sind die Köpfe der Partner voneinander abgewandt. Die Tiere können auch in dieser Anordnung fliegen. Kurz nach der Paarung begibt sich das ♀ zur Eiablage. Die Eier werden mit der Legeröhre in stelzbeiniger Haltung in den Schlamm am Bachufer versenkt.

Lebensweise der Larve: Die Larve hält sich im flachen Wasser im Bodenschlamm auf. Sie atmet, indem sie ihre Stigmen zur Wasseroberfläche emporstreckt und dann die gefiederten Fortsätze sternförmig auseinanderspreizt. Beim Abtauchen klappt sie diese Fortsätze wieder zusammen und nimmt dabei eine Luftblase mit hinab. Sie ernährt sich wohl vorwiegend von ins Wasser gefallenem Laub und anderen toten pflanzlichen Bestandteilen. Vor der Verpuppung verläßt sie das Wasser und gräbt sich am Ufer ein. Die Verpuppung findet in einem vertikalen Gang statt.

Ähnliche Arten: Mehrere weitere Vertreter der Familie Tipulidae **(Schnaken)** am Ufer von Gewässern. Ihre Larven entwickeln sich zum größten Teil außerhalb des Wassers im feuchten Boden. Nahe verwandt ist die Familie Limoniidae **(Stelzmücken).** Ihre Arten legen in der Ruhehaltung die Flügel flach über den Hinterleib, während die Tipuliden ihre Flügel im allgemeinen schräg abspreizen. Unter den Limoniiden gibt es mehrere Arten, die sich im Wasser entwickeln. Diese Limoniidenlarven haben oft zahlreiche Körperfortsätze und entwikkeln sich vielfach an Wassermoosen.

Allgemeines: Die **Zweiflügler** (Ordnung Diptera) zeichnen sich durch nur 1 entwickeltes Flügelpaar aus. Das hintere Paar ist zu kleinen Schwingkölbchen umgewandelt, die eine wichtige Aufgabe als Gleichgewichtssinnesorgane erfüllen. Die Vertreter der Unterordnung Nematocera **(Schnaken** und **Mücken)** besitzen fadenförmige, aus mindestens 6 mehr oder weniger gleichartigen Gliedern zusammengesetzte Fühler. Die Arten der Brachycera **(Fliegen)** haben kurze, meist aus 3 verschiedenartigen Gliedern zusammengesetzte Fühler.

Larve

»Teufelsfratze«

Ptychoptera albimana Faltenmücke

Merkmale: Bunt gezeichneter, 9–12 mm langer Zweiflügler. Kopf mit langen, 15gliedrigen Fühlern. Abdomen an der Basis verschmälert, nach hinten keulenförmig verdickt. Hinterleibsende beim ♀ (s. Abbildung) mit spitzer Legeröhre, beim ♂ mit kräftigen Zangen. Grundfärbung glänzend schwarz. Abdomen mit hellbraunen Querbinden und ebenso gefärbter Spitze. Alle Schenkel hellbraun, 1. Fußglied der Hinterbeine weiß; übrige Beinglieder dunkelbraun bis schwarz. Flügel mit unscharf begrenzten, dunklen Flecken. **Larve** schlank und sehr langgestreckt, bis 50 mm lang, aber nur 2–3 mm breit. Kopfkapsel voll entwickelt, klein, glänzend dunkelbraun. Körper mit 12 Segmenten, weißlich gefärbt. Länge der Segmente von vorn nach hinten zunehmend. An den Grenzen zwischen den Segmenten 4–9 deutliche Ringwülste. Die beiden letzten Segmente verschmälert. Segment 12 am Hinterrand mit 2 schlauchförmigen Kiemenfäden und einer weit vorstreckbaren Atemröhre. **Puppe** wie viele andere Mückenpuppen mit 2 Atemröhren am Vorderkörper. Davon ist eine normal entwickelt, die andere aber auf mehr als die doppelte Körperlänge verlängert. Beide Atemröhren sind geschlossen.

Flugzeit: Mai bis August.

Lebensraum: An schlammigen Bächen und Gräben, auch an laubgefüllten Waldtümpeln.

Verbreitung: Allgemein verbreitet und meist nicht selten.

Nahrung: Die Imago wird gelegentlich beim Blütenbesuch beobachtet.

Lebensweise der Larve: Die Larve lebt im Schlamm flacher Gewässerzonen. Sie streckt dabei ihre Atemröhre zum Wasserspiegel empor. Sie ernährt sich wohl vorwiegend von Kieselalgen. Verpuppung im Wasser.

Ähnliche Arten: 9 *Ptychoptera*-Arten in Mitteleuropa. Die Imagines sind an der Körper- und Flügelzeichnung meist gut zu unterscheiden. *P. albimana* ist an den weißen 1. Hinterfußgliedern leicht zu erkennen. Die Larven der einzelnen Arten lassen sich derzeit noch nicht voneinander unterscheiden.

Dixa sp. Tastermücke

Merkmale: Imago kaum behaart, mit unbehaarten Flügeln und kurzem Rüssel, sonst einer Stechmücke ähnlich. **Larve** mit fast immer U-förmig gekrümmtem Körper, gelblich, grünlich oder grau gefärbt, Kopfkapsel und Hinterende dunkler. Hinterleibsende mit 2 Stigmen oben auf dem 11. Segment; auf dem 12. Segment 2 blattförmige, bewimperte Anhänge und eine schmale Afterröhre mit langen Endborsten. 7 schwer unterscheidbare Arten.

Lebensraum: Larven am Ufersaum stehender und langsam fließender Gewässer.

Verbreitung: Meist nicht selten.

Lebensweise der Larve: Hält sich in ihrer U-förmig gekrümmten Körperhaltung unmittelbar am Wassersaum auf. Ihr Kopf befindet sich im Wasser, das Hinterleibsende schwimmt auf der Wasseroberfläche. Die mittleren Segmente liegen am Ufer auf dem Trockenen, sind aber von einem Wasserfilm überzogen. Die Bewegung erfolgt stets mit der Körpermitte voran, wobei die beiden Schenkel des »U« abwechselnd nach vorn geschoben werden.

Thaumalea testacea

Merkmale: Imago klein (4 mm), glänzend gelblich, schwach behaart. Fühler und Beine verhältnismäßig kurz, Flügel auffallend groß und breit, in Ruhelage dachförmig. **Larve** an eine Zuckmückenlarve erinnernd, hell grünlich, grau marmoriert, bis 15 mm lang. Auf der Unterseite des 1. Segments ein zurückziehbarer Scheinfuß, am Hinterende Kriechwarzen.

Lebensraum: Überrieselte Felsen und Quellrinnsale.

Verbreitung: In den Mittelgebirgen und Alpen, ziemlich selten.

Lebensweise der Larve: Lebt vorzugsweise unter gerade noch vom Wasser benetzten Steinen. Hält ihren Körper meist gerade, bewegt sich aber (vor allem bei Störungen) ähnlich wie die *Dixa*-Larve, indem sie ihren Körper U-förmig einknickt. Sie fixiert dabei das Kopfende auf dem Untergrund und schiebt die Körpermitte so weit vor, bis ihr Hinterende etwa in Kopfhöhe liegt. Dann biegt sie das Vorderende nach vorn und nimmt wieder eine gerade Körperhaltung ein.

Larve

♀

Larven

Liponeura sp. Lidmücke

Merkmale: Imago sehr langbeinig, fast unbehaart, 6–8 mm lang. Mundwerkzeuge als kräftiger Saugrüssel entwickelt, besonders beim ♀. Flügel groß und breit, am Hinterrand mit einem fast 3eckig hervortretenden Basallappen. Neben dem normalen Flügelgeäder zahlreiche netzartig angeordnete Falten, die die Flügeloberfläche wie zerknittert erscheinen lassen. **Larve** abgeflacht, durch tiefe Einschnürungen in 7 Abschnitte gegliedert. Kopf, Thorax und 1. Abdominalsegment zu einer Einheit verschmolzen, dahinter 5 getrennte Segmente und als letztes das Verschmelzungsprodukt der hinteren Abdominalsegmente. Die 6 vorderen Körperabschnitte unterseits mit je einem in Bauchmitte gelegenen Saugnapf. Jeder Saugnapf besteht aus einer ringförmigen, kuppelartig gewölbten Scheibe mit einer zentralen Öffnung. In dieser liegt ein medianer, fester Kolben, der durch Muskeln angehoben werden kann. Neben den Saugnäpfen schlauchförmige, in Büscheln angeordnete Tracheenkiemen, die im 1. Larvenstadium noch fehlen. Außen an den stark verbreiterten Seitenlappen der einzelnen Segmente stabförmige, steife Fortsätze, die offenbar einer seitlichen Abstützung des Körpers dienen. **Puppe** flach und breit, mit dem Kopf gegen die Strömung an Steinen festgekittet. Am Vorderende 2 lamellenartige Atemröhren. Färbung dunkelbraun bis schwarz. 5 einander sehr ähnliche Arten.

Lebensraum: Larven nur in stark strömenden, steinigen Bergbächen mit sehr sauberem Wasser, immer an besonders turbulenten Stellen (z. B. in Stromschnellen und an Wasserfällen) frei auf der Oberfläche von Steinen.

Verbreitung: Im Bergland weit verbreitet, aber nur in bestimmten Gegenden, z. B. im Schwarzwald, häufiger, sonst ziemlich selten und durch Gewässerverschmutzung zurückgehend.

Lebensweise: Die Imagines sind selten zu beobachten. Sie sitzen stets in unmittelbarer Gewässernähe am Ufer oder auf der Unterseite von Blättern.

Nahrung: Kleine Insekten, vor allem Zuckmücken, die ergriffen und ausgesaugt werden, auch Nektar. Die ♂♂ ernähren sich vermutlich nur von Nektar.

Lebensweise der Larve: Die Larve kann sich mit ihren Saugnäpfen, die zu den vollkommensten Anheftungsvorrichtungen im Tierreich gehören, selbst in der stärksten Strömung an Steinen festheften. Dabei wird zunächst die biegsame, mit feinsten Härchen besetzte Haftscheibe auf den Untergrund gepreßt; das Wasser entweicht dabei durch einen feinen, trichterförmigen Spalt im Vorderrand der Scheibe. Dann wird der Kolben angehoben. Er erzeugt einen so starken Unterdruck, daß es oft nicht möglich ist, die Larve ohne Hilfsmittel vom Stein zu lösen. Die feinen Härchen verhindern darüber hinaus eine Verschiebbarkeit der Saugnäpfe auf den glatten, vom Bewuchs oft etwas glitschigen Steinen. Bei der Fortbewegung werden immer nur einige der 6 Saugnäpfe zur gleichen Zeit gelöst. Entweder werden sie unmittelbar nacheinander abgehoben und das dazugehörige Segment ein kleines Stückchen weitergeschoben (dadurch kommt es zu einem raupenartigen Kriechen), oder alle Saugnäpfe der vorderen Körperhälfte lassen gleichzeitig los, der Vorderkörper wird zur Seite geschwenkt und nach seiner erneuten Festheftung der Hinterkörper nachgezoen. Ein besonderes Problem sind die Häutungen der Larve, da sie an den normalen Aufenthaltsorten der Tiere stattfinden. Dies wird dadurch ermöglicht, daß bereits kurz vor der Häutung der neue Saugnapf unter dem alten fertig entwikkelt bereitliegt und gleich nach dem Abstreifen der Exuvie in Funktion treten kann. Die Larven nagen mit ihren beißenden Mundwerkzeugen den Belag der Steine ab; ihre Hauptnahrung bilden offenbar Kieselalgen. Sie sind gegen Sauerstoffmangel außerordentlich empfindlich. In stagnierendem Wasser sterben sie schon nach wenigen Stunden.

Schlüpfen der Imago: Die Imago ist beim Schlüpfen von einer feinen Lufthülle umgeben. Sie bleibt mit ihren Hinterbeinen so lange in der Puppenhülle, bis sie mit dem Brustrücken den Wasserspiegel erreicht und die Flügel entfaltet hat. Dann zieht sie die Hinterbeine heraus und fliegt davon. Der Schlüpfvorgang ist nur im flachen Wasser möglich und mit hohen Risiken verbunden. Offenbar sind deshalb die Imagines so selten.

Larve an Glasscheibe kriechend

Puppen

Culex pipiens Gemeine Stechmücke

Merkmale: 4–6 mm lange Mücke. Körper dunkelbraun, dicht mit hellbraunen, gelben und weißlichen Schuppen bedeckt. Hinterleib mit hellgrauen Querbinden. Flügeladern dunkelbraun beschuppt. Beine fast einfarbig braun, ohne deutliche, helle Ringe. ♀ mit langem Stechrüssel, der sich aus 6 sehr dünnen Stechborsten zusammensetzt, in Ruhelage von der rinnenartig ausgehöhlten Unterlippe umhüllt. Taster sehr kurz, stummelförmig. Hinterleibsende stumpf. ♂ mit büschelförmig behaarten Fühlern, diese mit stark verdicktem, kugeligem Basalglied. Taster länger als der Rüssel, lang behaart. **Larve** beinlos, bis ca. 10 mm lang, hellgrau gefärbt. Thoraxsegmente zu einer Einheit verschmolzen, die breiter ist als der Kopf. Vorletztes Hinterleibssegment am Rücken mit einer schräg abstehenden Atemröhre. Kopf mit langen, gebogenen Fühlern und als Strudelorgan entwickelten Mundwerkzeugen. **Puppe** sehr beweglich; Kopf und Thorax verschmolzen, Hinterleib schmal, unter den Vorderkörper eingeschlagen. Hinterleibsende mit einem aus 2 Schwanzblättchen gebildeten Schwimmfächer. Am Thoraxrücken 2 offene Atemröhren.

Flugzeit: Ganzjährig (überwintert adult); ♂♂ nur von Frühjahr bis Herbst.

Lebensraum: Larvalentwicklung vorwiegend in kleinen, stehenden Gewässern, z. B. in Wegpfützen, Regentonnen und Wiesentümpeln, auch in stark verschmutztem Wasser. Imagines oft weit von den Entwicklungsorten entfernt, regelmäßig z. B. in Häusern und Ställen. Winterruhe in Höhlen und Kellern.

Verbreitung: Überall sehr häufig.

Nahrung: Saugt vorwiegend an Vögeln Blut, seltener an Säugern oder beim Menschen, meist in der Nacht. Das ♂ lebt von Nektar und ähnlichen Säften.

Fortpflanzung: Gegen Abend tanzen die Imagines in dichten Schwärmen, die aber nur aus ♂♂ bestehen. Sobald ein ♀ in den Schwarm hineinfliegt, wird es von zahlreichen ♂♂ umringt. Der Flugton des ♀ ist tiefer als der des ♂. Er bringt die Fühler des ♂ zum Schwingen und ermöglicht über das im Basalglied gelegene Sinnesorgan die Erkennung des Geschlechtspartners. Die Paarung dauert nur wenige Sekunden. Vor der Eireifung saugt das ♀ Blut; bei einigen Rassen von *C. pipiens* ist die Eientwicklung aber auch ohne Blutnahrung möglich. Die Eier werden auf der Wasseroberfläche zu gewölbten, knapp 1 cm langen Eischiffchen zusammengeklebt. Jedes Eischiffchen setzt sich aus ca. 200–400 Eiern zusammen. Mehrere Generationen im Jahr.

Lebensweise der Larve: Die Larve hängt normalerweise schräg unter der Wasseroberfläche, mit der Atemröhre am Wasserspiegel aufgehängt. Ihre mit feinen Borsten besetzten Mundwerkzeuge sind in ständiger Bewegung und strudeln Wasser herbei, aus dem verwertbare Nahrungspartikel (z. B. Planktonorganismen und Detritusteilchen) herausgefiltert werden. Bei Störungen flüchtet sie blitzschnell mit schlängelnden Bewegungen zum Gewässergrund.

Lebensweise der Puppe: Im Gegensatz zu den meisten übrigen Insektenpuppen ist die *Culex*-Puppe sehr beweglich. Wie die Larve hängt sie in der Ruhelage unter der Wasseroberfläche. Sie stützt sich, da sie durch eine Luftblase unter den Flügelscheiden leichter als das Wasser ist, mit ihren Atemröhren und einigen Rückenborsten gegen den Wasserspiegel ab. Bei Störungen flieht sie mit schnellen Ruderschlägen des Hinterleibs.

Schlüpfen der Imago: Das Puppenstadium dauert nur wenige Tage. Unmittelbar vor dem Schlüpfen streckt sich das Abdomen. Dann platzt der Thoraxrücken auf und die Imago kommt in wenigen Minuten aus der Exuvie hervor. Sie setzt sich auf die Wasseroberfläche und ist nach etwa 1 Stunde flugfähig.

Ähnliche Arten: Zahlreiche weitere Stechmücken, die in viel stärkerem Maße als *C. pipiens* dem Menschen lästig werden, z. B.: *Theobaldia annulata* **(Ringelschnake).** Auffallend groß (10–12 mm). Mit gefleckten Flügeln und hell geringelten Beinen. Abdomen beim ♀ zugespitzt. Oft nachts in Wohnungen. Eier und Überwinterung wie bei *C. pipiens.* Gattung *Aedes.* Viele Arten. Abdomen beim ♀ ebenfalls zugespitzt. Vor allem in Wäldern sehr lästig, saugen auch tagsüber (das Foto links oben zeigt einen Vertreter dieser Gattung). Eier einzeln am Ufer, Überwinterung im Eistadium.

Saugendes ♀ *(Aedes sp.)*,
darunter Larven

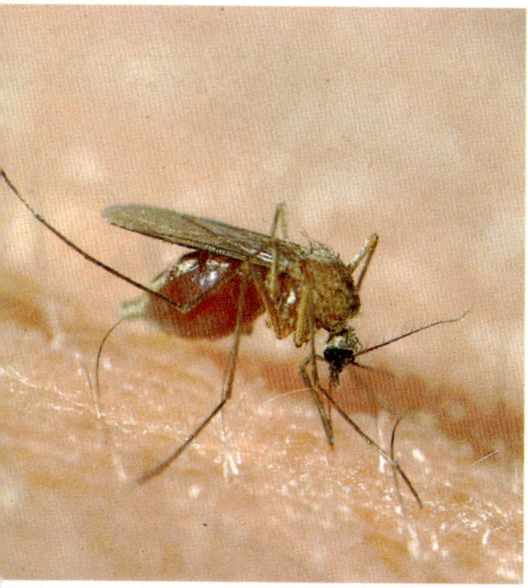

Eischiffchen,
darunter Puppen

Schlüpfendes ♂

Anopheles maculipennis Gefleckte Fiebermücke

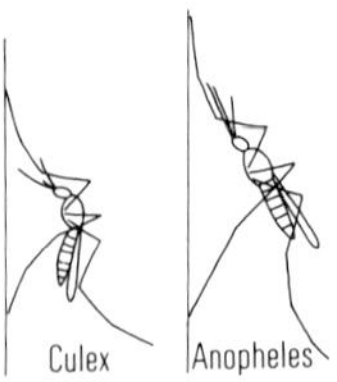

Merkmale: Wie *Culex pipiens* ein Vertreter der Familie Culicidae (Stechmücken), innerhalb dieser ein Repräsentant der Anophelini **(Fiebermükken).** Ähnelt *C. pipiens,* unterscheidet sich aber schon durch die Sitzhaltung. Während die Culicini (also die *Culex*-Verwandten) ihren Körper etwas parallel zur Unterlage ausrichten und den Kopf gegenüber dem übrigen Körper etwas anwinkeln, halten die Anophelini ihren Körper gestreckt, aber schräg zur Unterlage. Flügeladern dicht beschuppt; Beschuppung an einigen Aderverzweigungen zu dunklen Flecken verdichtet. Taster des ♀ dünn, etwa so lang wie der Stechrüssel, beim ♂ ebenso lang, die letzten beiden Glieder buschig behaart. **Larve** ohne Atemröhre, grünlich gefärbt. Atemöffnungen paarig, oben am Hinterrand des vorletzten Segments. Thorax und vordere Hinterleibssegmente mit abstehenden, gefiederten Borsten. Kopf auffallend schmal, die strudelnden Mundwerkzeuge nach unten gerichtet. **Puppe** sehr ähnlich der *Culex*-Puppe, aber etwas gestreckter und nur mit den Atemröhren an der Wasseroberfläche festgeheftet.

Flugzeit: Ganzjährig (überwintert als Imago); ♂♂ von Juni bis Oktober.

Lebensraum: Die Larven entwickeln sich vorwiegend in klaren, stehenden Gewässern, z. B. in pflanzenreichen Tümpeln und Teichen. Imagines auch weiter vom Gewässer entfernt, oft in Ställen.

Verbreitung: Allgemein verbreitet und fast überall häufig.

Nahrung: Das ♀ saugt Blut an Säugern, vor allem an Haustieren, seltener an Menschen. Die Nahrungsaufnahme erfolgt vorwiegend nachts, bei schwülem Wetter auch am Tage. Das ♂ lebt wie das anderer Stechmücken von Nektar und ähnlichen Säften.

Fortpflanzung: Die Eier werden einzeln auf der Wasseroberfläche abgelegt. Sie besitzen einen luftgefüllten Schwimmsaum, durch den sie leichter sind als das Wasser. Bei den verschiedenen Rassen von *A. maculipennis* unterscheiden sie sich deutlich in der Pigmentierung (z. B. einfarbig dunkel, regelmäßig gebändert oder unregelmäßig gefleckt).

Lebensweise der Larve: Die Larve schwimmt normalerweise in waagerechter Haltung direkt unter der Wasseroberfläche. Sie heftet sich mit ihrem Hinterleibsende und den gefiederten Borsten des vorderen Körperabschnitts an den Wasserspiegel. Dabei kann sie mit ihren Stigmen Luft atmen. Ihr Kopf ist um 180° drehbar, so daß sie, ohne den Körper zu drehen, von unten den Belag der Wasseroberfläche abweiden kann.

Ähnliche Arten: In Mitteleuropa 6 weitere *Anopheles*-Arten. Die häufigste Fiebermücke neben *A. maculipennis* ist *Anopheles bifurcatus.* Flügel ungefleckt, vorzugsweise in Wäldern. Überwintert stets als Larve am Gewässergrund. Befällt regelmäßig auch den Menschen, vor allem abends und nachts.

Allgemeines: Die *Anopheles*-Arten haben in wärmeren Ländern eine große Bedeutung als Überträger der Malaria. Diese Krankheit wird durch Einzeller der Gattung *Plasmodium* (4 verschiedene Arten) hervorgerufen. Entwicklungsstadien dieser Sporentierchen, die sogenannten Sporozoite, gelangen aus der Speicheldrüse der Mücke beim Stich in die menschliche Blutbahn. Sie vermehren sich zunächst auf ungeschlechtlichem Wege im Leberparenchym. Die dabei entstandenen Merozoite befallen die roten Blutkörperchen und vermehren sich, wieder ungeschlechtlich, indem sie in zahlreiche neue Individuen zerfallen. Ein solcher Vermehrungsvorgang dauert, je nach *Plasmodium*-Art, 1–3 Tage und ist jedesmal mit einem Fieberanfall verbunden. Später werden Geschlechtsformen entwickelt, die aber erst, nachdem sie wieder beim Blutsaugen von einer Fiebermücke aufgenommen wurden, zu einer beweglichen Zygote (= Verschmelzungsprodukt von 2 Geschlechtszellen) verschmelzen. Aus der Zygote bilden sich im Darm der Mücke zahlreiche neue Sporozoite, die in die Speicheldrüse wandern. Auf diese Weise schließt sich der Entwicklungszyklus. Früher trat die Malaria auch immer wieder in Mitteleuropa auf. Anscheinend sind die Erreger aber heute bei uns ausgestorben.

Saugende ♀♀

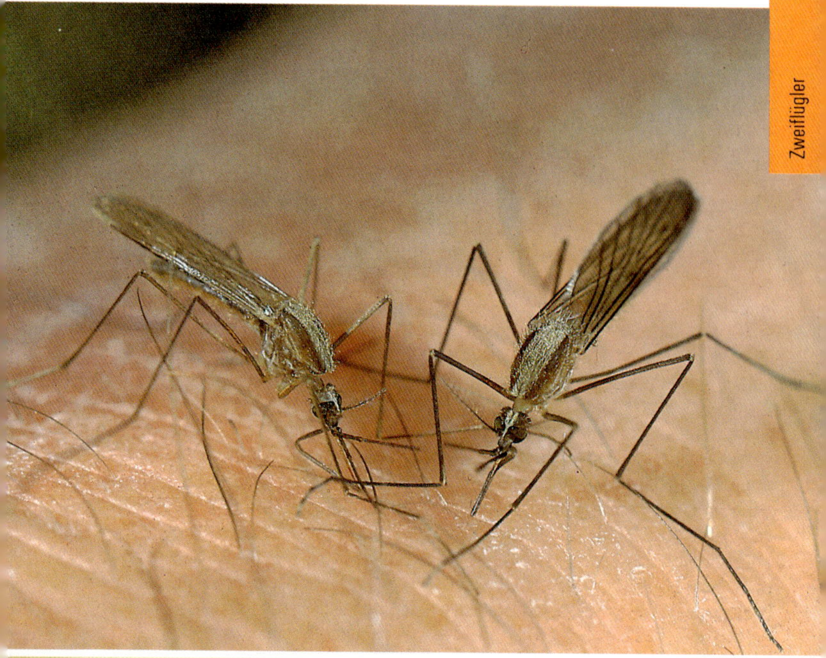

Larve an der Wasseroberfläche

Chaoborus crystallinus Büschelmücke

Merkmale: Imago ähnlich einer Zuckmücke, 6–7 mm lang. Färbung hellgrau, Körper und Flügel unbeschuppt, aber dicht behaart. Rüssel verkümmert, bei beiden Geschlechtern etwa so lang wie der Kopf, von den Tastern deutlich überragt. Flügel beim ♀ bis zur Hinterleibsspitze, beim ♂ deutlich kürzer. Fühler des ♂ dicht buschig behaart. **Larve** durchsichtig, sehr schmal und langgestreckt, 12–15 mm lang. Fühler zu kräftigen Greifhaken umgewandelt. Augen gut entwickelt. Im Thorax und im drittletzten Abdominalsegment paarige, luftgefüllte Tracheenblasen. Atemöffnungen fehlen. Letztes Segment an der Unterseite mit einem Fächer steifer Borsten, oberseits mit einem spitzen, nach hinten gerichteten Höcker. **Puppe** mit gestrecktem Abdomen. Bätter des Schwanzfächers sehr breit. Schwebt in aufrechter Haltung frei im Wasser.

Flugzeit: April bis Juni und August bis Oktober (2 Generationen im Jahr).

Lebensraum: Vorwiegend kleinere, stehende Gewässer, z.T. Tümpel und Teiche.

Verbreitung: Überall häufig.

Nahrung: Die Imagines ernähren sich von Nektar.

Fortpflanzung: Paarung und Eiablage finden kurze Zeit nach dem Schlüpfen dei Imagines statt. Die Eier schwimmen spiralig angeordnet in gallertigen Scheiben auf der Wasseroberfläche.

Lebensweise der Larve: Die Larve schwebt horizontal im Wasser; durch die Tracheenblasen kann sie ihr Körpergewicht dem des Wassers angleichen bzw. durch Gewichtsveränderung steigen oder sinken. Sie schwimmt von Zeit zu Zeit mit seitlichen Ruderschlägen ihres Schwimmfächers. Die Nahrung besteht hauptsächlich aus Ruderfußkrebsen, die mit den Antennenhaken ergriffen und verschlungen werden. Überwinterung am Gewässergrund.

Ähnliche Arten: 3 weitere *Chaoborus*-Arten, die sich z.T. in Seen entwickeln und als Larven tagesperiodische Vertikalwanderungen unternehmen (nachts im freien Wasser, tagsüber im Bodenschlamm vergraben).

Monchlonyx sp.

Merkmale: Imago sehr ähnlich der von *Chaoborus*, 5–7 mm lang. Mundwerkzeuge wie bei dieser Gattung verkümmert. Bei den Tarsen ist das 1. Glied auffallend verkürzt (wesentlich kürzer als das 2., bei *Chaoborus* dagegen deutlich länger als dieses). **Larve** im Erscheinungsbild zwischen der von *Culex* und *Chaoborus* vermittelnd, plumper als die *Chaoborus*-Larve und weniger durchsichtig. Am vorletzten Hinterleibssegment oben eine schräg abstehende Atemröhre. Thorax hochgewölbt, den Kopf deutlich überragend. Kopf sehr kurz und breit, mit großen Komplexaugen. Tracheenblasen schmäler als bei *Chaoborus*, aber wesentlich länger, durch die gut sichtbaren Tracheenhauptstämme miteinander verbunden. 2 einander ähnliche Arten in Mitteleuropa.

Flugzeit: April bis Juni.

Lebensraum: Die Larven entwickeln sich in stehenden und langsam fließenden Gewässern, vor allem in schattigen Waldtümpeln und Gräben mit stark schwankendem Wasserstand. Regelmäßig trifft man sie in Frühjahrs-Überschwemmungsgewässern, die z.B. auch den Krebs *Siphonophanes grubei* beherbergen.

Nahrung: Die Imagines dürften sich von Nektar ernähren.

Fortpflanzung: Die Eiablage erfolgt kurz nach dem Schlüpfen der Imagines im Mai und Juni. Die Eier werden am Rand austrocknender Tümpel auf dem Erdboden abgelegt. Sie liegen dort etwa 9 Monate lang, bis im darauffolgenden Frühjahr durch die Schneeschmelze der Wasserspiegel wieder ansteigt. Die Larve ist nur in den Monaten März bis Mai zu finden.

Lebensweise der Larve: Die Larve erinnert in ihrer Lebensweise sehr an die *Chaoborus*-Larve. Sie schwebt wie diese horizontal im Wasser, steigt aber von Zeit zu Zeit zum Wasserspiegel empor und durchstößt mit ihrem Atemrohr die Wasseroberfläche. Beim Luftholen hält sie ihren Körper ebenfalls waagerecht. Sie ernährt sich wie die *Chaoborus*-Larve räuberisch. Ihre Hauptbeute sind Wasserflöhe und Insektenlarven. Bei Nahrungsmangel fressen die Larven auch Artgenossen.

Larven

Larve

Merkmale: Kleinste Arten 2 mm, die größten bis 14 mm lang. Vorderbeine verlängert, oft wie ein zusätzliches Fühlerpaar ausgestreckt und in ständiger, zuckender Bewegung. Mundwerkzeuge stark zurückgebildet. Fühler beim ♀ kurz und fadenförmig, beim ♂ länger, dicht buschig behaart. Flügel meist nicht bis zur Abdomenspitze reichend. **Larven** wurmförmig und langgestreckt. Kopfkapsel voll entwickelt, ziemlich klein. Unter dem 1. Segment 1 Paar basal verwachsene Fußstummel, am letzten 1 Paar Nachschieber. Larven einiger Arten durch hämoglobinhaltiges Blut rot gefärbt. **Puppen** mit gestrecktem Abdomen, anstelle der Atemröhren meist mit Fadenbüscheln am Thorax. Artenreichste Mückenfamilie mit über 1000 Arten in Mitteleuropa, nur für Spezialisten bestimmbar.

Lebensraum: Larven in praktisch allen denkbaren Gewässertypen, sogar in heißen Quellen, am Grund tiefer Seen oder in Gletscherbächen. Manche besiedeln auch stark verschmutzte Abwassergräben, andere leben nur in Bächen mit Trinkwasserqualität.

Nahrung: Die Imagines nehmen keine Nahrung auf.

Fortpflanzung: Die ♂♂ tanzen abends in dichten, oft säulenförmigen Schwärmen. Wiederholt kam es schon zu Feuerwehreinsätzen, nachdem man die tanzenden Mücken für Rauchschwaden gehalten hatte. Die ♀♀ werden von den ♂♂ wie bei *Culex* am Flugton erkannt. Die Paarung findet teils im Flug, teils im Sitzen statt. Die Eiablage erfolgt meist noch am gleichen Abend. Zunächst quillt aus der weiblichen Geschlechtsöffnung ein kugeliger Gallerteklumpen mit darin eingebetteten Eiern hervor. Dieser wird ins Wasser abgeworfen oder an einer Unterlage befestigt. Im Wasser quillt die Eikugel zu einer artweise verschieden geformten Laichschnur auf. Diese kann etwa 2000, meist in regelmäßigen Spiralen angeordnete Eier enthalten.

Lebensweise der Larven: Die meisten Zuckmückenlarven leben in selbstgebauten Gehäusen. Sie können mit schlängelnden Bewegungen ihres Körpers aber auch frei durchs Wasser schwimmen. Die Gehäuse werden mit dem Spinnsekret ihrer Speicheldrüsen hergestellt; entweder bestehen sie nur aus Sekret, oder dieses dient zum Verkitten anderer Partikel (z. B. Sandkörnchen, Schlammpartikel oder Pflanzenteile). Im einfachsten Fall stellen die Gehäuse beiderseits offene, flach am Boden liegende Röhren dar. Bei den Arten der Gattung *Chironomus* sind die Röhrenenden hochgebogen, so daß sie über den Schlammgrund emporragen. Besonders interessante Röhren bauen die *Rheotanytarsus*-Larven, die in Fließgewässern vorkommen. Ihre Gehäuse sind am Hinterende geschlossen, am Vorderende von der Unterlage (meist ein Stein) abgehoben. Seitlich sind mehrere Leisten zu erkennen, die über die Mündung hinaus zu sternförmig ausgebreiteten Gespinstspangen verlängert sind. Zwischen diesen spannt die Larve ein feines, klebriges Netz aus, an dem Detritusteilchen haftenbleiben, die dann verzehrt werden. In kalkreichen Gewässern lagert sich auf den Chironomidenröhren vielfach Kalktuff ab, so daß die Larven nicht unwesentlich zur Gesteinsbildung beitragen können. Manche Larven bauen transportable Gehäuse, die vielfach aus gallertigem Gespinst bestehen, aber auch verschiedene Fremdkörper (Sandkörner, Pflanzenteile usw.) enthalten können. Die meisten Chironomidenlarven ernähren sich von pflanzlichen Mikroorganismen und Detritus. Einige minieren in grünen Pflanzen, aber auch diese Arten leben vielfach von Aufwuchsalgen. Eine Reihe frei umherschweifender Arten ernährt sich räuberisch von anderen Wassertieren, wie Insektenlarven, Kleinkrebsen und Würmern. Eine letzte Gruppe stark spezialisierter Arten schließlich lebt parasitisch in Süßwasserschwämmen und Moostierchen, an Wasserschnecken oder an Eintagsfliegenlarven. Außer den Zuckmücken mit wasserlebenden Larven gibt es auch einige Arten, die sich am Land entwickeln.

Schlüpfvorgang: Kurz vor dem Schlüpfen der Imago kommt die Puppe aus ihrem Köcher hervor und steigt zur Wasseroberfläche auf. Dort schlüpft innerhalb weniger Sekunden die Imago und fliegt davon.

Allgemeines: Die Larven können in hoher Dichte auftreten (mehrere $1000/m^2$) und stellen dadurch in vielen Gewässern eine wichtige Fischnahrung dar.

Chironomus-Larve

♂

Rheotanytarsus-Larven

Merkmale: Kleine, bucklige Mücken mit 2–6 mm Körperlänge, die sehr an Fliegen erinnern. Fühler 11gliedrig, kurz und gedrungen. Saugrüssel kurz und kräftig, mit scharf gesägten Mandibeln. Thorax auffallend hochgewölbt, nach vorn über den Kopf vorgezogen, so daß dieser von oben nicht sichtbar ist. Flügel breit, in Ruhelage mehr oder weniger dachförmig, das Abdomen nach hinten weit überragend. **Larve** im vorderen Abschnitt schmal, hinterer Teil keulenförmig verdickt, etwa 10 mm lang. Am Hinterende mit einem Haftapparat aus zahlreichen, in radiären Reihen angeordneten Häkchen. Neben der Oberlippe gestielte, fächerförmig beborstete Anhänge. Thorax unterseits mit einem unpaaren, einziehbaren Fußstummel. Am Hinterende ein Kiemenbüschel, das in den Enddarm zurückgezogen werden kann. **Puppe** untersetzt, in einem tütenförmigen, zur Strömung offenen Gehäuse. Dieses Gehäuse wird von der Larve hergestellt und ist zunächst geschlossen; erst nach der Puppenhäutung wird der Deckel abgestoßen. Puppe am Thorax mit Büscheln fadenförmiger Tracheenkiemen (Anzahl artweise verschieden). Etwa 30, meist schwer unterscheidbare Arten aus verschiedenen Gattungen.

Flugzeit: Vor allem im April und Mai, auch im Hochsommer und Herbst.

Lebensraum: Larvalentwicklung ausschließlich in Fließgewässern. Einige Arten bevorzugen mäßig verschmutzte, langsam fließende Gräben, andere sind auf sehr saubere, turbulente Bergbäche angewiesen.

Verbreitung: Einige Arten allgemein verbreitet und fast überall häufig, andere nur im Bergland.

Nahrung: ♂♂ und ♀♀ sind regelmäßig auf Blüten anzutreffen. Die ♀♀ der meisten Arten sind aber Blutsauger. Sie bevorzugen Vögel und Säugetiere, oft saugen sie auch bei Menschen. Der Stich ist wegen des dicken Stechrüssels und dem beim Saugen abgegebenen, giftigen Speichel sehr schmerzhaft. Die gestochenen Körperpartien schwellen vielfach stark an. Bei Massenauftreten der Mücken kann es gelegentlich zum Tod von Weidevieh kommen. Die einzelnen Arten suchen z. T. nach der Silhouette gezielt bestimmte Körperregionen am Wirt auf, z. B. *Wilhelmia equina* die Ohrmuscheln und *Boophthora erythrocephala* die Bauchhaut der Weidetiere.

Fortpflanzung: Die ♂♂ sammeln sich in Schwärmen und steuern dann gemeinsam einen markanten Geländepunkt, etwa einen Baum, an, in dessen Nähe sie in der Luft tanzen. Die ♀♀ überfliegen den Schwarm der ♂♂ und werden von diesen zur am Boden stattfindenden Paarung ergriffen. Die Eier können meist nur nach einer Blutmahlzeit reifen. Sie werden ins Wasser abgeworfen oder an Wasserpflanzen abgelegt. Bei manchen Arten steigt das ♀ zur Eiablage ins Wasser hinab. Die Eier bilden vielfach dichte, braungefärbte Überzüge auf Steinen und Wasserpflanzen. Einige Arten bringen eine, die meisten mehrere Generationen im Jahr hervor. Die Überwinterung kann als Larve, Puppe oder Ei erfolgen.

Lebensweise der Larve: Die Larve überzieht das von ihr bewohnte Substrat (meist Steine oder Wasserpflanzen) mit einem dichten Gespinst (die Spinndrüsen münden in ihren Mundwerkzeugen). Sie heftet sich mit ihrem häkchentragenden Hinterende an den Spinnfäden fest. Zum Ortswechsel hält sie sich abwechselnd mit ihrem Fußstummel und dem Haftapparat am Untergrund fest und bewegt sich dabei spannerraupenartig vorwärts. Zur Nahrungsaufnahme werden die Borstenfächer an der Oberlippe ausgebreitet und gegen die Strömung gestellt. An den Borsten bleiben dabei zahlreiche Detrituspartikel haften. Von Zeit zu Zeit werden die Borstenfächer zurückgeklappt und durch die Mundwerkzeuge gezogen. Dabei werden verwertbare Nahrungspartikel abgestreift und verzehrt.

Schlüpfvorgang: Die Imago ist beim Schlüpfen von einer Luftblase umgeben, die sie zur Oberfläche emporsteigen läßt. Von dort aus erhebt sie sich gleich in die Luft.

Allgemeines: Massenpopulationen von Kriebelmücken entwickeln sich vor allem in kanalisierten, verschmutzten Bächen zwischen landwirtschaftlichen Intensivnutzflächen. Die Larven profitieren dabei von den reichlich anfallenden Schwebstoffen und vom Fehlen empfindlicher, räuberischer Arten (z. B. Steinfliegenlarven).

stechendes ♀

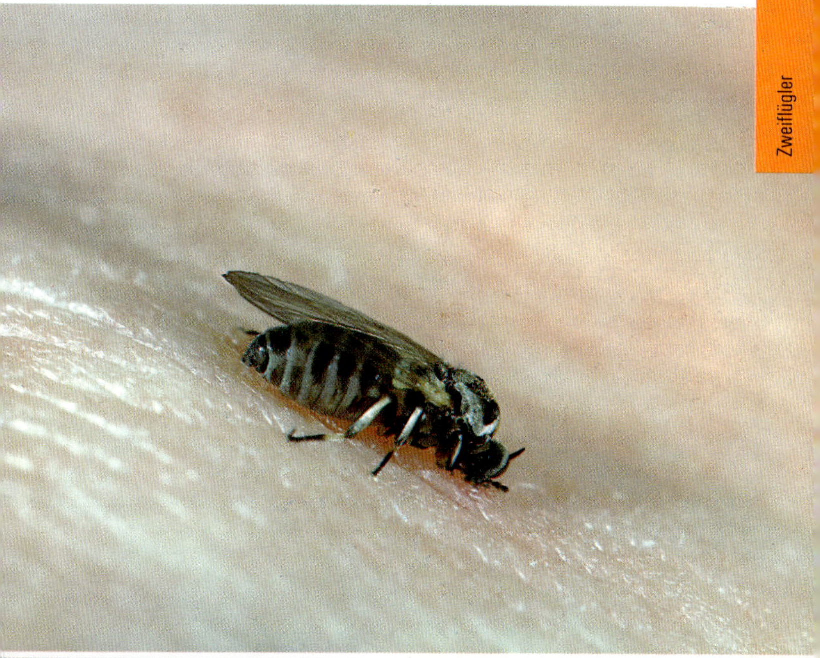

Larve

Puppen

Stratiomys furcata

Merkmale: Körper auffallend breit und flach, 10–11 mm lang. Seitenränder des etwas eckigen Abdomens unter den zusammengelegten Flügeln herausragend. Grundfärbung schwarz, mit dichter, brauner Behaarung. Hinterleibssegmente 2–4 außen am Hinterrand mit breiten, gelbweißen Flecken, 3 und 4 auch vorn gefleckt, Segment 5 am Hinterrand mit einem hellen Dreieck. Fühler ziemlich lang, 1. Glied stabförmig und gerade vorgestreckt. 2. viel kürzer, 3. wieder lang, etwas verdickt und auseinanderspreizend. Schildchen (runde Platte vorn zwischen den Flügeln) am Hinterrand mit 2 spitzen Dornen (daher wird die Familie Stratiomyidae auch **»Waffenfliegen«** genannt). **Larve** fußlos, etwas abgeflacht, vorn breit und nach hinten stark verschmälert. Letztes Segment schmal und langgestreckt, am Ende mit einem Kranz gefiederter Borsten. Zwischen diesen 2 Atemöffnungen, Kopfkapsel unvollständig, mit als Strudelorgan entwickelten Mundwerkzeugen. Haut ziemlich fest. **Puppe** wie bei fast allen Vertretern der Brachycera **(Fliegen)** von der letzten, pergamentartig steifen Larvenhaut umgeben (»Tönnchenpuppe«).

Flugzeit: Juni bis August.

Lebensraum: Larven in Tümpeln und Teichen, auch in verschmutztem Wasser. Imagines oft weit vom Gewässer entfernt, z. B. auf Waldwiesen.

Nahrung: Vorzugsweise Nektar von Doldenblüten.

Fortpflanzung: Die schwärzlichen Eier werden in flachen, ovalen Gelegen auf Blätter am Gewässerufer geklebt.

Lebensweise der Larve: Die Larve schwimmt normalerweise flach unter der Wasseroberfläche. Sie heftet sich mit ihrer Borstenkrone an den Wasserspiegel, so daß sie ständig Luft aufnehmen kann. Bei einer Störung gibt sie Luftblasen ab und läßt sich auf den Gewässergrund sinken.

Ähnliche Arten: 7 weitere Arten der Gattung *Stratiomys*, die sich als Imagines durch ihre Abdomenzeichnung unterscheiden lassen.

Oxycera pulchella

Merkmale: Kleinere Waffenfliege mit 8–9 mm Körperlänge. Kopf fast kugelig, mit großen Augen und kurzen Fühlern. Abdomen scheibenförmig etwa so lang wie der Thorax, aber deutlich breiter. Körper schwarz gefärbt, schwach behaart und stark glänzend. Auf dem Hinterleib zitronengelbe Zeichnungen: 3. und 4. Segment mit großen, schräggestellten Seitenflecken, Abdomenspitze mit einem nach vorn gerichteten Dreieck. Thorax ebenfalls gelb gefleckt. Das gelbe Schildchen mit 2 langen, schwarzspitzigen Dornen.

Flugzeit: Juni bis August.

Lebensraum: Schlammige, pflanzenreiche Tümpel und Quellrinnsale. Larven in Moosen und Pflanzenresten, Imagines meist in der Ufervegetation.

Verbreitung: Allgemein verbreitet und gebietsweise nicht selten, trotz der auffallenden Färbung aber leicht zu übersehen.

Ähnliche Arten: Mehrere weitere Arten der Gattung *Oxycera*, bei denen die Körperzeichnung aber anders verteilt ist.

Oplodonta viridula

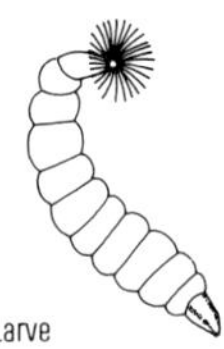
Larve

Merkmale: Waffenfliege mit 8–9 mm Körperlänge. Fühler kürzer als der Kopf. Abdomen länger als breit, deutlich größer als der Thorax. Sehr markante Färbung. Augen braun mit unregelmäßig verteilten blauen Punkten. Thorax bronzeglänzend, ohne helle Flecke, die Dornen am Schildchen dunkel. Abdomen hellgrün und mit einer mittleren meist nach hinten verbreiterten, schwarzen Längsbinde. Diese besteht aus zusammenfließenden, keilförmigen Flecken; sie kann auch unterbrochen sein. **Larve** gedrungener als die *Stratiomys*-Larve. Körper spindelförmig, letztes Segment kaum länger als breit.

Flugzeit: Juni bis Juli.

Lebensraum: Pflanzenreiche, meist schlammige Kleingewässer (Tümpel, Gräben usw.).

Verbreitung: Allgemein verbreitet und fast überall häufig.

Larve

Haematopota pluvialis Regenbogenbremse

Merkmale: Bis 12 mm lange Bremsenart. Färbung grau, Thorax oben mit dunklen Längsstreifen. Augen sehr bunt, mit geschwungenen, hellen und dunklen Bändern, die in allen Regenbogenfarben schillern, beim ♂ aneinanderstoßend, beim ♀ deutlich getrennt. Flügel milchig mit zahlreichen, unscharf begrenzten, grauen Flecken, in Ruhelage dachförmig. Mundwerkzeuge des ♀ zu einem kräftigen, kurzen Stechrüssel mit messerförmigen Mandibeln entwickelt, beim ♂ zurückgebildet.
Flugzeit: Mai bis Oktober.
Lebensraum: Sümpfe und Feuchtwiesen, auch an trockenen Stellen (z. B. in Wäldern). Larven im feuchten Boden.
Verbreitung: Überall sehr häufig, häufigste Bremsenart.
Nahrung: Die ♀♀ saugen Blut bei Säugetieren. Gehen häufig auch an Menschen, vor allem bei feucht-schwülem Wetter. Saugen vorzugsweise an Armen und Beinen. Die ♂♂ leben nur von Nektar.

Chrysops relictus Goldaugenbremse

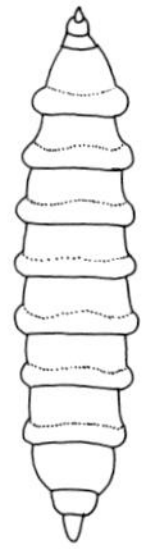
Larve

Merkmale: Körper breiter als bei *Haematopota*, 9–11 mm lang. Hinterleibssegmente 1 und 2 an den Seiten gelb, die übrigen schwarz und grau gefleckt. Flügel am Vorderrand dunkelbraun, mit einer breiten, braunen Mittelbinde, in Ruhelage schräg abgespreizt. Augen grün oder rot schillernd, mit großen, violetten Flecken. **Larve** fußlos, bis 16 mm lang. Körper etwas abgeflacht und zu beiden Enden verschmälert. Mittlere Segmente am Hinterrand mit Kriechwülsten.
Flugzeit: Mai bis September.
Lebensraum: Larvalentwicklung im Schlamm stehender und fließender Gewässer, Imagines meist in Gewässernähe.
Verbreitung: Überall häufig.
Ähnliche Arten: Mehrere weitere Arten der Gattung *Chrysops*, bei denen das Abdomen aber anders gezeichnet ist.

Eristalis pertinax Mistbiene

Merkmale: Bienenartige Schwebfliege mit 15–16 mm Körperlänge. Körper gedrungen, glänzend schwarz. Thorax dicht braun behaart. 2. Abdominalsegment mit großen, gelben Seitenflecken (beim ♀ manchmal undeutlich), auf den Flecken auffallend behaart. Abdomen beim ♂ schmal kegelförmig, mit geraden Seiten, beim ♀ breiter und mit gewölbten Seiten. Augen groß, die des ♂ in der Kopfmitte aneinanderstoßend, beim ♀ getrennt. Beine schwarz und gelb gefleckt; Vorder- und Mitteltarsen gelb, ebenso die Mittelschienen, Vorder- und Hinterschienen gelb mit schwarzer Spitzenhälfte, Hintertarsen schwarz. **Larven** als »Rattenschwanzlarven« bekannt. Körper bis 20 mm lang, sehr weich, hellgrau gefärbt. Unterseite mit 7 Paar warzenförmigen Fußstummeln. Das etwas verschmälerte Hinterende in eine langgestreckte Atemröhre ausgezogen. Diese besteht aus 3 teleskopartig ineinander liegenden Rohren, die bis auf eine Länge von etwa 10 cm auseinandergeschoben werden können. An ihrer Spitze befinden sich sternförmig abspreizbare, gefiederte Haare und dazwischen die Atemöffnungen. Ein Kopf fehlt; die Mundwerkzeuge und der Schlund sind zu einem kompliziert gebauten Filterapparat umgewandelt.
Flugzeit: März bis November.
Lebensraum: Larven in schlammigen Pfützen, auch in stark verschmutzten; oft in Jauchepfützen neben Misthaufen (»Mistbiene«).
Verbreitung: Überall sehr häufig.
Nahrung: Die Imagines leben von Nektar, sie sind vor allem auf Doldenblüten anzutreffen.
Lebensweise der Larve: Die Rattenschwanzlarve wühlt im Gewässergrund und filtert mit ihrem Reusenapparat aus dem Bodenschlamm verwertbare Partikel heraus. Dabei streckt sie fortwährend ihre Atemröhre steif zum Wasserspiegel empor und paßt ihre Länge dem jeweiligen Wasserstand an. Bei Störungen wird die Röhre eingezogen. Zur Verpuppung geht die Larve an Land.
Ähnliche Arten: Zahlreiche weitere, z. T. sehr ähnliche *Eristalis*-Arten. *E. pertinax* ist durch die Beinfärbung gut gekennzeichnet.

Larven

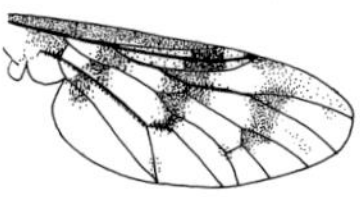

rechter Flügel

Merkmale: 9–11 mm lange, bremsenähnliche Fliege aus der Familie der Schnepfenfliegen (Rhagionidae). Körper breit gebaut, etwas abgeflacht, schwach behaart. Kopf mit grünen Augen und kurzem, dickem Saugrüssel. Thorax schwarz mit 2 schmalen, grauen Längsstreifen, seitlich grau bereift. Abdomen beim ♂ gelb und schwarz gezeichnet, beim ♀ schwarz mit grauen Segmenträndern. Flügel breit, den Hinterleib weit überragend, in Ruhelage schräg abgespreizt, Vorderrand und 3 etwas zerrissene, breite Querbinden dunkelbraun gefärbt. Beine schlank, gelbbraun gefärbt. **Larve** grünlichbraun, nach vorn deutlich verschmälert, bis 20 mm lang. Kopfkapsel unvollständig, sehr schmal, Mandibeln und Maxillen zu Mundhaken umgebildet. Auf der Bauchseite 7 Paar zylindrische Fußstummel, die an ihrer Spitze 2 übereinander angeordnete Hakenkränze tragen. Am letzten Segment ein ebenso gebauter, unpaarer Fuß (in der Literatur ist fälschlicherweise von 8 Paar Bauchfüßen die Rede) und 2 kräftige, lang und dicht behaarte Anhänge. Weitere, dornförmige Anhänge über den Bauchfüßen. **Puppe,** anders als die meisten Fliegenpuppen, nicht in ein Tönnchen eingeschlossen. Sie besitzt freie Glieder und an den Hinterleibssegmenten Dornenkränze.

Flugzeit: Mai bis Juli.

Lebensraum: Saubere, mäßig schnellfließende Gewässer mit steinigem oder kiesigem Grund, meist breitere Bäche und Flüsse.

Verbreitung: Vor allem im süddeutschen Bergland, stellenweise nicht selten, aber durch Gewässerverschmutzung stark zurückgehend. Im norddeutschen Flachland ziemlich selten.

Nahrung. Zur Ernährung der Imagines liegen sehr widersprüchliche Angaben vor. Die Tiere sollen sich räuberisch, vielleicht aber auch nur von Nektar ernähren. Andere Autoren sprechen davon, daß sie an Fröschen Blut saugen sollen.

Fortpflanzung: Die Eiablage der Ibisfliege stellt einen ganz einmaligen Vorgang dar, der sich (vor allem Anfang Juni) in vielen Gegenden Süddeutschlands, z. B. in der Wutachschlucht, gut beobachten läßt. Die ♀♀ umschwärmen hier nach der Paarung in dichten Scharen Bäume und Bauwerke, die sich über dem fließenden Wasser befinden. Besonders an Brücken kann man sie regelmäßig antreffen. Ein ♀ setzt sich schließlich nieder und beginnt, seine Eier abzulegen. Im Nu gesellen sich zahlreiche weitere ♀♀ hinzu, und schließlich bilden sich aus den Eimassen und den absterbenden, daran festklebenden Fliegen dicke, klebrige Klumpen, die sehr an Bienenschwärme erinnern. Sie können etwa Kindskopfgröße erreichen und bestehen dann aus über 10 000 abgestorbenen Ibisfliegen und ihren weißlichen Eigelegen. Reste dieser Klumpen bleiben noch lange Zeit an den Orten der Eiablage erhalten. Daher lassen sich auch außerhalb der Flugzeit der Imagines Fundorte von *A. ibis* finden, indem man z. B. unter Brücken nach festgeklebten Resten toter Fliegen sucht.

Lebensweise der Larve: Die nach einigen Tagen schlüpfenden Larven ernähren sich zunächst von den Fliegenleichen. Später kommen sie aus dem Innern des Klumpens hervor und lassen sich ins Gewässer hinabfallen. Sie leben hier vor allem unter Steinen und an Holzstücken. Mit ihren hakentragenden Stummelfüßen kriechen sie ziemlich rasch in der Strömung umher. Sie betreiben offenbar Hautatmung, wobei die behaarten Anhänge an der Abdomenspitze und die dornförmigen, seitlichen Anhänge wohl einer Oberflächenvergrößerung dienen. Sie scheinen sich von zerfallenen organischen Substanzen (morsches Holz, verwesende Pflanzenteile und Aas) zu ernähren.

Ähnliche Arten: 2 weitere *Atherix*-Arten, die sich durch schwarz gefärbte oder auffällig verlängerte Beine von *A. ibis* unterscheiden. Die übrigen Vertreter der Familie Rhagionidae (z. B. die Arten der Gattung *Rhagio*) entwickeln sich als Larven am Erdboden. Die Imagines sollen sich räuberisch ernähren, nach anderen Angaben scheinen sie aber nur von Nektar zu leben.

♀

Eiablage

Larve

Fachausdrücke

Abdomen Hinterleib

Ährchen aus mehreren Einzelblüten zusammengesetzter Teilblütenstand der Gräser

Ähre Blütenstand mit übereinander angeordneten, ungestielten Blüten

Cerci paarige, obere Hinterleibsanhänge bei vielen Insekten

Cheliceren 1. Gliedmaßenpaar der Spinnentiere, oft mit Giftklauen

Detritus Reste abgestorbener Organismen

Dolde Blütenstand mit gestielten, in einer Ebene angeordneten Blüten, bei dem die Blütenstiele gemeinsam an der Stengelspitze entspringen; oft aus mehreren Teildolden zusammengesetzt

emers über den Wasserspiegel ragend

Eutrophierung Anreicherung von Nährstoffen in Gewässern

Exuvie bei einer Häutung zurückbleibende Hülle von Gliederfüßern

Hämoglobin vor allem bei Wirbeltieren verbreiteter, roter Blutfarbstoff

Halsschild Rückenplatte des 1. Thoraxsegments bei Insekten

Honigblatt oft kronblattartiges Blatt mit Nektardrüsen

Hüllchenblätter Tragblätter unter einer Teildolde

Imago ausgewachsenes Tier, das in seiner Entwicklung eine Gestaltsumwandlung durchlaufen hat

Köpfchen Blütenstand mit ungestielten, gedrängt nebeneinander angeordneten Einzelblüten

Komplexaugen aus zahlreichen, wabenartig angeordneten Einzelaugen zusammengesetzte Augen vieler Gliederfüßer (Insekten, Krebse)

Makrosporen größere, weibliche Sporen einiger farnartiger Pflanzen

Mandibeln paarige Oberkiefer vieler Gliederfüßer

Maxillen paarige Unterkiefer vieler Gliederfüßer (oft 2 Paare)

Mesonotum Rückenplatte des 2. Thoraxsegments bei Insekten

Metanotum Rückenplatte des 3. Thoraxsegments bei Insekten

Nachschieber stummelförmige Füße am Hinterende vieler Insektenlarven

Naupliusauge unpaares Auge vieler Krebse

Parthenogenese eingeschlechtliche Fortpflanzung (»Jungfernzeugung«)

Pergion nicht in Kelch und Krone differenzierte Blütenhülle

Petalen paarige Blütenblätter des inneren Kreises bei Orchideen

Pharynx Schlund

Pigmentbecherocelle einfaches Auge mit einem Becher aus dunklen Pigmentzellen und darin angeordneten Sehzellen

Pronotum Rückenplatte des 1. Thoraxsegments bei Insekten (= Halsschild)

Quirl mehr als 2 in gleicher Höhe ansetzende Blätter oder Blüten

Rhizom Wurzelstock

Rispe aus mehreren Trauben zusammengesetzter Blütenstand

Schenkel 3. Beinglied der Insekten

Schiene 4. Beinglied der Insekten

Sepalen Blütenblätter des äußeren Kreises bei Orchideen

Spatha scheidenförmiges Hochblatt unter einem Blütenstand

Spermatophore Samenkapsel zur indirekten Spermaübertragung

Spirre unregelmäßig verzweigter Blütenstand vieler grasartiger Pflanzen mit unterschiedlich lang gestielten Blüten

Sporangium Kapsel, in der Sporen gebildet werden

Spreite Blattfläche ohne Stiel

Staminodium steriles, abgewandeltes Staubgefäß

Stigmen Öffnungen der Tracheen bei vielen Gliederfüßern

Subitaneier dünnschalige Eier, die sich noch im Sommer entwickeln

Tarsus letzter, oft noch gegliederter Beinabschnitt der Insekten und anderer Gliederfüßer

Thorax Brustabschnitt

Tracheen röhrenförmige Atemorgane vieler Gliederfüßer (Insekten, Spinnen)

Tracheenkiemen dünnhäutige, von Tracheen durchzogene Körperanhänge vieler wasserlebender Insektenlarven zur Sauerstoffaufnahme aus dem Wasser

Traube unverzweigter Blütenstand mit übereinander angeordneten, gestielten Blüten

Trugdolde doldenähnlicher Blütenstand, bei dem die mittleren Blüten kürzer gestielt sind als die übrigen

Uropoden paarige Anhänge des letzten Segments bei Krebsen

Wickel zickzackförmig abwechselnd rechts und links verzweigter, gebogener Blütenstand, bei dem der Sproß mit einer Blüte abschließt, die jeweils von einem neuen Seitensproß übergipfelt wird

Blühender Bestand des Gewöhnlichen Wasserschlauchs (Utricularia vulgaris)

Register

Literatur

BELLMANN, H.
Spinnen – beobachten, bestimmen
Neumann-Neudamm Verlag, Melsungen, 1984

BELLMANN, H.
Heuschrecken – beobachten, bestimmen
Neumann-Neudamm Verlag, Melsungen, 1985

BELLMANN, H.
Libellen – beobachten, bestimmen
Neumann-Neudamm Verlag, Melsungen, 1987

BLAB, H., E. NOWAK, W. TRAUTMANN u. H. SUKOPP
Rote Liste der gefährdeten Tiere und Pflanzen in der Bundesrepublik Deutschland
Kilda Verlag, Greven, 1984

BRAUER, A.
Die Süßwasserfauna Deutschlands
Fischer Verlag, Stuttgart, 1961 (Reprint)

BROHMER, P.
Fauna von Deutschland
Quelle & Meyer Verlag, Heidelberg, 1984

CASPER, S. J. u. H.-D. KRAUSCH
Pteridophyta und Anthophyta, 1. u. 2. Teil
Süßwasserflora von Mitteleuropa 23/24
Fischer Verlag, Stuttgart u. New York, 1980/1981

CHINERY, M.
Pareys Buch der Insekten
Parey Verlag, Hamburg u. Berlin, 1987

EBERLE, G.
Pflanzen unserer Feuchtgebiete und ihre Gefährdung
Kramer Verlag, Frankfurt, 1979

EDINGTON, H. M. u. A. G. HILDREW
Caseless Caddis Larvae of the British Isles
Freshwater Biological Association Scientific Publication No. 43, 1981

EHRMANN, P.
Weichtiere, Mollusca
Tierwelt Mitteleuropas Bd. II/1
Quelle & Meyer Verlag, Leipzig, 1956

ENGELHARDT, W.
Was lebt in Tümpel, Bach und Weiher?
Kosmos Verlag, Stuttgart, 1986

FITTER, R., A. FITTER u. M. BLAMEY
Pareys Blumenbuch
Parey Verlag, Hamburg u. Berlin, 1975

FRANKE, U.
Bildbestimmungsschlüssel mitteleuropäischer Libellen-Larven Stuttgarter Beitr. Naturk. Ser. A, Nr. 333, 1979

GAMS, H.
Die Moos- und Farnpflanzen
Kleine Kryporogamenflora Bd. IV
Fischer Verlag, Stuttgart, 1973

GARCKE, A.
Illustrierte Flora
Parey Verlag, Berlin u. Hamburg, 1972

GLÖER, P., C. MEIER-BROOK u. O. OSTERMANN
Süßwassermollusken
Dt. Jugendbund f. Naturbeobachtung, Hamburg, 1980

GÖLTENBOTH, F. u. U. HEITKAMP
Mesostoma ehrenbergi
Großes Zoologisches Praktikum Heft 6a
Fischer Verlag, Stuttgart, 1977

HEBST, H. V. **Blattfußkrebse**
Kosmos Verlag, Stuttgart, 1962

HERTER, K.
Der Medizinische Blutegel und seine Verwandten
Neue Brehm-Bücherei 381
Ziemsen Verlag, Wittenberg, DDR, 1968

HEYMER, A.
Verhaltensstudien an Prachtlibellen
Z. Tierpsychol., Beih. 11, 1973

HOFMANN, H. **Die Flußkrebse**
Parey Verlag, Hamburg u. Berlin, 1971

ILLIES, J.
Steinfliegen oder Plecoptera
Tierwelt Deutschlands 43. Teil
Fischer Verlag, Jena, 1955

ILLIES, J.
Die Lebensgemeinschaft des Bergbaches
Neue Brehm-Bücherei 289
Ziemsen Verlag, Wittenberg, DDR, 1961

ILLIES, J.
Limnofauna Europaea
Fischer Verlag, Stuttgart u. New York, 1978

IMBODEN, C.
Leben am Wasser
Schweizerischer Bund für Naturschutz, Basel, 1976

JACOBS, W. u. M. RENNER
Taschenlexikon zur Biologie der Insekten
Fischer Verlag, Stuttgart, 1974

JORDAN, K. H. C.
Wasserläufer
Neue Brehm-Bücherei 52
Geest & Portig Verlag, Leipzig, 1952

JORDAN, K. H. C.
Wasserwanzen
Neue Brehm-Bücherei 23
Ziemsen Verlag, Wittenberg, DDR, 1960

KAESTNER, A.
Lehrbuch der Speziellen Zoologie Bd. I, 1.–3. Teil
Fischer Verlag, Stuttgart, 1969/1973

KLAUSNITZER, B.
Käfer im und am Wasser
Neue Brehm-Bücherei 567
Ziemsen Verlag, Wittenberg, DDR, 1984

MÜLLER, H.
Die Flußkrebse
Neue Brehm-Bücherei 121
Ziemsen Verlag, Wittenberg, DDR, 1973

NAUMANN, H.
Der Gelbbrandkäfer
Neue Brehm-Bücherei 162
Ziemsen Verlag, Wittenberg, DDR, 1955

PLATZER-SCHULTZ, I.
Unsere Zuckmücken
Neue Brehm-Bücherei 477
Ziemsen Verlag, Wittenberg, DDR, 1974

RAUH, W.
Unsere Sumpf- und Wasserpflanzen
Winter Verlag, Heidelberg, 1954

ROBERT, P.-A.
Die Libellen (Odonaten)
Kümmerly & Frey Verlag, Bern, 1959

ROTHMALER, W.
Exkursionsflora, Bd. 2
Volk u. Wissen Verlag, Berlin, DDR, 1976

SAUER, F.
Wasserinsekten nach Farbfotos erkannt
Fauna Verlag, Karlsfeld, 1988

SCHIEMENZ, H.
Die Libellen unserer Heimat
Urania Verlag, Jena, 1953

SCHMEIL, O. u. J. FITSCHEN
Flora von Deutschland
Quelle & Meyer Verlag, Heidelberg, 1982

SCHMIDT, E.
Libellen, Odonata
Tierwelt Mitteleuropas Bd. IV
Quelle & Meyer Verlag, Leipzig, 1929

SCHOENEMUND, E.
Eintagsfliegen oder Ephemeroptera
Tierwelt Deutschlands 19. Teil
Fischer Verlag, Jena, 1930

SCHWOERBEL, J.
Einführung in die Limnologie
Fischer Verlag, Stuttgart, 1971

SPEIDEL, W.
Revision der Acentropinae des palaearktischen Faunengebietes
Verlag E. Bauer, Keltern, 1984

STREBLE, H. u. D. KRAUTER
Das Leben im Wassertropfen
Kosmos Verlag, Stuttgart, 1973

STRESEMANN, E.
Exkursionsfauna, Wirbellose Bd. I u. II
Volk u. Wissen Verlag, Berlin, DDR, 1967/1984

TOBIAS, W. u. D. TOBIAS
Trichoptera Germanica Teil I
Courier Forsch. Inst. Senckenberg 49, 1981

Verordnung zum Schutz wildlebender Tier- und Pflanzenarten (Bundesartenschutzverordnung)
Bundesgesetzblatt, Jg. 1986, Teil I, Bonn

WAGLER, E.
Crustacea, Krebstiere
Tierwelt Mitteleuropas Bd. II/2
Quelle & Meyer Verlag, Leipzig, 1956

WESENBERG-LUND, C.
Biologie der Süßwassertiere
Springer Verlag, Wien, 1939

WESENBERG-LUND, C.
Biologie der Süßwasserinsekten
Springer Verlag, Berlin u. Wien, 1943

WICHARD W.
Die Köcherfliegen
Neue Brehm-Bücherei 512
Ziemsen Verlag, Wittenberg, DDR, 1978

WILDERMUTH, H.
Natur als Aufgabe
Schweizer Bund für Naturschutz, Basel, 1980

Bildquellen

R. Heß: S. 119 o.; A. Krebs: S. 57 u. r.; H. Schrempp: S. 31 o. r., S. 43 o. r., S. 43 u. r., S. 55 u. l., S. 65 u. l.; U. Tessenow: S. 22 o., S. 155 u. r.
Alle übrigen Fotos sowie alle Zeichnungen vom Autor

Der Autor

Dr. Heiko Bellmann, Jahrgang 1950, studierte an der Universität Göttingen Biologie und promovierte 1979 mit einer verhaltenskundlichen Arbeit über solitäre Bienen. Seit 1975 ist er als wissenschaftlicher Mitarbeiter an der Universität Ulm tätig. Neben seiner beruflichen Tätigkeit als Zoologe befaßt er sich seit 20 Jahren intensiv mit der fotografischen Dokumentation der heimischen Flora und Fauna, wobei Insekten und Spinnentiere den Schwerpunkt bilden. Seine Reisen führten ihn in viele Gegenden Mitteleuropas und in den Mittelmeerraum. Er veröffentlichte bisher verschiedene Beiträge in Fachzeitschriften sowie Bücher über Spinnen, Heuschrecken und Libellen.

Der Herausgeber

Gunter Steinbach, geboren und aufgewachsen im Oberallgäu, war nach seinem Studium in Hamburg 15 Jahre lang im Verlagswesen tätig. Seit 1978 bewirtschaftet er einen 10-ha-Grünlandhof in über 900 m Höhe mit vielfältiger Tierhaltung und biologisch orientiertem Gartenbau. Pflanzen, Tiere und Fragen des Naturschutzes bilden auch die Themenkreise seiner Veröffentlichungen. 1985 rief Steinbach die »Aktion Ameise« ins Leben, eine Gemeinschaft junger Naturschützer mit zahlreichen Mitwirkenden, Helfern und Arbeitsgruppen in allen Ländern der Bundesrepublik sowie einem umfangreichen Buchprogramm. Steinbach gehört dem Naturschutzbeirat seines Landkreises an.

Blatt des Rundblättrigen Sonnentaus (Drosera rotundifolia) beim Verdauen einer Fliege

Weitere Bände

Säugetiere · Landvögel · Süßwasserfische
Insekten (außer Schmetterlingen) · Schmetterlinge
Bäume · Strauchgehölze · Wildblumen
Pilze · Orchideen · Alpenblumen · Mineralien
Beeren, Wildgemüse, Heilkräuter
Gesteine · Pflanzen des Mittelmeerraums
Gräser · Lurche und Kriechtiere